IMMER DIESE BEAMTEN

Till Burgwächter

IMMER DIESE BEAMTEN

111 Gründe, warum die Staatsdiener uns in den Wahnsinn treiben

SCHWARZKOPF & SCHWARZKOPF

INHALT

FÜR FRAU MÜLLER, DEN
LEGENDÄREN »OCEAN MOTION«,
PETRA K. SOWIE EINEN SACK
VOLL FREUNDE UND FEINDE
FÜR'S LEBEN!

PRÄAMBEL

Neben dem Brandenburger Tor, dem Gartenzwerg und der Currywurst gibt es wohl kaum etwas, was als so deutsch empfunden wird wie der Beamte. Seit vielen Generationen lachen sich unsere direkten Nachbarn scheckig über den korrekten, dienstbeflissenen, steifen Beamtenmichel, der morgens in seinem Büro erscheint, einen Kaffee trinkt und dann mit stoischer Ruhe darauf wartet, dass endlich Feierabend ist. Kommt dann doch mal ein Vorgesetzter rein und reicht dem Beamten eine Akte, wird diese in einer Art Zeitlupenvariante von Todesverachtung bearbeitet. Dabei zählen ausschließlich Gesetzestexte und Verordnungen, Lebensrealität und gesunder Menschenverstand haben in einer deutschen Amtsstube nichts zu suchen. Von den uniformierten Polizeibeamten fangen wir an dieser Stelle mal lieber gar nicht erst an, Richter und Soldaten sind noch mal ein Fall für sich, gehören wie Kirchenbeamte und (ehemalige) Postbeamte aber ebenfalls zur Familie.

Ja, es existieren eine Menge Vorurteile. Die Wahrheit sieht natürlich noch viel schlimmer aus. Denn diese spezielle Berufsgruppe mäanderte bereits in der Antike mit Tacker und Bleistift bewaffnet umher und hielt die Menschen von der Arbeit ab, bevor der preußische Soldatenkönig hierzulande gar das Berufsbeamtentum einführte. Manche dieser traurigen Gestalten, die sich täglich in den Teeküchen der Rathäuser herumdrücken, sehen aus, als wären sie von Anfang an dabei gewesen.

Beamte dürfen nicht streiken, deshalb lassen sie es während der Dienstzeit gerne gemächlicher angehen. Beamte haben immer recht, denn sie kennen ihre Gesetzestexte bis aufs letzte Komma auswendig. Beamte dienen dem Staat und setzen auch die lächerlichste Anordnung um, weil sie lebenslange Treue gelobt haben. Beamte haben eine Laufbahn, obwohl sie sich nie von ihrem Bürostuhl erheben. Beamte schwören, obwohl sie nicht mal vor Gericht stehen. Beamte wissen, was eine In-sich-Beurlaubung ist, und verstehen das auch noch. Beamte erscheinen in Unterhose auf der Dienststelle und lassen sich dabei sogar noch filmen (okay, das war ein Einzelfall). Beamte halten »Remonstrationspflicht« für ein völlig normales Wort. Beamte haben dieses Buch verdient.

Allerdings wollen wir an dieser Stelle nicht so tun, als gäbe es Beamte ausschließlich in Deutschland. Auch andere Länder haben sich diese Plagegeister in den Pelz gesetzt und müssen deren Kapriolen nun ausbaden. In den meisten Fällen sind die Verfehlungen dieser Menschen, die in der freien Wirtschaft die gleiche Überlebenschance hätten wie ein Eiswürfel in der Sahara, ja auch irgendwie putzig. Zumindest solange man nicht darüber nachdenkt, dass all diese dummdreisten Aktionen einzig und allein von den braven Steuerzahlern beglichen werden müssen. Aber hey, wer sich für Stuttgart 21, die Elbphilharmonie und den Flughafen in der Bundeshauptstadt zur Kasse bitten lässt, ohne eine Revolution zu starten, der hält auch noch die paar Uniformträger und Schreibtischhengste aus. Am Ende hilft es vielleicht zumindest dem Karma, und man selbst wird nicht als Beamter oder Stempelkissen wiedergeboren.

In diesem Zusammenhang sollte ebenfalls nicht unerwähnt bleiben, dass der Autor dieser Zeilen durchaus nicht nur Informationen aus zweiter Hand verarbeitet hat. Nein, es gab eine Zeit, in der ein gewisser Till Burgwächter selbst mit dem Grundgesetz unter dem Arm und der Kaffeetasse in der Hand als Beamter durch das Leben schlafwandelte. Es war eine verhältnismäßig kurze Karriere (wenn sie auch gefühlt ewig dauerte), und sie führte nie über die untersten Stufen dieser streng hierarchischen Gesellschaft hinaus. Aber sie erlaubte einen Einblick in Amtsstuben und Rathaussäle, der dem gemeinen Bürger hoffentlich auf immer verwehrt bleibt. Einzelne Aspekte aus dieser dunklen Phase, die für mich selbst in der Erinnerung grundsätzlich nur in Schwarz-Weiß abläuft, mögen sich in diesem Buch eingenistet haben. Andere sind frei erfunden oder an fernen Orten geschehen. Die Zuordnung obliegt wie immer dem Leser.

Apropos Leser, es kann nicht ausgeschlossen werden, dass die eine oder andere Gleichstellungsbeauftragte einer Stadtverwaltung, eines Landkreises oder wo immer diese Gestalten noch ihren Dienst tun dieses Buch in die Finger bekommt und liest. Gleichstellungsbeauftragte, auch daran erinnere ich mich sehr gut, haben immer eine Menge Zeit. Manchmal entwerfen sie ellenlange Listen, in denen sie weibliche Alternativworte für Formulierungen wie »man«, »jedermann« oder »ein gemachter Mann sein« aufführen, die sie dann per Hauspost an alle Mitarbeiter/innen senden. Aber sonst hat auch ihr Tag viel zu viele Stunden. Sollte solch eine Menschin also dieses Buch lesen und ihr sauer aufstoßen, dass in der Mehrzahl vom Beamten die Rede ist, sei ihr gesagt, dass diese Form selbstverständlich auch die Beamtin umfasst. Zudem fallen auch Transgender, gänzlich unentschlossene sowie komplett a- und teilweise unisexuelle Staatsdiener unter diesen Begriff, ebenso Männer, die sich für Mäuse halten, und alles, was der Menschheit in den nächsten 30 Jahren noch so einfallen mag. Das hat nichts mit Sexismus zu tun, es ist einfach der Lesbarkeit geschuldet, liebe Genossinnen und Genossen. Außerdem spielt Geschlechtlichkeit im Berufsbeamtentum eh keine Rolle. Der Pullunder pflanzt sich nicht fort, er (sie, es, usw.) ist einfach da.

Doch nun genug der Vorrede, tauchen wir ein in die Welt von Aktenstaub, gesattelten Paragrafen, dünnem Kaffee und Ödnis, die nicht mal Ingmar Bergman in ihrer ganzen Tristesse hätte porträtieren können. Es ist ein Jammertal von Leben, aber irgendwer muss da halt durch.

Stempel drauf und zu den Akten!

Till Burgwächter

1. KAPITEL

DIE HISTORIE DER BEAMTEN

1. GRUND

WEIL SIE SICH BEREITS VOR 4.000 JAHREN BEI DEN HERRSCHENDEN EINSCHLEIMTEN

Es ist eigentlich nicht zu fassen, aber bereits die frühen Hochkulturen kamen nicht ohne Beamte aus. Schon in Mesopotamien, bei den Sumerern, Chinesen, in Griechenland und Ägypten schlichen graugesichtige Miesepeter mit billigen Kassengestellen auf der Nase durch die Säulengänge, um anderen Mitbürgern auf den Zeiger zu gehen. Okay, die Akten bestanden damals vielleicht teilweise noch aus Steintafeln, und auch Kopiergeräte waren noch nicht erfunden, was es wohl ein wenig beschwerlicher machte. Aber sonst hat sich bis heute nicht viel geändert.

Beamte an den antiken Höfen zeichneten sich in erster Linie dadurch aus, dass sie schreiben konnten. Was sie genau schrieben war dann auch gar nicht mehr so wichtig. Hauptsache wichtig gucken und grundsätzlich erst mal alles ablehnen, was einem vom Pöbel angetragen wird. Kam der Herrscher ums Eck gebogen, wurde ein formvollendeter Bückling aufs marmorne Parkett gelegt. Wie gesagt, kein großer Unterschied zu heute. Allerdings schwor der Beamte der Frühzeit seinen Amtseid nicht auf Stadt und Vaterland, sondern auf den jeweiligen Monarchen. Ging dieser über den Nil, was ja an der Tagesordnung war, durften seine treuen Beamten auch gleich ihr Testament ins Gestein klöppeln. Entweder wurden sie auf Befehl des neuen Herrschers dahingemeuchelt oder mit ihrem alten Chef begraben. Die Übernahmeaussichten waren damals noch schlechter als heute.

Neben den Herrschern gab es eine zweite Kaste, die Beamte beschäftigte: Priester, Medizinmänner und sonstige Scharlatane umgaben sich zwecks Machtabsicherung ebenfalls mit unterwürfigem Geschmeiß, denn ihre Lebenserwartung war auch nicht gerade rosig. Schlechte Ernte? Zack, Priester weg. Verlorener Krieg? Zack,

Priester weg. Sonne zu früh untergegangen? Zack, Priester weg. Dem allmächtigen Herrscher sitzt ein Pups quer? Zack, Priester weg. Wenn man so will, legten diese frühen Wahrsager und Mumpitzbeschwörer den Grundstein für die spätere Kirchenverwaltung. Wir sollten ihnen nicht dafür danken.

Bei den Römern entwickelte sich das Beamtentum ein ganzes Stück in Richtung Neuzeit. Sie waren nicht ihrem jeweiligen Herrscher, sondern nur dem Senat und dem Volk Roms verpflichtet. Auch als sich in der heutigen italienischen Kapitale die ersten Kaiser an die Macht putschten, änderte sich das erst mal nicht. Erst im 4. Jahrhundert nach Christus erklärten sich die römischen Kaiser zum Staat an sich, also mussten auch die Beamten die Sandalen der von Gott Gesandten küssen. Obwohl sich anschließend erst das Römische Reich und schließlich so ziemlich jede zivilisatorische Errungenschaft in Luft auflöste, verschwanden nach und nach auch die Verwaltungsstrukturen. Logisch, wer im Wald in einer Lehmhütte wohnt benötigt kein Straßenverkehrsamt. Außerdem ging ab dem 4. Jahrhundert mit der Zivilisation ja auch die Bildung den Bach runter. Schon bald gab es keine Männer mehr, die theoretisch in der Lage gewesen wären, in der Schreibstube zu sitzen, sondern nur noch vollbärtige Trunkenbolde auf Wildschweinjagd. Streitigkeiten wurden nicht vor Gericht, sondern mit der Keule geklärt. Eine Ausnahme bildeten ein paar Klöster, aber die waren auf die Gesamtbevölkerung gerechnet nicht der Rede wert.

Historiker rätseln bis heute, warum die Menschheit in dieser Zeit einen relativ einmaligen Rückschritt machte und sich um Hunderte von Jahren zurückwarf. Eben noch gab es Wasserleitungen und Fußbodenheizungen, im nächsten Moment nicht mal mehr befestigte Wege. Es wurde bis heute nicht bewiesen, aber ich persönlich würde darauf wetten, dass die Beamten da irgendwie ihre Finger im Spiel hatten.

2. GRUND

WEIL SIE ÜBER JAHRHUNDERTE AN TRADITIONEN FESTHALTEN

Der Einstellungstest für einen deutschen Beamten unterscheidet sich nicht groß von dem eines Wirtschaftsbetriebes. In erster Linie wird Allgemeinwissen abgefragt, es gibt ein kleines Gespräch mit Vertretern aus der Personalstelle, dazu kommen vielleicht noch ein paar Fragen zum Grundgesetz, zur Demokratie und Deutschland an sich. In China sah man dies ein bisschen anders, hier wurden angehende Beamte bereits im 7. Jahrhundert in die Mangel genommen, dass es eine Art hatte.

Auch im Reich der Mitte musste sich der Bewerber mit Fragen der Allgemeinbildung herumschlagen. Politische, religiöse und philosophische Sattelfestigkeit wurde vorausgesetzt, denn die Lehren des Konfuzius und anderer Gelehrter mussten auswendig hergesagt werden. Dazu gab es Aufgaben in Form von zu verfassenden Aufsätzen zu politischen Themen. Je nach Wertigkeit der Stelle konnten da schon mal halbe Bücher zustande kommen. Als Höhepunkt musste der Bewerber dann seine kreative Ader in sich entdecken und Gedichte nach vorgegebenen Versmaßen zu Papier bringen. Und wir sprechen hier immer noch von Beamten.

In China gehörte dieser Einstellungstest so fest zum Beamtentum, wie die Büroklammer den deutschen Staatsdienern ans Herz gewachsen ist. Allerdings bedienten sich die Vorgesetzten bei ihren Aufgaben aus einem festgelegten Pool, im Laufe der Jahrhunderte kam es zwangsläufig zu Wiederholungen. China ist schließlich groß, da werden jede Menge Beamte benötigt. Deshalb lernten immer mehr clevere Bewerber einfach gleich alles auswendig, was bei ihren Vorgängern verlangt wurde. Inklusive der Gedichte und Aufsätze. Da witterten die chinesischen Oberbeamten Betrug und trennten sich 1905 mit einer Träne im Krawattenknoten von ihrem geliebten

Auswahlverfahren. Nach mehr als 1.200 Jahren wurde eine Reform beschlossen und sogar umgesetzt. Das ist selbst für Beamte eine ziemlich lange Zeit. Doch wollen wir nicht lästern, es ist mehr als wahrscheinlich, dass der eine oder andere Antrag auf Wohngeld oder für die Errichtung einer Garage auf dem eigenen Grundstück ähnlich lange durch unsere heimischen Verwaltungen geistert, bis ihn irgendwann ein gnädiger Sachbearbeiter vom Staub befreit und endlich ablehnt. Oder um es mit einem Spruch aus dem 15. Jahrhundert zu sagen: Gut Ding will Weile haben. Dass schlechte Dinge schneller erledigt werden müssen, hat niemand behauptet.

3. GRUND

WEIL SIE MAL UNFREIE WAREN UND EIGENTLICH IMMER NOCH SIND

Im Mittelalter waren die schönen Strukturen der weltlichen Verwaltung wie erwähnt zu großen Teilen samt und sonders in Trümmer gekloppt, einzig die Kirche unterhielt so etwas wie eine umfassende Verwaltung. Ein Grund für ihre viele Jahrhunderte währende Macht, aber das nur nebenbei. Die Fürsten und anderen Adeligen hatten bald eine Idee, wie sie ihre schnell wachsenden Reiche organisieren könnten. Erst mal verzichteten sie auf einen festen Regierungssitz und zogen in ihrem Reich von Ort zu Ort, um sich um die anfallenden Probleme zu kümmern. Ziemlich anstrengend, Bonusmeilen waren auch noch nicht erfunden, und an zwei Orten gleichzeitig konnte nicht mal der tollste Herrscher im Reich sein. Also wurden sogenannte Ministerialen eingesetzt. Sie sollten das einfache Volk im Auge behalten, Abgaben einziehen und die Dinge im Sinne des Fürsten regeln, wenn der mit seinem Eselskarren gerade am anderen Ende des Reiches im Kuhmist steckte. Diese neue Kaste entstammte keinesfalls gehobenen Klassen der Gesellschaft, die hätten sich für so einen Dienst nicht hergegeben. Tatsächlich waren es einfache Menschen, zum Teil sogar Unfreie, die irgendwo zwischen Tagelöhnern und Handwerkern angesiedelt waren. Sie besaßen kein besonderes Talent oder Geschick und waren damit die perfekte Besetzung als Platzhalter. Angesehen genug, um mal ein bisschen auf den Tisch zu klopfen, aber weder motiviert noch intelligent genug, um der herrschenden Klasse in die Quere zu kommen.

Aus diesen Ministerialen entstanden unsere heutigen Beamten, was einiges erklärt, aber bei Weitem nicht alles entschuldigt. Da die Beamten grundsätzlich erst mal auf der richtigen Seite standen und letztlich ja doch so etwas wie Respektspersonen waren, schafften sie es auch langsam, die Leiter nach oben zu klettern. Ihr Ruf wurde besser, bald schon war es erstrebenswert, ein solches Amt zu bekleiden. Und aus den ehemaligen Unfreien ohne besondere Talente wurden nach und nach Adelige. Aus niedrigem Stand, versteht sich. Aber in der damaligen Welt war das schon mal ein wichtiger Schritt. In bescheidenem Maße konnten sie sich eigene Machtstrukturen aufbauen und sich so immer weiter vom gemeinen Volk entfernen, das in erster Linie da war, um dem Adel die Schatz- und Kornkammern zu füllen.

Einzig in Südeuropa verlief die Geschichte ein wenig anders. Hier fielen arabische Völker ein und übernahmen das Ruder. Sie stülpten der einheimischen Bevölkerung, die zum Teil auch im Mittelalter immer noch an antiken Strukturen festhielt, ihr Verwaltungssystem über, beide Ansätze vermischten sich. Die Behauptung, das wäre der Grund, warum ein Antrag in Süditalien oder Spanien auch heute noch Jahre braucht und immer ein bisschen Schmiergeld auf seinem Weg benötigt konnte nie bewiesen werden. Denkbar wäre es allerdings.

4. GRUND

WEIL IHRE VORFAHREN AUCH DEN LIEDERLICHSTEN FÜRSTEN DIENTEN

Mit dem Beginn der Renaissance ab dem 15. Jahrhundert erlebte das Berufsbeamtentum ein weiteres Hoch. Überall entstanden größere Städte und Stadtstaaten, die dunklen Zeiten des Mittelalters schienen überwunden. Und was brauchen neue Städte und Staaten am nötigsten? Natürlich, ganz viele Beamte. Da viele dieser kleinen Einheiten, die es mit Ausnahme von England in ganz Europa und vor allem in Deutschland gab, untereinander im Streit lagen, ihre Grenzen abschotteten, Zölle erhoben, Allianzen schmiedeten und wieder lösten, gab es immer eine Menge zu tun.

Zudem kam es nach ersten vorsichtigen Versuchen der Machtteilung, wie es vor allem in Italien der Fall war, wieder schwer in Mode, sich auf einen Alleinherrscher zu konzentrieren. Der hatte das Sagen, gewann reichsweit sogar noch an Bedeutung, auf diesen Mann konnten sich die Beamten einschwören. Eigentlich ein Rückschritt um viele Jahrhunderte, aber das ist ja bei vielen »neuen« Ideen der Fall. Die Beamten dieser Zeit mussten sich selten damit beschäftigen, was das Volk wollte oder wie sie ihrem Staat helfen konnten. Ging es dem Monarchen gut, ging es auch ihnen gut.

Dieses Prinzip wurde im 17. Jahrhundert noch einmal verschärft, in dem der Absolutismus seinen Siegeszug antrat. Der französische König Ludwig XIV. erklärte kurzerhand, dass er der Staat sei. Ende der Durchsage. Der Rest des Adels wurde entmachtet, der Staat komplett zentralisiert. Die Beamten gehörten wie in der Antike untrennbar zum Herrscher, sie waren seine Erfüllungsgehilfen. Nicht mehr und nicht weniger. Den anderen herrschenden Fürsten Europas gefiel dieses System irgendwie, keine nervigen Sitzungen mit naseweisen Adeligen aus der Verwandtschaft mehr, kein Pöbel, der auf ein bisschen Mitbestimmung drängte. Also versuchten sie es zu übernehmen, inklusive der vollständigen Einschwörung der Beamten auf ihre Person. Wenn der Fürst der Meinung war, dass eine Steuererhöhung dringend notwendig sei (für den Bau des vierten Schlosses im Umkreis von 20 Kilometern), dann trieben die Beamten den Zaster ein. Und wenn der Fürst der Meinung war, in seinem kleinen Reich sei es mal wieder Zeit für ein paar zünftige Hexenfeuer, dann unterstützten die Beamten diese Wünsche gemeinsam mit der Kirche. Irgendwo würde sich schon noch ein rothaariges Mädchen auftreiben lassen, das nachts sein Pferd in einen Besen verzaubern konnte und damit durch die Gegend flog. Erstaunlich nur, wie leicht sich diese angeblich so mächtigen Hexen dann doch einfangen ließen. Aber fürs Nachdenken wurde und wird der Beamte nicht bezahlt.

Das Ende des Absolutismus und seiner sehr speziellen Beamten kam dann mit dem Beginn der französischen Revolution. Das Volk hatte es endgültig satt, sich ohne Sinn und Verstand gängeln zu lassen. Neben dem verhassten Adel landete auch der eine oder andere höhere Beamte auf dem Schafott oder gleich in der Seine. Aber alles halb so schlimm, Beamte sind eine natürliche Ressource und wachsen nach.

5. GRUND

WEIL SIE MIT DIR ÜBER DEN TEUFEL DISKUTIEREN

Kirchen gehören in Deutschland zum überwiegenden Teil zu den so genannten Körperschaften des öffentlichen Rechts und haben damit die Möglichkeit, eigene Beamte zu ernennen. Da das deutsche Grundgesetz Staat und Kirche deutlich voneinander trennt, wäre es einem »normalen« Beamten auch gar nicht möglich, in der Kirchenverwaltung seinen Dienst zu tun. Schließlich ist er auch den Religionen gegenüber zur absoluten Neutralität verpflichtet.

Dieses Dilemma umgehen viele Kirchen seit Jahrhunderten, indem sie eigene Beamte ernennen. Diese sind weltlichen Beamten in vielen (allerdings nicht allen) Punkten gleichgestellt und sehen in der Regel auch sehr ähnlich aus. Nur, dass sie neben dem Tacker und der Aktenmappe je nach Konfession noch einen Heiligenschein oder Ähnliches mit sich herumtragen.

Kirchenbeamte lassen sich ganz gut mit Beamten der Bundes- und Landesverwaltung vergleichen. Während vorne ein Kasper oder eine Gretel steht und den Leuten in die Tasche lügt (egal ob Kanzlerin, Innenminister, Papst oder Erzbischof), machen sie im Hintergrund die ganze Arbeit und bleiben in der Regel unerkannt. Sie bekommen keine Fanpost, werden nicht von Tausenden beklatscht oder ausgepfiffen, laufen allerdings auch selten Gefahr, einem Attentat zum Opfer zu fallen. Sie sind die personifizierte graue Masse.

Der in der Nähe von Hameln geborene Kirchenbeamte August Christian Bartels brachte es zu Lebzeiten allerdings zu einer gewissen Berühmtheit. Denn er verbrachte den zweiten Teil des 18. Jahrhunderts zu großen Teilen damit, sich mit seinem elf Jahre älteren Kollegen Johann Wilhelm Wolfgang Breithaupt öffentlichkeitswirksam über die Existenz des Teufels zu streiten. Beide Beamten gehörten der evangelischen Kirche an, was sie aber nicht daran hinderte sich gegenseitig verbal auf die Mappe zu hauen.

Die Streithähne trafen gegen Ende des 18. Jahrhunderts in Braunschweig aufeinander, wo beide in verschiedenen Gemeinden wirkten. Anders als heute, wo Kirchenbeamte sich in der Regel von der Kanzel fernhalten (Beamte sind auch nicht zum Redenhalten geboren), vereinten damalige Kirchenbeamte noch verschiedene Aufgabengebiete in sich. Bartels war Abt eines Klosters und geistlicher Rat, Propst und in diversen Gremien vertreten, während Breithaupt Superintendent und Pastor einer nachbarlichen Gemeinde und nebenbei noch Lieddichter war. Breithaupt gehörte zum alten Schlag und behauptete, der Teufel würde in persona existieren.

Also mit Huf, Schweif, Dreizack, Hörnchen auf dem Kopf, die ganze Nummer. Auch und gerade in Braunschweig solle man auf der Hut sein, ihm nicht an der nächsten Ecke zu begegnen. Bartels konnte ob solcher Schauergeschichten nur die Augen verdrehen. Er predigte seinen Schäfchen, dass der Teufel eine Metapher sei, die für die bösen Taten und Gedanken der Menschen stehe. Nicht minder gefährlich, aber eben kein Wesen zum Anfassen oder Füttern. Die beiden steigerten sich in ihre Positionen hinein und gaben es sich gegenseitig von der Kanzel, dass es qualmte. Da die beiden Gemeinden nur wenige Kilometer auseinanderlagen, bekam das Volk schnell Wind von dem Streit und gab den interessierten Zuschauer.

Es muss ein wenig zugegangen sein wie weiland beim Literarischen Quartett, wenn Marcel Reich-Ranicki und Hellmuth Karasek unterschiedliche Meinungen zu einem Roman vertraten. Als Reden nicht mehr reichte, klatschten die beiden Beamten sich vermeintliche schriftliche Beweise für ihre Standpunkte um die Ohren, bis es wahrscheinlich selbst dem Teufel zu viel wurde. Er zog weiter in die Nachbarstadt Hannover, wo er bis heute weilen und als Präsident eines Fußballvereins wirken soll. Das ist allerdings auch nur ein Gerücht.

Der »Teufelsstreit von Braunschweig« ging jedenfalls in die Geschichte ein und machte zwei Kirchenbeamte ein klein bisschen berühmt. Und damit haben die beiden mehr erreicht als die meisten ihrer Kollegen.

6. GRUND

WEIL SIE DIE SCHULD DEN PREUSSEN GEBEN

Es soll tatsächlich Beamte geben, denen ihr eigener Status und all die Vergünstigungen ihres Berufes peinlich sind. Vom Ruf wollen wir gar nicht reden. Aber selbst diese realistischen Zeitgenossen haben immer noch ein Ass im Ärmel, wenn es darum geht, sich zu rechtfertigen. Denn wenn gar nichts mehr geht, kommen die Preußen ins Spiel. Die hätten das »moderne« (die Anführungszeichen bitte in Signalrot vorstellen) Beamtentum schließlich erfunden. Das Schlimme an der Sache ist, es stimmt sogar.

Friedrich Wilhelm I., seines Zeichens König in Preußen, Markgraf von Brandenburg und Kürfürst des Heiligen Römischen Reiches (damit allein war der Briefkopf schon voll), war ein strenger, korrekter und über die Maßen fleißiger Herrscher. Er verlangte von seinen Ministern, Soldaten und seinem Volk absoluten Gehorsam. Das galt natürlich auch für seine Beamten, die er in ein völlig neues Licht setzte. Lungerten bis dahin immer noch ein paar Adelige in höchsten Ämtern herum, so wurden diese umgehend entfernt. Friedrich, auch als »Soldatenkönig« bekannt, führte das Berufsbeamtentum ein, für das sich jeder qualifizierte Mann bewerben konnte. Auch legte er diverse Grundsätze für Beamte fest, die schließlich als »hergebrachte Grundsätze des Berufsbeamtentums« in die Geschichte eingingen und (mit leichten Anpassungen) bis heute gültig sind. Er verlangte von seinen Beamten Fleiß, Fleiß und noch mal Fleiß. Da er ihnen selbst diese Tugenden vorlebte und in der Nacht die Vorlagen, Beschlüsse und Verordnungen durchging, die seine Schäflein ihm am Tage verfasst hatten, zogen die meisten Beamten tatsächlich mit. Der Hof Friedrichs I. lief wie ein Uhrwerk, woran nicht zuletzt die motivierten Beamten ihren Anteil hatten. Außerdem erfand der König die Schulpflicht und förderte die Wissenschaften.

Sein Sohn und Nachfolger, Friedrich II., versuchte das Erbe des strengen Vaters fortzuführen, brachte aber auch viele neue Impulse ein. Friedrich II., oder »der alte Fritz«, liebte die Kunst, war selbst als Musiker und Literat tätig, beschäftigte sich am liebsten mit seinen Hunden, schaffte die Folter ab und war nicht ganz so geizig wie sein alter Herr. Mit anderen Worten zog der Schlendrian ein, obwohl sich Friedrich II. als einer der ersten absolutistischen Herrscher für das Gemeinwohl einsetzte und sich selbst als ersten Diener des Staates bezeichnete. Außerdem war er der Urheber der sogenannten »Kartoffel-Befehle«. Die besagten, dass seine Beamten sich dafür einsetzen sollten, die Kartoffel in Preußen heimisch zu machen, was nach anfänglichem Widerstand der Bauern auch gelang.

Damit haben wir Friedrich II. Chips und Pommes zu verdanken. Und einen nicht mehr ganz so straff geführten Beamtenapparat, der sich unter seinen Nachfolgern schließlich zu dem entwickelte, was er heute ist. Fällt diese Bilanz am Ende gut oder schlecht aus? Das muss wohl jeder für sich entscheiden.

7. GRUND

WEIL SIE FRÜHER NOCH GEHEIMER WAREN

Wichtige Entscheidungen, egal ob sie die Verwaltung, Justiz oder Politik betreffen, werden nicht in öffentlichen Sitzungen, auf Gipfeln, bei Anne Will oder in Parlamenten getroffen, sondern im Hinterzimmer ausgekungelt. Das war schon immer so und wird wohl auch immer so bleiben. Früher war man diesbezüglich allerdings ein wenig ehrlicher, denn in alten Texten vom Spätmittelalter bis 1918 ist immer mal wieder die Rede von Geheimräten oder Geheimen Räten. Diese finsteren Gesellen waren so etwas wie Staatssekretäre der heutigen Zeit. Während für die Öffentlichkeit eine oder mehrere Personen in Form von Fürsten, Baronen, Königen und Kanzlerinnen, nein, Kaisern, die Machtausübung verkörperten, klärten sie in geheimen Sitzungen alle wichtigen Entscheidungen auf dem kurzen Dienstweg.

Als die Geheimräte ihren Dienst im späten Mittelalter an den Fürstenhöfen aufnahmen, waren unter ihnen in erster Linie Blaublütler zu finden. Aber schnell stellte sich heraus, dass auch bürgerliches Pack, war es erst mal in diesen elitären Kreis gerutscht, die Staatsgeschicke lenken konnte. Alles eine Frage von Kontakten und dem einen oder anderen im Geheimen übergebenen Groschen. Geheimräte verfolgten nicht selten ihre eigenen Ziele, sie versuchten den jeweiligen Herrscher und dessen Vertraute davon zu überzeugen, dass Weg X viel besser sei als Weg Y und umgekehrt. Außerdem überwachten die Geheimräte die Verwaltung, damit diese im Sinne des Monarchen (und ihrem eigenen) handelte. Die Machtfülle war also durchaus beachtlich, je nach Ausgestaltung. Manche Räte waren »nur« für Verordnungen und Erlasse zuständig, in anderen Fällen regierten sie ganze Staaten und konnten zum Beispiel Kriege anzetteln. Nicht wenige von Inzest und übersichtlicher Intelligenz geplagte Herrscher aus hochadeligem Geschlecht wären wahrscheinlich überrascht gewesen, was in ihren Hinterzimmern und in ihrem Namen so alles entschieden wurde. Ja, die Parallelen zu heute sind unübersehbar.

Den Untergang der Geheimräte läutete ausgerechnet das Volk ein. Je größer der Einfluss des einfachen Bürgers wurde (zum Beispiel durch freie Wahlen), desto mehr rückte der Geheimrat in den Hintergrund. Zumindest ist das die offizielle Variante. Am Ende blieb von dem einflussreichen Beamten am Hofe seiner Durchlaucht nicht mehr übrig als ein Ehrentitel, der besonders verdienten Bürgern oder Mitarbeitern verliehen wurde, ohne dass er mit irgendwelchen Befugnissen verbunden war. Am Ende gab es Mediziner, Kaufleute, Altertumsforscher und Geistliche, die als Geheimräte durch die Gegend spazierten. Eine regelrechte Inflation, die den einst so machtvollen Titel zu Grabe trug.

Sogar in Österreich, wo man wie sonst nirgends auf der Welt auf Titel steht und Geheimräte dereinst gar mit Exzellenz anzusprechen hatte, ist die wundervolle Bezeichnung verschwunden. Früher gab es bei unseren südlichen Nachbarn gar einige Orden, deren Verleihung automatisch den Titel Geheimrat mit sich brachte. Seit 1919 ist die Führung des Titels sogar strafbar. Anders als in Deutschland hat der Österreicher aber wenigstens noch den Titel Hofrat, der zwar nicht ganz so cool klingt, aber zumindest den Ansatz von Erhabenheit ausstrahlt. Der Hofrat taucht in der Alpenrepublik als Bezeichnung bei Bundes- und Landesbeamten auf und kann bis heute vom Bundespräsidenten ehrenhalber verliehen werden. Doch blicken wir nicht hämisch über die Grenze, sondern zeigen ein bisschen Verständnis. Wer als Nation niemals einen Titel wie Fußballweltmeister holt, muss sich halt irgendwie anders behelfen.

8. GRUND

WEIL SIE SICH BESONDERS NOBEL KLEIDEN

In der heutigen Zeit darf ein ziviler Beamter zur Arbeit erscheinen, wie er möchte. Okay, Badehose und Bikini fallen raus, selbst ein Hawaii-Hemd kann bei Publikumskontakt noch ein Problem sein. Aber sonst ist fast alles erlaubt, was die verrückten Modemagazine für Berufsbeamten so auf der Pfanne haben. Selbst in Bayern. Vor rund 220 Jahren sah das ein bisschen anders aus. Denn zu dieser Zeit wurde im südlichsten Bundesland Deutschlands beschlossen, alle Beamten neu einzukleiden. So sollten sie sich vom gemeinen Volk unterscheiden und schon von Weitem erkennbar sein. Ob das immer zu ihrem Vorteil war, lassen wir mal dahingestellt.

Für die Operation Beamtenkörperverhüllung wurden damals gleich mehrere Schneiderlein beauftragt, um Entwürfe für die verschiedenen Ministerien zu kreieren. Sogar der kurfürstliche Hofkupferstecher (was es nicht für Jobs gibt) Johann Michael Mettenleiter beteiligte sich an den Ausschreibungen. Am Ende entschied man sich natürlich für möglichst konservative Klamotten. Gut, wer heute so in seinem Amt auflaufen würde, müsste wahrscheinlich mit dem einen oder anderen Kommentar eines kurzzeitig wachen Kollegen rechnen. Aber das war damals halt die aktuelle Mode.

Und die sah wie folgt aus: Untenrum trug der Beamte Kniehosen. Hohe Strümpfe und Schnabelschuhe (andere trugen hohe Stiefel) rundeten das Bild ab. Ein keckes Jäckchen in verschiedenen Farben, mit verschiedenen Stickereien und mit unterschiedlichen Knopfmaterialien (je nach Ministerium, Dienstgrad usw.) brachten den Oberkörper in Form, auf dem Kopf saß ein Dreispitz, später auch ein Zweispitz oder ein einseitig gestülpter Hut mit Feder. Das Ergebnis war, dass selbst ein Forstbeamter aussah, als wolle er zur Ballkönigin gewählt werden. Aber gut, edel geht die Welt zugrunde. Von den bayrischen Revierförstern ist zum Beispiel noch die Ausgehuniform erhalten. Die waren von hechtgrauer lichter Farbe mit einem Kragen, Aufschlägen und Brustklappen von grüner Farbe, wie das Haus der Bayrischen Geschichte weiß. Beliebte Accessoires waren Uhrenketten und Zopfperücken. Die Kleidung musste von den Beamten selbst bezahlt werden, machte aber natürlich einiges her.

1837 kam es zu einer modischen Unfassbarkeit, die Pantalons (also lange Hosen) setzten sich gegenüber den Kniehosen durch. Es kostete den bayrischen Herrscher Maximilian I. wahrscheinlich mehr als nur Glas Beruhigungswein, um diese Frevelhaftigkeit an seinem Hofe und bei seinen Beamten zu dulden. Müssen wirklich ulkige Zeiten gewesen sein.

9. GRUND

WEIL SIE VON ALTERS HER DEN PÖBEL NUR UNGERN BEDIENEN

Ja, auch das deutsche Postwesen hatte über viele Jahrhunderte Postbeamte in seinen Reihen. Geschichtlich betrachtet gab es bereits in der Antike funktionierende Postwesen, in Deutschland verschlief man diese Entwicklung bis ins Mittelalter hinein. Aber besser spät als nie, im Jahr 1490 wurde die erste nennenswerte Post in Deutschland installiert. Schuld daran war Maximilian I., der später deutscher Kaiser wurde und den Beinamen »Der letzte Ritter« trug. Sehr romantisch. Die Idee, diverse Wechselstationen im Reich zu verteilen und diese durch berittene Boten anzusteuern, war aber ganz brauchbar, zumal die Stationen (meist Herbergen oder Gasthäuser) außerhalb von Stadtmauern liegen mussten. So konnte Post Tag und Nacht befördert werden, ohne die verschlafenen Torwächter der Stadttore aus dem Schlaf zu bimmeln.

Mit der Post etablierten sich auch die ersten Postbeamten, denn so einen wichtigen Job konnte man nicht irgendjemandem übertragen. Man stelle sich vor, der Kaiser schreibt einer seiner Geliebten, und das kommt raus. Deshalb wurden diese Beamten auf den Herrscher vereidigt und durften nur Dinge tun, die dem großen Meister zu Ehren gereichten. Wichtigstes Merkmal der damaligen Post: Sie stand anfangs ausschließlich dem Herrscher und vielleicht dem einen oder anderen hohen Adeligen zur Verfügung. Kam ein einfacher Bauer mit einem gemalten Bild in die Poststube (schreiben konnten sie ja eh nicht), um dieses an seine Cousine in Bad Münstereifel zu versenden, schaute ihn der fein gekleidete Postbeamte nur abfällig an und deutete mit einem kurzen Zucken des Kinnes an, der Pöbel möchte sich doch bitte wieder auf sein Plumpsklo verziehen. Wer in den 80er-Jahren des vergangenen Jahrhunderts mal eine Filiale der damals noch Deutschen Bundespost betreten und unterwürfig nach einer Briefmarke gefragt hat, erntete nicht selten ähnliche Reaktionen. Der Postbeamte war sich bis weit in die Neuzeit hinein seiner besonderen Stellung bewusst.

Eine besondere Art der Postbeförderung etablierte sich im späten 16. Jahrhundert in Süddeutschland. Dort gab es ohne das Zutun von Beamten die sogenannte Metzgerpost. Da Metzger zu dieser Zeit viel in der Gegend herumfuhren, um sich das Vieh der Bauern genauer anzuschauen und gegebenenfalls zu kaufen, konnte man ihnen gleich die Post fürs übernächste Dorf mitgeben. Diese Sitte nahm organisatorische Formen an und wurde für einige Jahrzehnte quasi professionell organisiert. Letztlich setzte sich die Idee leider nicht durch, wobei sie auch heute noch großes Potenzial hätte. Man stelle sich vor, der Postbote klingelt, überreicht einem zwei Briefe und ein Päckchen und dazu ein halbes Pfund Hack halb und halb sowie ein Viertel Mortadella. Wäre unsere Welt dann nicht wunderschön?

10. GRUND

WEIL SIE AUCH IM UNRECHT IHREN JOB MACHEN

Die Nazizeit in Deutschland, das sollte weithin bekannt sein, gehört zu den schwärzesten Kapiteln der Menschheitsgeschichte. Die Beamten des Landes gehörten zu den Ersten in Deutschland überhaupt, die gnadenlos gleichgeschaltet wurden. Bereits im April 1933, drei Monate nach der Machtergreifung des arbeitslosen Österreichers aus Braunau, wurde von allen Beamten ein »dienstlich einwandfreies Verhältnis zum Nationalen Staat« gefordert. Wer nur im Verdacht stand, nicht Feuer und Flamme für das System zu sein, wurde entlassen. Das galt auch für die wenigen verbeamteten Frauen, deren Stellen mit Männern besetzt wurden. Da ein Beamter zur damaligen Zeit in der Regel der einzige Ernährer der Familie war, wurde ein riesiger Druck seitens des Regimes aufgebaut. In den Monaten März und April 1933 traten Tausende Beamte, darunter fast alle Lehrer, in die NSDAP ein. Mit der Gleichschaltung des öffentlichen Dienstes war es den neuen Machthabern problemlos möglich, bis auf Gemeindeebene ihre Vorgaben durchzusetzen. Wer nicht spurte, wurde zum Teil sogar gewaltsam aus seinem Büro und seinem Amt entfernt.

Dabei sollte allerdings nicht unter den Tisch fallen, dass sich unter den zumeist konservativen Beamten auch viele Unterstützer des Regimes befanden. Sie begrüßten es, dass »nichtarische« Kollegen, Kommunisten und andere Quertreiber aus dem Amt vertrieben wurden. Und sie stellten sicher, dass die nationalsozialistische Mordmaschine zumindest für einige Jahre reibungslos laufen konnte. Sie schafften die Grundlagen für einen Unrechtsstaat ungekannten Ausmaßes. Recht konnten die Deutschen in ihren Ämtern und von ihren Polizisten in dieser Zeit nicht erwarten. Vorgaben der Nazis wurden mit großer Sorgfalt umgesetzt, nicht wenige Beamte taten einfach, als wäre nichts geschehen. Sie arbeiteten weiter ihre Aufgaben ab, gewissenhaft und Punkt für Punkt. Ganz egal, welche Grausamkeiten dahintersteckten. Und nicht selten sogar in vorauseilendem Gehorsam.

Bekannt wurde der Fall Berliner Finanzbeamter, deren Aufgabe es war, jüdische Vermögen einzuziehen. Das Regime hatte verkündet, die Juden seien an den Ausschreitungen der Reichskristallnacht 1938 schuld, das jüdische Volk habe Deutschland eine Geldbuße in Höhe von tausend Millionen Reichsmark zu zahlen. Die Einziehung dieser »Strafe« erfolgte über die Finanzämter. Und hier tat sich das Finanzamt der Reichshauptstadt ganz besonders hervor. Frei erfundene Abgaben wurden eingezogen, zum Teil von Finanzbeamten ganz offensichtlich geraubt. Ein jüdischer Bürger wurde in einem Konzentrationslager festgehalten und gefoltert. Nach seiner Entlassung fand er ein Schreiben des Finanzamtes vor, das ihm eine Strafe aufbrummen wollte. Er hatte seine Steuererklärung nicht rechtzeitig abgegeben. Auf seinen Hinweis hin, er sei im KZ gewesen, forderte die Behörde einen Beleg und ein ärztliches Attest. Nur eins von unzähligen Beispielen, was passiert, wenn Beamte zu Bestien werden.

Nach Kriegsende sollte die öffentliche Infrastruktur so schnell wie möglich wieder aufgebaut werden. Da es bei der Polizei, an den Gerichten, Schulen und in den Ämtern der Kommunalverwaltung so gut wie keine unbelasteten Männer gab, sofern sie nicht eh an der Front gefallen waren oder bei Bombenangriffen ums Leben kamen, saßen in den Ämtern und sogar in den Ministerien bald wieder die gleichen Nasen herum wie zuvor. Beamte, die noch mehr Dreck am Stecken hatten und vorsorglich erst mal untergetaucht waren, erinnerten sich ab den 50er-Jahren plötzlich wieder daran, dass sie ja eigentlich Beamte sind und ihnen Pensionsansprüche zustehen. Die meisten Gerichte entschieden für die Verbrecher und gegen die Opfer und billigten großzügige Ruhegehälter und Pensionen. Logisch, auf den Richterstühlen saßen ja ebenfalls alt gediente Kameraden. Als Staatsbediensteter ist es anscheinend unmöglich, auf der falschen Seite zu stehen.

2. KAPITEL

BEAMTE IM ALLTAG

11. GRUND

WEIL SIE EINFACH SO IN DEINE BUDE KOMMEN DÜRFEN

In § 13 des Grundgesetzes ist festgehalten, dass die Wohnung unverletzlich ist, man also in seinen eigenen vier Wänden vor dem Staat und seinen Beamten geschützt ist. Die Tradition der unverletzlichen Wohnung geht bis in das 19. Jahrhundert zurück und hat sich als sinnvoll erwiesen, schließlich möchte man ja auch mal in Ruhe ein paar Kekse backen oder die Nachrichten verfolgen. Aber natürlich werden dem deutschen Beamten einige Möglichkeiten gelassen, um dem einfachen Bürger auch unter der heimischen Dusche auf die Pelle zu rücken.

Die bekannteste Variante ist aus dem *Tatort* und anderen TV-Serien bestens bekannt. Da steht der Kommissar-Beamten-Darsteller vor der Tür eines wahrscheinlichen Halunken und wedelt mit einem Papier in Richtung Türspion. Oft fallen dabei Worte wie »Hausdurchsuchung« und »richterliche Anordnung«. Tatsächlich darf nicht mal Kommissarin Lindholm so einfach in eine Wohnung spazieren, auch wenn sie guckt wie ein erfrorener Pinguin. Macht sie es doch und sammelt dabei Beweise, dürfen diese nicht vor Gericht verwendet werden. Eine Ausnahme gibt es nur, wenn Gefahr im Verzug ist, also »eine Sachlage, bei der ein Schaden eintreten würde oder ein Beweismittel verloren ginge, wenn nicht anstelle der zuständigen Behörde oder Person eine andere Behörde oder Person tätig wird« vorliegt.

In diesem Fall kann auch die Staatsanwaltschaft oder die Polizei eine Durchsuchung anordnen. Wer im heimischen Bastelkeller also eine Atombombe zusammenschraubt, darf sich nicht beschweren, wenn plötzlich die Polizei aufläuft. Ist ja irgendwie auch eine beruhigende Vorstellung. Weniger beruhigend ist die Tatsache, dass auch Zwangsvollstrecker unter bestimmten Umständen ungefragt in die Wohnung kommen dürfen, um das letzte bisschen Gold und

Juwelen, das man sich vom Munde abgespart hat, zu rauben. Aber irgendwas ist halt immer.

Wenn der Beamte keine Lust hat, sich im miesesten Viertel der Stadt durch eine Messie-Bude zu wühlen, kann er immer noch auf den großen Lauschangriff setzen. Dabei wird die Wohnung mit Mikrofonen und/oder Kameras gespickt, der auffällig unauffällige Lieferwagen steht vor dem Haus, und im Inneren des zur Abhörzentrale ausgebauten Fahrzeuges sitzen mindestens drei übergewichtige Beamte in zu engen hellblauen Oberhemden, die Kopfhörer tragen, Kaffee aus Pappbechern trinken und konzentriert gucken. Das ist aber nur erlaubt, wenn eine besonders schwere Straftat oder eine Gefahr abgewehrt werden soll. Mord, Totschlag und Geldfälschung gehören zum Beispiel dazu. Der kleine Lauschangriff kommt immer dann zum Tragen, wenn sich die verdächtige Person nicht mehr in der Wohnung, sondern in ihrem Auto, in allgemein zugänglichen Geschäftsräumen oder in der Kneipe befindet. Die Kneipe ist also längst nicht so schützenswert wie das eigene Wohnzimmer. Ich bin mir sicher, dass das eine Menge Leute anders sehen.

Neuerdings (aus der Sicht eines Beamten oder unserer Kanzlerin) gibt es zusätzlich noch die Möglichkeit, Verdächtige online auszuhorchen. Auch hier gelten die strengen Regeln des Lauschangriffes. Denn der Beamte darf egal bei welcher Methode nur Informationen sammeln, die unmittelbar mit der Straftat zu tun haben. Wird es persönlich, muss er sofort abschalten und so tun, als habe er nichts gehört. Das wird in der Praxis ganz sicher exakt so gehandhabt, niemals würden sich zwei lauschende Beamte in einer Kantine treffen und sich laut lachend über die peinlichen privaten Details austauschen, die sie in der morgendlichen Schicht von ihren überwachten Subjekten erfahren haben. Nein, das ist völlig undenkbar.

Wenn sich der Verdächtige endlich verplappert und seine Pläne zur Erringung der Weltherrschaft mitgeteilt hat, ist der Job des lauschenden Beamten allerdings noch nicht getan. Nein, es ist seine

Pflicht, den Beschatteten nach Erhalt aller wichtigen Informationen darauf hinzuweisen, dass er soeben abgehört und gefilmt wurde. Überraschung! Die älteren Leser erinnern sich vielleicht an die TV-Sendung *Verstehen Sie Spaß?*, bei der Prominente und Normalbürger mit ganz ähnlichen Mitteln vorgeführt wurden. Bei Paola und Kurt Felix erwartete den Delinquenten zwar kein Knast, aber ob ein Gespräch mit den dauergrinsenden Schweizern wirklich die bessere Alternative war, muss jeder selbst entscheiden.

12. GRUND

WEIL SIE GANZE STÄDTE EINNEHMEN

Es gibt Städte, die sind berühmt für ihre Seefahrer, für ihr Marzipan, für ihre Biergärten, Museen, Altstädte oder Kloster. Und es gibt Städte, die bekannt sind für ihre Beamten. Dazu gehört Koblenz, dieses pittoreske Örtchen am Deutschen Eck, wo sich die Mosel in den Rhein ergießt. Schon die Väter unserer Väter lästerten hinter vorgehaltener Hand über die verstaubte Beamtenstadt irgendwo in Rheinland-Pfalz. Und das hat sich bis heute nicht geändert, wofür es handfeste Gründe gibt.

Tatsächlich ist Koblenz bis heute die deutsche Stadt mit den meisten Beamten, prozentual auf die Einwohner umgerechnet. Auf je 1.000 der rund 113.000 Bewohner kommen jeweils 208 Beamte. Eine wahnsinnige Quote, die Chance, in Koblenz keinem Beamten über den Weg zu laufen, ist ungefähr so hoch wie die Wahrscheinlichkeit, auf dem berühmten Wacken Open Air nur kurzhaarige Männer zu treffen. Allerdings muss den Beamten zugute gehalten werden, dass sie das Städtchen nicht im Handstreich eingenommen haben. Das würde auch nicht der Art eines Beamten entsprechen. Vielmehr ist dieser Berufszweig in Koblenz eingesickert. Über viele Jahrzehnte hinweg bauten sich die Beamten ein Refugium nach dem anderen. Eines Morgens wurden die Koblenzer wach und sahen sich von Hut- und Schlipsträgern umzingelt. Da war allerdings auch schon alles zu spät.

Zuallererst waren die verbeamteten Soldaten da, Koblenz ist Garnisonsstadt und hat es sich so ausgesucht. Da kommen halt nicht nur ein paar flaumbärtige Hobbyjäger in Olivgrün, sondern auch gleich der ganze Verwaltungsapparat mit. Das zentrale Kommando Sanitätsdienst oder das sicher immens wichtige Bundesamt für Ausrüstung, Informationstechnik und Nutzung der Bundeswehr (allein die Zusammenstellung dieser Themenbereiche belegt ein gewisses Maß an Kreativität) müssen ja irgendwohin. Auch an den verschiedenen Hochschulen mäandern eine Menge Beamte durch die Gegend, was man wahrscheinlich so hinnehmen muss. Welchen Zweck große Behörden wie die Bundesanstalt für Gewässerkunde, die Struktur- und Genehmigungsdirektion Nord (was zur Hölle?) oder das Landesuntersuchungsamt (untersucht wahrscheinlich den ganzen Tag, warum es eigentlich existiert) genau erfüllen, wissen die verbeamteten Bediensteten dieser Institutionen wahrscheinlich selbst nicht. Aber die Namen klingen schon mal gut, muss was Wichtiges sein.

Der Bevölkerung wird indes um Geduld gebeten, wenn es an der Ampel oder an der Supermarktkasse mal wieder ein wenig länger dauert. Viele Beamte können nicht sofort von Arbeitstempo auf normales Leben umschalten, Schlangen gehören deshalb in Koblenz zum alltäglichen Bild. Manchmal sieht es fast aus wie Leipzig anno 1980, wenn mal wieder eine Kiste Südfrüchte von Wandlitz aus durchgewunken wurde. Aber man gewöhnt sich daran. Und schließlich tragen die Beamten auch Wohlstand nach Koblenz. Denn anders als richtige Arbeitnehmer bekommen die grau gewordenen Stubentiger eine saftige Pension, mit Champagnerflaschen wedelnde Rentner gehören also ebenfalls zum Koblenzer Stadtbild. Die Konjunktur kann diesem Ort ebenfalls nichts anhaben, Beamte verdienen immer gleich. Ob Deutschland brummt oder in Trümmern liegt, kann den Menschen hier komplett egal sein. Und das ist es ihnen wahrscheinlich auch.

Fasst man also alles zusammen, wurde Koblenz dereinst von der Glücksgöttin Fortuna geküsst, als sich die Beamten innerhalb ihrer Mauern zusammenrotteten, um endlich eine eigene Stadt zu besitzen. Touristen sollten allerdings aufpassen, wo sie ihren Wagen parken oder ihr Kaugummi entsorgen. In Koblenz hat praktisch jeder Einwohner Block und Stift in der Tasche und ist ermächtigt, eine Ordnungsstrafe zu verhängen. Mit Durchschlag für die Akten.

13. GRUND

WEIL SIE NIE DA SIND, WENN MAN SIE BRAUCHT

Die Allgemeinbevölkerung dürfte eher das Gefühl haben, dass es in Deutschland eindeutig zu viele Beamte gibt. Das ist weniger ein statistischer Wert als ein Bauchgefühl. Der Deutsche Beamtenbund sieht das naturgemäß ganz anders, der monierte Anfang 2018, unserem Staat würden nicht weniger als 185.000 Mitarbeiter, darunter selbstverständlich viele Beamte, fehlen. Und das sei nur die Spitze des Eisberges, in einigen Jahren würde sich diese Zahl vervielfachen. Warum? Weil die komplette Beamtenszene überaltert sei. Okay, da wären wir Normalsterblichen auch ohne Statistik drauf gekommen.

Tatsächlich gibt es in diesem Land einige Bereiche, in denen Beamte fehlen. Vor allem an Schulen, wo jährlich Tausende von Unterrichtsstunden ausfallen. Es gibt auch Tausende Studenten, die auf Lehramt studieren. Wäre es dann nicht toll, diese Studenten nach ihrem Referendariat einzustellen und den Lehrermangel zu beseitigen? Nee, das wäre doch viel zu einfach und vor allem auch zu logisch. Denn die Einstellungspraxis deutscher Schulen, natürlich auch von Beamten ersonnen, sieht vor, nur die Crème de la

Crème auf den deutschen Nachwuchs loszulassen. Die Ansprüche sind hoch, die Hürden auch. Was nicht zu 100 Prozent passt, wird abgelehnt. Das Ergebnis: Diverse fertig gebackene Lehrkörper dürfen Hartz IV beantragen, während sich die bildungsbedürftigen Rotznasen ganz legal morgens um elf bei Media Markt rumdrücken. Verbesserungen treten wenn überhaupt nur kurzfristig ein, wenn mal wieder irgendwo Wahlen anstehen und wie aus dem Nichts plötzlich 50 Lehrerstellen aus dem Boden wachsen. Befristet, versteht sich.

Der Schulsektor ist der öffentlichkeitswirksamste, aber nicht der einzige, in dem Mangel herrscht. Deutschland fehlen laut Deutschem Beamtenbund zum Beispiel auch 4.000 Feuerwehrleute. Das gleiche Spiel wie an den Schulen. Bevor der an sich geeignete, aber eben nicht komplett überzeugende Spritzenhauswächter eingestellt wird, lassen wir lieber die historische Altstadt abfackeln. 3.000 freie Stellen soll es bei den Jugendämtern geben, die auch immer mehr zu tun bekommen. Logisch, die Halbstarken kriegen in den Bildungseinrichtungen ja nichts mehr beigebogen, tanzen ihren Erzeugern auf der Nase herum und gründen in der Regel noch im Teenageralter eine eigene Sippe, in der es dann ebenfalls drunter und drüber geht. Nicht ganz so tragisch erscheinen dagegen die 500 bis 3.000 (je nach Quelle) fehlenden Bundespolizisten. So ein versiffter Demonstrant kann sich zur Not auch mal selbst verkloppen.

Und warum das alles? Weil kein vernünftig denkender Mensch freiwillig in ein Beamtenverhältnis eintritt. Soziale Ausgrenzung, der Verlust jeglichen Ansehens und der Spott der Nachbarn, das will ja niemand. Deshalb wird es in absehbarer Zeit zu ersten Zwangsrekrutierungen kommen. Der Deutsche Beamtenbund hat da einen ganz verwegenen Plan in der Schublade: Jede in Deutschland lebende Familie hat das erstgeborene Kind dann bei den Behörden abzugeben, die ihrerseits Internate errichten, wo die Beamtenferkel im Sinne des Beamtengesetzes zu prächtigen Säuen und Ebern herangezüchtet werden. Auf dem Unterrichtsplan (garantiert ohne Ausfallstunden) stehen dann je nach Verwendung Fächer wie Einarmiges Stempeln, Pullunder tragen im 21. Jahrhundert oder Wasserwerfer fahren. Die Zukunft ist eine goldene, denn die Beamten gehen uns so schnell nicht aus.

14. GRUND

WEIL SIE SOGAR IHRE TOTE MUTTER VERKAUFEN

Die meisten Normalbürger mussten im Laufe ihres Lebens schon einmal feststellen, dass das Sprichwort »Unwissenheit schützt vor Strafe nicht« in der Realität knallhart umgesetzt wird. Egal ob Polizei, Steuer- oder Verwaltungsbehörden – wenn ein dusseliger Bürger nicht in der Lage ist, die kompliziert formulierten Vorschriften genau zu befolgen, oder nicht mal wusste, dass so eine Vorschrift überhaupt existiert, wird er mit der vollen Härte sanktioniert. Wenn es dem Beamten allerdings selbst an den Kragen geht, zeigt er sich überrascht, wenn seine Unwissenheitsmasche nicht greift. Ein hoher Bundesbeamter machte sich so sogar regelrecht lächerlich.

Besagter Beamter, nennen wir ihn Müller, ist mittlerweile pensioniert, sammelte im Laufe seines langen Berufslebens jedoch so einige Verfehlungen im Dienst an. Verstöße gegen die Amtsverschwiegenheit, Kompetenzüberschreitungen, schuldhaft unerlaubtes Fernbleiben vom Dienst, kränkende und ehrverletzende Äußerungen über Vorgesetzte, Kollegen und Mitarbeiter, Nichtbefolgung dienstlicher Arbeitsanweisungen, die Liste der Vorwürfe liest sich wie das Who's who der Beamtenfehltritte. Mit einer Nummer allerdings schoss er den Vogel ab.

Müller hatte, nachdem er von seiner Frau verlassen wurde, seine kränkelnde Mutter bei sich zu Hause aufgenommen. Er kümmerte sich um ihre Betreuung, aber auch um die finanziellen Belange der alten Dame. Als diese an einem 1. März starb, kassierte Müller die

Rente seiner Mutter munter weiter. Erst Ende November meldete er sich bei der Rentenversicherung, gab dort das korrekte Sterbedatum an und teilte der Behörde gönnerhaft mit, man dürfe die Rentenzahlungen zum Ende des Jahres gerne einstellen. Die Rente, die die Tote von März bis Dezember erhalten habe, so Müller weiter, sei für Beerdigungskosten und sonstige Aufwendungen verbraucht worden. Mit freundlichen Grüßen.

Die Rentenversicherung erklärte dem Beamten aus dem höheren Dienst daraufhin, dass Rente nur für Lebende gedacht sei und er die überschüssige Kohle, einen vierstelligen D-Mark-Betrag, schleunigst zurückzahlen müsse. Das sah Müller allerdings überhaupt nicht ein und landete einmal mehr vor Gericht.

Dort führte der Beamte aus, er habe nicht gewusst, dass Tote keine Rente erhalten können. Außerdem habe er sehr viel um die Ohren gehabt, und es sei doch wohl Aufgabe des Standesamtes, der Rentenversicherung Bescheid zu geben. Der Richter am Bundesverwaltungsgericht glaubte seinen Ohren nicht zu trauen und klärte Müller auf, dass ein Standesamt gar nicht in der Lage sei, alle offiziellen Stellen vom Tod einer Person zu unterrichten. Denn in diesem Fall müssten dort in jeder Stadt 100 Beamte und mehr sitzen. Davon abgesehen wisse das Standesamt auch nicht, bei welchen Versicherungen etc. die verstorbene Person zu Lebzeiten etwas abgeschlossen habe. Woher auch? Als Beamter, so der Richter, müsse ihm das eigentlich klar gewesen sein. Vielmehr sah Müller in der Rente wahrscheinlich eher ein nettes Zubrot zu seinem eigenen Gehalt. Die Achtung und das Vertrauen, das einem Beamten entgegengebracht werden müsse, seien auf diese Weise in erheblicher Weise beeinträchtigt worden.

Müller ging zerknirscht aus der Verhandlung, musste eine Kürzung seiner Dienstbezüge hinnehmen und stotterte den Betrag in Raten ab. Dass es so viel Intelligenz und gesunder Menschenverstand bis in die oberste Etage einer Bundesbehörde geschafft hat, spricht allerdings für sich.

15. GRUND

WEIL SIE SCHLECHT KOPIERT WERDEN

Obwohl der deutsche Beamte einen furchtbaren Ruf genießt, scheint es immer mal wieder Menschen zu geben, die sich gerne im zweifelhaften Glanz des Staatsdieners suhlen würden. Doch weil sie die Voraussetzungen für eine Laufbahn nicht erfüllen oder einfach zu faul sind, eine einzuschlagen, versuchen sie es durch die Hintertür.

So wie ein Berliner Mitte 30, der seine »Kollegen« öfter mal auf Trab hält. Denn wenn die Sonne scheint, schmeißt er sich gerne in seine Fantasiepolizeiuniform, setzt sich seine Fantasiepolizeimütze auf, stapft auf eine viel befahrene Ampelkreuzung und »regelt« den Verkehr. Selbst Autofahrer mit ordentlich Restalkohol im Blut erkennen, dass das kleine, dicke Männchen, welches völlig entrückt mit den Arm wedelt wie ein Fluglotse unter Starkstrom, kein echter Polizeibeamter sein kann. Das führt zu Konflikten, durchs geöffnete Autofenster werden Schmähungen gerufen, die der Beamtendarsteller in seiner Rolle ganz eindeutig als Beamtenbeleidigung wahrnehmen muss. Da der falsche Berliner Verkehrspolizist mit Gaspistole und Handschellen ausgerüstet ist, kam es wohl schon mehrfach zu versuchten Verhaftungen. Bislang konnten die echten Beamten immer noch schnell genug eingreifen und ihren Fan einsammeln. Aber die Anzeigen wegen Amtsanmaßung, auf die immerhin bis zu zwei Jahren Gefängnis stehen, scheinen nicht zu fruchten, der verhinderte Beamte taucht immer mal wieder auf Kreuzungen auf.

Es ist kein Geheimnis, dass bei privaten Sicherheitsfirmen Leute herumlaufen, die gerne Kriminaloberrat geworden wären, es jedoch nicht sind, sich allerdings so fühlen. Denn das klitzekleine bisschen Macht eines Security-Mitarbeiters korrumpiert schnell, vor allem die nicht ganz so hellen Leuchten. Als Beispiel seien zwei

Aushilfs-Djangos aus dem Osten der Republik erwähnt, die vor einem Asylbewerber Dienst schieben sollten. Da ihnen das offensichtlich zu langweilig wurde, begannen sie damit, wahllos vorbeiflanierende Passanten zu überprüfen. Personenkontrolle, hier spricht die Polizei. Irgendwann beobachteten dann richtige Beamte das Treiben der beiden Hobbykontrolleure und nahmen sie hops. Einer von ihnen beschwerte sich anschließend im Internet darüber, dass er seinen Job als Sicherheitsmann verloren hat. Ja, wirklich komisch …

Ein Mann aus dem niedersächsischen Celle hingegen hatte es satt, dass ihm im täglichen Straßenverkehr andere Verkehrsteilnehmer zu nah auf die Pelle beziehungsweise Stoßstange rückten. Also brachte er an seiner silbergrauen Schwaben-Limousine ein paar blaue Streifen an und setzte sich ein Blaulicht aufs Dach. Fortan hielten die anderen mehr Abstand, bis eine Zivilstreife den nachgemachten Polizeiwagen erkannte und anhielt. Nach eigenen Angaben wollte der gute Mann gar nicht für einen Beamten gehalten werden, er wollte nur ein bisschen mehr Platz auf der Straße. Eine Geldstrafe gab es trotzdem.

Ebenfalls schneller nach Hause wollte 2010 ein Klinikchef aus Bad Gandersheim. Also schnappte er sich ein Megafon und brüllte auf einer viel befahrenen Straße in Hannover, dass dies ein Polizeieinsatz sei. Tatsächlich kam der feine Herr Doktor von einem Fußballspiel, in seinem Kleinbus saßen Freunde und Familienangehörige, alle (bis auf den Fahrer) nicht mehr ganz nüchtern. Als der Klinikleiter, immerhin fast 60 Jahre alt, deshalb wegen Amtsanmaßung zu läppischen 1.500 Euro Strafe verurteilt wurde, beleidigte er die Richterin und kam gerade noch so ohne weitere Strafen davon.

Ein 19-jähriger Bayer bekam neben der Geldstrafe noch ein Fahrverbot aufgedrückt, weil er, ebenfalls mit einem Blaulicht aus dem Internet ausgestattet, ein anderes Fahrzeug zum Halten brachte und die Fahrzeugpapiere kontrollieren wollte. Der gerade mal volljährige Milchbubi wurde von seinem Opfer allerdings erkannt und bei den richtigen Kollegen angezeigt. Die Richterin stellte fest, dass der Teenager zu einer »Überschätzung von Machtsymbolen« neigt. Als Berufswunsch gab der verhindert Verkehrspolizist übrigens an, er würde gerne Soldat werden. Hoffentlich leiht ihm vorher mal jemand *Der Hauptmann von Köpenick* aus. Oder vielleicht lieber doch nicht.

Apropos Bundeswehr, ein ebenfalls noch recht junger Mann aus dem Ruhrgebiet erfuhr von einer Freundin, dass sie von ihrem Ex angeblich sexuell missbraucht wurde. Um dies zu rächen, streiften sich er und ein Freund Bundeswehruniformen der Feldjäger über (wo immer sie die herhatten, denn die beiden waren keine Soldaten), schnappten sich ihre Schreckschusspistolen, druckten am PC zwei amtlich erscheinende Schreiben aus und besuchten den ehemaligen Partner ihrer Freundin. Ziel war es, den Mann einzuschüchtern und zu verprügeln. Als sie in voller Montur und mit einem »Durchsuchungsbefehl« sowie einem Schreiben, das sie zur sofortigen Verhaftung des Verdächtigen ermächtigte, vor seiner Tür auftauchten, mussten sie feststellen, dass er nicht alleine war. Deshalb disponierten die beiden angeblichen Feldjäger um, durchsuchten die Wohnung, nahmen mit gezogenen Pistolen die Personalien der Freunde auf und fragten abschließend nach Waffen und Drogen. Ihnen wurden ein Messer und ein Tütchen Gras ausgehändigt. Mit dieser »Beute« machten sie sich wieder vom Acker, um wenig später von der Polizei eingesammelt zu werden. Die hatten echte Befugnisse und scharfe Pistolen dabei.

Dies waren nur wenige Beispiele von Bürgern, die gerne mal Beamte spielen. Allerdings kann auch ein richtiger Beamter wegen Amtsanmaßung verurteilt werden. Auch das passiert immer wieder, wie zum Beispiel in einem Fall, der 1948 für Aufsehen sorgte. Damals war ein Mann gerade einmal drei Monate bei der Kriminalpolizei Potsdam beschäftigt, als er in seiner Freizeit in Berlin auf jemanden traf, den sein Vorgesetzter nicht leiden konnte. Wahrscheinlich besaßen nicht wenige der damaligen Polizisten noch eine Rechtsauffassung aus dem gerade erst untergegangenen Dritten Reich, jedenfalls gab sich der Potsdamer als Staatsdiener zu erkennen und nahm den Mann ohne jegliche Legitimation umgehend fest. Damit nicht genug, er brachte ihn nicht auf die nächste Berliner Polizeistation, sondern verschleppte den Mann in einem Privatwagen auf sein eigenes Polizeirevier in Potsdam. Dort saß der arme Tropf eine geschlagene Woche in einer Zelle, bis man schließlich feststellte, dass er sich absolut nichts zuschulden hatte kommen lassen. Kaum wieder auf freiem Fuß, verklagte er den Polizisten, der aus dem Dienst entfernt wurde und eine mehrjährige Haftstrafe absitzen musste. Sein Vorgesetzter, der die Aktion initiiert und gedeckt hatte, musste ebenfalls ins Kittchen. Der Sinn und Zweck dieser Geschichte bleibt allerdings auch 70 Jahre später völlig um Dunklen.

16. GRUND

WEIL SIE GERNE GOETHE WÄREN

Das Sprichwort »Schuster, bleib bei deinen Leisten« hat schon einige Tausend Jahre auf dem Buckel. Tatsächlich soll es aus dem Mundes des Apelles entsprungen sein, der als der größte Maler des antiken Griechenlands gilt, auch wenn sich kein einziges seiner Bilder erhalten hat. Den Aufzeichnungen seiner Zeitgenossen zufolge besaß Apelles die Eigenheit, sich hinter seinen eigenen Bildern zu verstecken, um die Reaktionen des Publikums zu erlauschen. Eines Tages kam ein Schuster vorbei, schaute sich ein frisch gemaltes Bild des Meisters an und bemerkte, dass an einem Schuh eine Öse fehlte. Apelles kam hervorgesprungen und musste dem Handwerker zustimmen. Er fügte die fehlende Öse an, da erhob der Schuster ein weiteres Mal seine Stimme und merkte an, dass das Bein anatomisch betrachtet auch nicht ganz korrekt sei. Daraufhin wurde Apelles ziemlich sauer und herrschte den einfachen Kerl an, der Schuster solle bei seinen Leisten bleiben. So weit also die Entstehungsgeschichte dieses schönen Sprichwortes, das bei der Polizei in Aachen allerdings unbekannt zu sein scheint.

Eigentlich geht es bei der Geschichte um ein ernstes Thema. In Online-Chats tauchen schon seit geraumer Zeit weibliche Teilnehmer auf, die männliche Gegenparts erst ein wenig bezirzen und dann dazu auffordern, sich nackig zu machen. Folgt der Mann und präsentiert sein Geschlecht der vermeintlichen Cybersex-Partnerin, flattert schon bald ein Erpresserschreiben ins Haus. Die Dame droht damit, die heimlich mitgefilmten Verrenkungen des Herrn öffentlich zu machen, auf Pornoseiten zu stellen, verlinkt mit einem seiner Social-Media-Profile. Den meisten Männern ist das Blut mittlerweile wieder zurück ins Hirn gelaufen, es ist ihnen peinlich, und sie zahlen.

Die Aachener Polizei machte im Januar 2018 auf die Masche aufmerksam, allerdings in ungewöhnlicher Form. Der Aachener Polizeisprecher Paul Kemen, bundesweit bekannt für seine ungewöhnlichen Polizeimeldungen, schmiss mal wieder die Reimmaschine an. Der Beamte, der ganz bewusst auf die Verwendung von Beamtendeutsch verzichtet und dessen Meldungen es mittlerweile sogar als Hörbücher gibt, hatte in diesem Fall allerdings keine Sternstunde. Denn auf dem offiziellen Facebook-Account der Polizei war unter dem Titel ***Die Erpressung*** zu lesen:

Es war einmal ein Weib,
das zeigte seinen Unterleib –
bei Skype.
Ein Mann hatte dies gesehen,
schon war's um ihn gescheh'n.
Er tat es ähnlich,
fand's gar nicht dämlich.
Kriminell und voll bedacht

hat die Dame Fotos gemacht.
Vom Unterleib des Herrn,
der sieht das gar nicht gern.
Soll dies nun aus der Welt,
muss er zahlen Geld.
Bezahlt er dieses nicht,
sieht man nicht nur sein Gesicht.
Im Internet, so drohte sie,
gäb's dann eine Galerie.
Klar, ihm war's nicht einerlei,
drum ging er flugs zur Polizei.
Nach dem Weib wird nun gefahndet,
und die Tat dann auch geahndet.
Denn zig Fälle gab's die Tage,
stellt man sich nun die Frage,
wo war nur der Verstand,
das lag wohl auf der Hand.
Nun wird gewarnt vor dieser Masche,
sie bringt nur Geld in Täters Tasche.

Nun beschweren sich viele Menschen ja über das kaum verständliche Beamtendeutsch, das in Anschreiben und Meldungen Verwendung findet. Betrachtet man allerdings die oben stehende Alternative, wünscht man sich fast schon wieder Formulierungen wie »raumgreifendes Großgrün« (Baum) oder »Dreiseitenkipper« (Schubkarre) zurück. Oder um den Aachener Beamten mit seinen eigenen Waffen zu schlagen: Der Ausruf des Apelles passt hier wie der Arsch auf Eimer, bleib bei deinen Leisten, Reimer!

17. GRUND

WEIL SIE SICH GEHEIME MÄRKTE ERSCHLIESSEN

Wenn man ein gewisses Lebensalter erreicht hat, macht es irgendwann sogar wieder Spaß, sich über die Schulzeit zu unterhalten. Sie ist weit genug weg, dass die alten Narben nicht mehr schmerzen, und der eigene Nachwuchs ist gerade dabei, seine eigenen Erfahrungen mit dem seltsamen Wesen des Lehrkörpers zu machen.

Als der Autor dieser Zeilen mit ein paar Freunden und Bekannten vor einiger Zeit in trauter Runde beisammensaß und die eigenen Geschichten aus der Zeit des Pausengongs und der zerplatzten Milchtüten im Mittelpunkt des Gespräches standen, fanden wir Folgendes heraus: Obwohl wir zum Teil in vollkommen unterschiedlichen Gegenden Deutschlands zur Schule gegangen waren, hatten wir allesamt den gleichen Kunstlehrer. Nicht in persona, sondern vom Typ her. Jeder von uns ungefähr Gleichaltrigen konnte von einem Tusche- und Kreidestiftdozenten berichten, der ein Alkoholproblem hatte, bisweilen sogar hackebreit im Unterricht saß und Aufgaben wie »Bitte zeichnen Sie Ihre heimische Küche aus der Perspektive einer Kakerlake« verteilte. Okay, das scheint noch irgendwie zum Berufsethos zu gehören. Das dauernde Schnüffeln an Farben macht empfänglich für Süchte und malade im Oberstübchen. Die zweite Übereinstimmung war allerdings, dass jede dieser skurrilen Gestalten einen Luxuswagen fuhr. Porsche, Mercedes, Jaguar und ähnliche Boliden. Das machte uns irgendwie stutzig, zumal die meisten Lehrer ja nicht mal in der Lage sind, sich eine saubere Hose zu kaufen.

Wir rätselten lange an diesem Abend, wie es wohl sein könnte, dass solch gescheiterte Existenzen allesamt solch teuren Autos fahren konnten. Während unsere Pauker der Fächer Deutsch oder Mathe im VW oder Volvo (bei Lehrern damals traditionell in Senfgelb) vorfuhren, lenkten ausgerechnet diese Kasper umgerechnete

Doppelhaushälften auf den Parkplatz. Und dann fiel es uns ein: Es muss auf dem unübersichtlichen und verschwiegenen Kunstmarkt eine kleine Nische geben, die sich auf naive Schülerkunst spezialisiert hat. Wir nehmen an, dass die Preise umso höher werden, je ungeschickter sich der Pennäler bei der Herstellung seines Werkes anstellt. Mit diesen kleinen Kunstwerken handeln viele, möglicherweise alle verbeamteten Kunstlehrer in diesem Land und machen so Millionen. Nur aus diesem Grund schmettern sie sich schon morgens den Champagner ins Gesicht und fahren Autos, deren Wert ihr Jahresgehalt um das Doppelte übersteigt. Die abgewetzten Klamotten tragen sie nur zur Tarnung.

Das ist, wie gesagt, nur eine Theorie. Aber durchaus eine, über die man mal nachdenken kann.

18. GRUND

WEIL SIE SICH PRIVAT MIT BLÖDSINN BESCHENKEN LASSEN

Beamte und Geschenke im Dienst, das ist ein nicht versiegen wollender Quell voll Unterhaltung. Aber manche Behördenmitarbeiter haben tatsächlich so etwas Ähnliches wie ein Privatleben und ein Bruchteil derer vielleicht sogar »Freunde«. Diese müssen dem Staatsdiener an seinem Geburtstag und zu Weihnachten etwas schenken, das gebietet unsere Kultur. Und tatsächlich gibt es einen kleinen und wenig feinen Markt für zu beschenkende Beamte, der in Sachen Peinlichkeit perfekt mit dem gewählten Beruf harmoniert. Und ja, all diese Produkte existieren wirklich.

Wie wäre es zum Beispiel mit einem Kissen Modell »Aktenordner«? Dieser Traum aus Polyester ähnelt in Farbe, Form und Optik einem handelsüblichen Ordner, ist allerdings deutlich flauschiger. Der an seinem Schreibtisch sitzende Beamte kann also gefahrlos nach vorne kippen, sein Schädel wird von dem Kissen aufgefangen, und er kann direkt in ein erstes Nickerchen vor dem Frühstück einsteigen. Auf dem Rücken dieses speziellen Aktenordners, auf dem normalerweise Dinge wie »Abschlägig beschiedene Genehmigungen für Veranstaltungen nach der Gewerbeordnung A–F« stehen, prangt bei diesem Exemplar ein »Zzz … Zzz«. Hihi, wie lustig.

Aus völlig unerfindlichen Gründen gibt es einen Kreis von Menschen, die sich gegenseitig mit so genannten Schraubenmännchen beschenken. Die kleinen Modelle, der Name ließe es fast erahnen, sind aus Schrauben, Muttern und sonstigem Kleinkram gefertigt, der so in der Werkzeugkiste herumfliegt. Es gibt unzählige verschiedene Schraubenmännchen, darunter einen operierenden Chirurgen, einen Automechaniker, ein Schraubenmännchen beim Kegeln oder einen, der Tuba spielt. Und natürlich gibt es auch einen Beamten. Der sitzt an seinem Schreibtisch, stempelt ein paar Akten und besitzt genau die langweilig-sterile Aura, die wir bei deutschen Beamten so schätzen.

Oder wie wäre es mit einem schicken T-Shirt? Das ist vielleicht nicht die perfekte Dienstkleidung (schon gar nicht bei Kundenverkehr), aber bestimmt der Brüller in der Kantine. Vor allem wenn solch kluge Sätze wie »Am Anfang waren alle Menschen gleich. Manche wurden jedoch Beamte«, »Meine Damen und Herren. Seine Exzellenz der Beamte betritt das Gebäude« oder »Ich bin Beamter. Um Zeit zu sparen, nehmen wir einfach an, ich hätte immer recht« auf ihnen stehen. Von der Formulierungskunst und Zeichensetzung der Shirt-Macher mal ganz abgesehen, muss man sich schon fragen, wer mit so etwas freiwillig rumläuft. Auch die Abbildung eines Bettes mit der Aufschrift »Beamter im Dienst« oder der Aufschrift »Beamter. Der schwierigste Teil meiner Arbeit ist es, nett zu Idioten zu sein, die denken, sie wüssten, wie ich meine Arbeit zu erledigen habe« haben den Charme einer Fips-Asmussen-Aufzeichnung von 1985. Nein, eigentlich nicht mal das. Das Highlight in dieser Kategorie ist allerdings ein Leibchen für Damen, auf dem allen Ernstes der Schriftzug »Diese Frau wird beschützt von einem coolen gut aussehenden Beamter« prangt. Ja, das Teil gibt es wirklich so zu kaufen, inklusive der grammatikalischen Peinlichkeit. Ob die von dem lächerlichen und frauenfeindlichen Spruch ablenken soll? Keine Ahnung, aber das Ding sollte man nicht mal in einer einsamen Höhle im Kaukasus während einer Sonnenfinsternis tragen. Nein, nicht mal Beamte der GSG 9. Dann vielleicht doch lieber eine Kaffeetasse, die ist wenigstens nützlich. Der Aufdruck »Beamter. Nicht alle Superhelden tragen einen Umhang« lässt sich ja zur Not überkleben.

Wer seinem Beamtenfreund allerdings eine richtige Freude machen will, besucht ihn oder sie zum Geburtstag im Büro, wartet, bis ein Vorgesetzter im Raum ist, und schiebt dann betont unauffällig einen unbeschrifteten Umschlag über den Schreibtisch. Dazu murmelt man Worte wie »Noch mal vielen Dank für das unkomplizierte Entgegenkommen« und verschwindet grußlos. An diesen Geburtstag wird sich der Beamte ganz sicher noch lange erinnern.

19. GRUND

WEIL SIE GLAUBEN, LEIB UND LEBEN ZU RISKIEREN

Die meisten Unfälle passieren im Haushalt. Diese Binsenweisheit ist uralt, aber von erschreckender Aktualität. Allein in Deutschland segeln jedes Jahr rund 10.000 Menschen nach häuslichen Unfällen über die Wupper, über drei Millionen verletzen sich. Zum Vergleich: Im Straßenverkehr sind es »nur« etwa 3.500 Todesfälle per anno. Experten erklären das mit immer sichereren Autos auf der einen und immer älteren Wohnungsbesitzern auf der anderen Seite. Wenn die Ü80-Fraktion zum Gardinenabnehmen auf die Fensterbank klettert und rücklings in die Vitrine fällt, ist mit Verlusten zu rechen.

Das alles mag tragisch und traurig sein, das mit Abstand gefährlichste Leben aber führen die Beamten. Sie haben in der Regel eine eigene Wohnung, die meisten von ihnen fahren auch Auto. Damit sind sie statistisch betrachtet schon mal so gut wie tot. Dazu kommt aber noch ihr Arbeitsalltag, der mehr Fallen bereithält, als Rambo und John McClane gemeinsam aus dem Weg räumen könnten.

Man nehme nur einmal die Sturzgefahr, die in fast allen deutschen Amtsstuben per se vorhanden ist. Ein Beamter in Dortmund schlief vor ein paar Jahren während der Arbeit ein, fiel vom Stuhl und brach sich beim Aufprall auf den harten Boden die Nase. Er wollte den Schaden von der Unfallversicherung ersetzt haben, die allerdings nur dann zahlt, wenn es sich wirklich um einen Arbeitsunfall handelt. Der Fall landete vor dem Kadi, das Sozialgericht in Dortmund entschied, dass es sich beim Fall des abgestürzten Traumtänzers tatsächlich um einen Arbeitsunfall handelt. Denn der Beamte sei wegen Überarbeitung eingeschlafen, sein Sturz hatte also betriebliche Gründe. Wäre er die Nacht vorher in der Kneipe gewesen und unausgeschlafen zum Dienst erschienen, wäre er auf den Kosten sitzen geblieben. Wie es der Beamte geschafft hatte, sich in seinem Job zu »überarbeiten«, wurde leider nicht erläutert.

Eine Berliner Verwaltungsbeamtin stellte sich 2013 ebenfalls recht geschickt an, sie stieß sich bei einem Toilettengang den Kopf an einem geöffneten Klofenster und wollte dies als Arbeitsunfall anerkannt wissen. Ihr Dienstherr erklärte, ein Gang auf die Schüssel sei das Privatvergnügen der Dame, sie habe keinen dienstlichen Auftrag dazu erhalten und damit Pech gehabt. Das Verwaltungsgericht Berlin wollte dem nicht folgen und erklärte die Schlacht auf dem WC zu einer dienstlichen Angelegenheit. Zwar habe die Beamtin dort keine »dienstlich geprägte Tätigkeit« verrichtet (man fasst es nicht), aber die Toilettenräume gehören zum »vom Dienstherrn unmittelbar beherrschbaren räumlichen Risikobereich«. Und weil ein öffentlicher Arbeitgeber nun einmal ganz besonders auf seine teuren Schäfchen aufpassen muss, ist ein Toilettenunfall im Fall eines Beamten ein Dienstunfall. Für normalsterbliche Arbeitnehmer gilt dies natürlich nicht. Ist ein Schreiner, ein Busfahrer oder ein Hubschraubermechaniker zu dusselig, unfallfrei sein Geschäft zu verrichten, ist es sein Problem. Und da wundert sich noch jemand, dass Beamte nicht zu den beliebtesten Menschen in diesem Land zählen?

Doch bleiben wir in den Waschräumen und wenden uns einem noch ulkigeren Fall zu. Eine angestellte Lehrerin aus Sachsen-Anhalt war mit ihrer Grundschulklasse auf Klassenfahrt. Eines Morgens glitt sie beim Duschen aus und brach sich mehrere Knochen im Fuß. Als sie versuchte, dieses Unglück als Dienstunfall anzuzeigen, wurde dies abgelehnt. Vor Gericht wurde die Ablehnung bestätigt, schließlich sei das Duschen eine höchstpersönliche Angelegenheit in den Privaträumen der Lehrerin. Die gelte auch auf einer Klassenfahrt. Danke und auf Wiedersehen.

Im gleichen Jahr ging eine verbeamtete Lehrerin mit ihrer Rasselbande auf Klassenfahrt, duschte, rutschte aus und zerballerte sich das Schultergelenk. Na, das wird doch wohl eine höchstpersönliche Angelegenheit in den Privaträumen der Lehrerin gewesen sein, oder nicht? Natürlich nicht. Denn eine Beamtin, so entschied das Bundesverwaltungsgericht, sei bei einer Klassenfahrt 24 Stunden am Tag im Einsatz, um sich um das Wohl der Schüler zu kümmern. Der Dienstunfall wurde anerkannt.

Ja, auch das ist Deutschland. Aber wie sagte der irische Dichter Oscar Wilde einst so schön: »Es gibt zwei Klassen von Menschen: die Gerechten und die Ungerechten. Die Einteilung wird von den Gerechten vorgenommen.«

20. GRUND

WEIL ES AUCH UNTER IHNEN SUPERSTARS GIBT

Für Außenstehende ist ein Beamter wie der andere. Klar, es gibt sie in verschiedenen Formen, Größen und Farben, manche hinken, andere stottern, und wieder andere haben eine leichte Rot-Grün-Schwäche. Aber sonst?

Die Beamten untereinander erkennen ihre unterschiedlichen Dienstgrade hingegen schon von Weitem. Das hat wahrscheinlich was mit der Evolution zu tun, diese Fähigkeit ist einfach nötig, um im rauen Umfeld von frisch geputzten Linoleumböden (Duftrichtung: Chlor-Zitrone) und orangefarbenen Sitzmöbeln im Wartebereich zu überleben. Treffen zwei Alphamännchen oder -weibchen in dem schier endlosen Labyrinth aus Gängen, Büros und Materiallagern aufeinander, müssen sie in Sekundenschnelle erkennen, ob sich dort drüben im Halbdunkel ein Rivale, ein Vorgesetzter oder ein Untergebener herumdrückt. Die Folgen einer Verwechslung, zum Beispiel das Anschnauzen eines höherrangigen Beamten, könnten tödlich sein. Zumindest für die eigene Karriere.

Eine Gruppe innerhalb dieser Kaste muss sich darüber keine Gedanken machen: beamtete Staatssekretäre (StS). Sie sind die Spitze des Eisberges, die Herrscher über die Paragrafen, die Ersten in der Kantine und die Letzten abends im Büro. Oder auch nicht. Auf jeden Fall bekleiden sie den höchstmöglichen Posten, den ein Beamter in Deutschland erreichen kann. Und das schlägt sich nicht nur im Grundgehalt nieder, das bei weit über 10.000 Euro im Monat liegt. Denn beamtete Staatssekretäre sind politische Beamte, die jederzeit und ohne Angabe von Gründen entlassen werden können. Gleichzeitig sind sie aber Beamte auf Lebenszeit (meistens), das heißt, sie können gar nicht entlassen werden. Geht nicht? Geht wohl!

Der Posten des beamteten Staatssekretärs wurde in der Weimarer Republik erfunden und bis heute beibehalten. Jeder Minister gleich aus welchem Ressort in Bund und Land bekommt einen StS an die Seite gestellt. Das soll die Stabilität einer Regierung erhöhen. Ist der Minister mal verhindert, kann der beamtete Staatssekretär für ihn entscheiden. Außerdem soll er das Ministerium im Griff behalten. Und im Zweifelsfall ist immer ein Sündenbock vorhanden, wenn sich der Minister als totale Krampe erweist. Natürlich dachten sich die Parteien schnell noch ganz andere Nutzungsmöglichkeiten für diesen Job aus.

Gibt es zum Beispiel einen Parteigenossen, der nach einem Ministeramt strebt, aber furchtbar schielt und lispelt, gibt man ihm den Posten als Staatssekretär. Da steht er nicht so im Licht der Öffentlichkeit, hat ein bisschen was zu entscheiden und verdient sich dumm und dusselig. Oftmals werden diese Jobs auch alten Weggefährten zugeschustert, die dem Parteivorsitzenden den Weg vom Kreisverband an die Spitze der bundesrepublikanischen Politikszene geebnet haben.

Doch es geht auch anders. Hat die Partei das Gefühl, ihr eigener Minister verfolgt zunehmend eigene Ziele oder läuft ganz allgemein aus dem Ruder, stellt man ihm einfach einen beamteten Staatssekretär mit der Aura und der Liebenswürdigkeit eines Felix Magath an die Seite. Wann immer der Minister nun zu einer Erklärung anhebt, beugt sich der StS ganz leicht vor und flüstert in bedrohlichem Ton: »Das würde ich ja nicht machen.« So lassen sich innerparteiliche Probleme unbemerkt von der Öffentlichkeit lösen.

Der Hammer am Job eines StS ist allerdings die Tatsache, dass er in der Regel an »seinen« Minister gebunden ist. Geht der Minister, geht auch der beamtete Staatssekretär. Da er aber Beamter auf Lebenszeit ist, bekommt er für ein paar Monate das volle Gehalt ausgezahlt, anschließend noch über 70 Prozent erhöhtes Ruhegehalt. Ein Leben lang. Bei einem Gehalt von rund 13.000 Euro sind das fast 10.000 Euro als Rente. Gelangt also ein 40-jähriger Bengel für ein paar Monate in so ein Amt (hat es alles schon gegeben), kann er sich den Rest seines Daseins um sein Segelboot und sein ererbtes

Anwesen in Baden-Baden kümmern, ohne je wieder einen Finger zu krümmen.

Angesichts der Millionen, die da jährlich an erhöhten Ruhegeldern zusammenkommen und ohne Gegenleistung durch den Schornstein des gemeinen Steuerzahlers geblasen werden, gab es seitens verschiedener Bürgerinitiativen Versuche, diese Praxis zu unterbinden. Seltsamerweise sahen die meisten Beamten das ganz anders und halten bis heute daran fest. Zum Wohle einer stabilen Republik!

3. KAPITEL

FACHBEGRIFFE UND IHRE BEDEUTUNG

21. GRUND

WEIL ES DEN SILBERNEN LÖFFEL GAR NICHT GIBT

Die Unkündbarkeit ist quasi die Unsterblichkeit des Beamten. Ist dieser Status einmal erreicht, geht das Stempeln gleich viel leichter von der Hand. In jeglicher Hinsicht. Locker aus der Hüfte den ersten Antrag des Tages ablehnen, dann erst mal Frühstück machen. Zu Höchstleistungen animiert man seine Leute mit einem solchen Persilschein fürs Herumgammeln jedenfalls nicht. Dabei existiert der Grundsatz der Unkündbarkeit schon seit vielen Hundert Jahren. Der Dienstherr ging damals einfach davon aus, dass ein Beamter nicht zu ersetzen sei. Hihi, man stelle sich das mal vor. Die traurige Verwaltungsgestalt undefinierbaren Geschlechts, die einem heutzutage widerwillig den akkurat ausgefüllten Antrag für die Beantragung einer neuen Biomülltonne aus den Händen rupft, drei Minuten stumpf darauf glotzt, als würde es sich um ein Kreuzworträtsel in Altgriechisch handeln, und einem schließlich das Formular mit den Worten »Da fehlt noch die Unterschrift Ihres Vormieters unter Punkt 2B/14« zurückgibt, ist also unersetzlich? Das glaubt ja nicht mal deren Lebenspartner, sofern vorhanden.

22. GRUND

WEIL SIE RESIDIEREN

»Wohnst du noch oder lebst du schon?« war für lange Zeit der Slogan eines schwedischen Recycling-Unternehmens, das Sperrholzplatten und verbogene Schrauben als Überraschungstüten für Erwachsene anbietet. Der deutsche Beamte kann darüber nur lachen, denn er tut beides nicht, er residiert. Das klingt erst mal ziemlich fürstlich, es bringt allerdings auch Nachteile mit sich.

Schuld an der ganzen Residiererei ist niemand anders als Friedrich Wilhelm I. von Preußen. Der alte Geizknochen und Militarist, dessen Lieblingsgericht Schweinebauch mit Weißkohl gewesen sein soll (sorry, ist gerade Mittagszeit), war ein harter Hund, der seinem Volk, natürlich nur zu dessen Wohl, so einiges aufs Auge drückte. Seinen Mitarbeitern erging es nicht anders, Friedrich Wilhelm soll einen ganz unköniglichen Ton am Leibe gehabt haben und konnte wohl fluchen wie ein Bierkutscher. Die Beamten in seinem Staat mussten sich ebenfalls an einen neuen Wind gewöhnen, der Monarch behielt seine Pappenheimer nämlich gerne im Auge. Deshalb verfügte er 1735 die Residenzpflicht, die besagte, dass der Dienstherr (in diesem Fall der König) bestimmen durfte, wo der Beamte wohnte. Wollte dieser umziehen, hatte er sich untertänigst bei seinem Vorgesetzten einzufinden und mit einem formvollendeten Bückling um Genehmigung zu bitten. Nicht mal ein Umzug innerhalb der gleichen Straße wurde ohne ordentlich gestellten Antrag geduldet. Zucht und Ordnung waren die obersten Gebote.

Heute ist bekanntermaßen der Schlendrian eingezogen, manche Dinge haben sich allerdings aus der preußischen Zeit herübergerettet. Zum Beispiel die Residenzpflicht für Beamte, allerdings in deutlich abgemilderter Form. Beamte von Bund und Ländern können zum Beispiel gezwungen werden, für eine gewisse Zeit in einer Gemeinschaftsunterkunft zu wohnen. Inklusive Gruppenduschvergnügen und Mehrbettzimmerluxus. Auch kann der Dienstherr fordern, dass der Beamte seinen Wohnort so wählt, dass er den staatlichen Schlafplatz (vulgo: Büro) mit öffentlichen Verkehrsmitteln erreicht. Dies geht nach neuester Rechtsprechung allerdings nur mit Zustimmung des Personalrats. Pfrz, da hätte dem Soldatenkönig mal jemand mit kommen sollen. Eine letzte Zigarette und ab an die Wand, wäre das höchste der Gefühle gewesen.

Grundsätzlich hat ein Beamter so zu residieren, dass seine Dienstgeschäfte nicht beeinträchtigt werden. Wer also in der Stadtverwaltung Wuppertal arbeitet, aber jeden Tag mit dem Flieger aus Marbella einschwebt, riskiert per se regelmäßige Verspätungen. Und das kann nicht geduldet werden. Die Akten wälzen sich schließlich nicht alleine von links nach rechts und wieder zurück.

In manchen Fällen darf auch angewiesen werden, dass sich der Beamte in seiner Freizeit in der Nähe seiner Dienststelle aufzuhalten hat. Das kennen auch andere Berufsgruppen unter der Bezeichnung Rufbereitschaft. Im Normalfall wählt sich der Beamte seine Residenz allerdings selber. Dank der angeborenen Faulheit dieser Spezies dürfte das aus praktischen Gründen allerdings nicht allzu weit entfernt sein.

23. GRUND

WEIL SIE VOLLER HINGABE SIND

Bei der Formulierung »volle Hingabe« denkt man an heiße Liebesnächte, einsame Strandspaziergänge, an *Fackeln im Sturm* oder meinetwegen an ein geliebtes Hobby. Niemals aber denkt man an einen Beamten, der sich Dienstagmorgen um kurz nach zehn Uhr die letzten Reste seines Frühstückskäsebrotes aus den Zähnen friemelt und dabei guckt, als würde er gleich im Stehen einschlafen. Und doch, all diese Menschen sind gerade »voller Hingabe« dabei, ihren Beruf auszuüben. Das machen sie nicht freiwillig, der Gesetzgeber schreibt es ihnen vor.

Denn anders als Kanalreiniger, Kioskverkäufer oder Online-Redakteure des *Spiegel*, die nach Feierabend nur sie selbst sein dürfen, ist der Beamte als Staatsdiener rund um die Uhr ein Repräsentant seines Landes, seines Volkes und Sklave seines Diensteides. Das heißt, im Dienst ist sowieso Haltung anzunehmen und sich gebührlich zu verhalten (siehe die Sache mit dem Käsebrot). Aber am Wochenende besoffen im Stadtpark umkippen ist ebenfalls nicht erwünscht, es könnte Kundschaft vorbeikommen, die den stolzen

Bediensteten inmitten seines Elends entdeckt. Wenn der Beamte dann zwei Tage später einen Bauantrag ablehnt, ergibt sich möglicherweise ein Akzeptanzproblem. Auch eine Sachbearbeiterin, die sich jeden Freitag barbusig um die Stangen des lokalen Striplokals wickelt, kann Montagmorgen nicht in hochgeschlossener Bluse im Straßenverkehrsamt sitzen und eiskalt lächelnd Kfz-Kennzeichenwünsche ablehnen. Da steckt Konfliktpotenzial drin, das früher oder später in einer Revolution enden könnte. Deshalb sollten Beamte in ihrer Freizeit, wenn sie überhaupt vor die Tür gehen, möglichst unauffällig und sittsam über die Bürgersteige schleichen. Am besten aber wäre es, sie würden zu Hause die Supermarktprospekte nach Datum sortieren oder den Goldfisch füttern. Sex dürfen sie grundsätzlich wohl schon haben, aber bitte im Dunkeln und nicht zu laut. Der Nachbar von heute ist der Antragsteller von morgen. Armer Berufsbeamter.

Im Zuge völlig überflüssiger Modernisierungsmaßnahmen wurde die »volle Hingabe« dem Wortlaut nach vor einigen Jahren aus dem Gesetz gestrichen. Stattdessen ist in § 34 des Beamtenstatusgesetzes (BeamtstG), der mit »Wahrnehmung der Aufgaben, Verhalten« umschrieben ist, Folgendes zu lesen: »Beamtinnen und Beamte haben sich mit vollem persönlichen Einsatz ihrem Beruf zu widmen. Sie haben die übertragenen Aufgaben uneigennützig nach bestem Gewissen wahrzunehmen. Ihr Verhalten muss der Achtung und dem Vertrauen gerecht werden, die ihr Beruf erfordert.« Aus der Hingabe ist also Einsatz geworden, was angesichts des Tempos, mit dem Staatsdiener in der Regel die Anfragen aus der einfachen Bevölkerung abarbeiten, kein minderer Hohn ist. Und die Uneigennützigkeit soll wohl eine etwas verschwurbelte Warnung vor Bestechlichkeit darstellen. Achtung und Vertrauen sind wiederum zwei weitere starke Worte, die an den Stolz des Staatsdieners appellieren. Er ist eben doch ein Auserwählter, da sind kleinere Einschnitte ins Privatleben zu verkraften. Stempel drauf und zu den Akten. Oder vielleicht doch nicht. In Hessen klagte zum Beispiel ein verbeamteter Lehrer gegen seinen Dienstherrn, weil er auf dem Schulgelände, wo absolutes Rauchverbot herrscht, weiter seine E-Zigaretten rauchen wollte. Der Beamte nuckelte trotzdem an seinem Dampfomaten und wollte dies vor Gericht bestätigt sehen. Doch das Verwaltungsgericht Gießen lehnte dies ab, mit Verweis auf Achtung und Vertrauen. Ein Lehrer sei schließlich ein Vorbild für seine Schüler. Dass die Pennäler in den schattigen Bereichen des Schulhofes mit ganz anderen Substanzen hantieren, spielt dabei keine Rolle. Eine Polizeibeamtin in Frankfurt am Main trieb es noch ein bisschen doller. Sie verbrachte ihre Freizeit im Drogenmilieu, konsumierte fleißig allerlei Substanzen und warnte zwei Freunde aus dieser Szene vor bevorstehenden Wohnungsdurchsuchungen. Dabei ging es nicht nur um Drogen, sondern auch um Kindesmissbrauch und den Besitz von Kinderpornografie. Die Polizistin wurde zu einer Bewährungsstrafe verurteilt und aus dem Beamtenverhältnis entfernt, was sie nicht hinnehmen wollte, vom Verwaltungsgericht Wiesbaden aber bestätigt bekam. Die Tante hatte tatsächlich geglaubt, weiter als Polizistin arbeiten zu können. Manche Beamte haben irgendwie eine seltsame Rechtsauffassung.

Besagter Paragraf 34 des BeamtstG ist damit jedoch noch nicht erschöpft, es gibt noch einen zweiten Satz, der sich vor allem an Nikab-Trägerinnen und Superhelden richtet. Er lautet: »Sie (die Beamtinnen und Beamten – Anm.d.A.) dürfen ihr Gesicht bei Ausübung des Dienstes oder bei einer Tätigkeit mit unmittelbarem Dienstbezug nicht verhüllen, es sei denn, dienstliche oder gesundheitliche Gründe erfordern dies.« Was das mit vollem persönlichen Einsatz oder Uneigennützigkeit zu tun hat, wird nicht ganz klar, zielt aber wiederum auf das Verhalten nach Dienstschluss. Denn wenn die Stripperin oder der fröhliche Zecher aus dem Park sich bei ihrer Arbeit verhüllen dürften, könnten sie in ihrer Freizeit ja doch wieder machen, was sie wollen. Das soll unter allen Umständen verhindert werden. Außerdem hätte ein Bürger im Falle einer Beschwerde überhaupt keine Chance mehr, sich zu wehren, wenn alle gleich aussehen. Im Umkehrschluss heißt das aber auch, dass wir im Standesamt niemals von einer Catwoman getraut oder im Sozialamt von einem Spiderman über den gesetzlichen Anspruch in einer Notlage informiert werden. Und das ist irgendwie schade.

24. GRUND

WEIL SIE SICH WORTE WIE INSICHBEURLAUBUNG AUSDENKEN

Beamte sprechen, wie bereits festgestellt, eine völlig eigene Sprache. Aber selbst in dieser Fantasiemundart gibt es Begriffe, die herausstechen. Die Insichbeurlaubung ist so ein Beispiel.

Versucht man das Wort, das an sich ja keine unverständlichen Komponenten in sich birgt, mit dem bloßen Verstand zu greifen, begeht man den ersten Fehler. Logik ist der Feind des Beamten im Allgemeinen und seiner Wörter im Speziellen. Aber es stellt sich schon die Frage, wer hier wen in sich beurlaubt und warum.

Nun, natürlich ist es der Beamte, der hier in den Genuss der Insichbeurlaubung kommt. Der Kunstgriff wurde nötig, als im Jahr 1994 der Fortschritt auch in der Behörde Deutsche Bundespost angekommen war, die sich immer noch mit der Gemächlichkeit der 50er-Jahre durch die Landschaft bewegte. Um weiter am Markt bestehen zu können, wurde beschlossen, drei Aktiengesellschaften zu gründen, die Deutsche Post, die Telekom und die Postbank, die sich bereits 1989 aus dem Nebel des Behördendunstes geschält hatten. Das Problem: In allen drei Unternehmen waren noch unzählige Beamte tätig, die übernommen werden mussten. In der neuen Arbeitsumgebung gab es plötzlich ganz andere Anforderungen an den Beamten, die mit dem Beamtenrecht nicht mehr in Einklang zu bringen waren. So haben Beamte unter anderem das Recht auf eine amtsangemessene Beschäftigung. Das heißt, man kann einen

Beamten weder den ganzen Tag die Bude durchfeudeln lassen, noch ihn spontan zum Chef der kompletten Behörde machen. Nein, er hat so eingesetzt zu werden, wie es sein momentanes Amt vorsieht. Das führte in der Realität zu Problemen.

Deshalb dachte sich der Gesetzgeber schnell etwas aus, um den Mangel zu beheben. Die Unternehmen können die eigentlich unkündbaren Beamten auf befristete Zeit beurlauben und ihnen einen neuen, zeitlich begrenzten Arbeitsvertrag anbieten, der nicht mehr an die Zwänge des öffentlichen Dienstes gebunden ist. Ein Beamter kann dabei seine Insichbeurlaubung nicht erzwingen, es liegt allein im Ermessen des Dienstherrn, ob er seinen Arbeitnehmer für eine gewisse Zeit in einen normalen Lohnsklaven verwandeln möchte oder nicht. Die Zeit der Beurlaubung ist dabei ruhegehaltfähig, wird später für den Beamten also auf seine Pension angerechnet, egal, was er während seiner »Beurlaubung als Beamter« für Aufgaben ausgeführt hat. Nach Erledigung der Aufgaben wird der insichbeurlaubte Beamte wieder zum regulären Beamten. Simsalabim!

Zugegeben, das ist ein ziemlich seltsames Konstrukt mit seltsamem Namen, dessen Auswirkungen auf die Rentenkassen wahrscheinlich nicht mal promovierte Beamtenrechtsprofessoren so genau vorhersagen können. Ist ja auch egal, der Steuerzahler wird's schon richten. Wer sich genauer mit dem Thema beschäftigen möchte, sollte sich in § 4 Abs. 3 Gesetz zum Personalrecht der Beschäftigten der früheren Deutsche Bundespost (PostPersRG) in Verbindung mit § 22 Verordnung über den Sonderurlaub für Bundesbeamtinnen und Bundesbeamte sowie für Richterinnen und Richter des Bundes (Sonderurlaubsverordnung – SUrlV) einlesen. Ich persönlich würde allerdings dringend davon abraten. Es besteht akute Sekundenschlafbedrohung.

25. GRUND

WEIL SIE GEHEIMNISSE HABEN

Beamten wird häufig zu Unrecht nachgesagt, sie hätten einen leeren, nahezu apathischen Blick, mit dem sie über ihre Amtsflure schlurfen und ihre Kaffeemaschine anstarren. Wer genau hinsieht, wird feststellen, dass zwischen Hornhaut und Linse eine Spur von Überheblichkeit aufblitzt, sobald sich ihr Blick auf einen normalen Bürger richtet. Denn Beamte wissen etwas, über jeden von uns. Das können unwichtige Kleinigkeiten sein, aber auch Details, die uns das Leben zur Hölle machen. Das ist das sogenannte Amtsgeheimnis, ein Geheimnis, das nur wenige Amtsträger miteinander teilen.

Schon vor Jahrhunderten war es so, dass staatliche Stellen mehr über den einfachen Bürger wussten als dieser von sich selbst. Informationen sind Macht, sie können an der richtigen Stelle eingesetzt eine Menge Schaden anrichten. Wer zum Beispiel in der Vollstreckungsabteilung einer Stadtkasse sitzt, kann mit einem Blick sehen, welches Unternehmen seine kommunalen Steuern nicht bezahlen kann und wo der Vollstrecker ein und aus geht.

Nun lässt es sich nicht vermeiden, dass persönliche Daten irgendwo gesammelt werden. Und irgendwer muss sie nun einmal bearbeiten (oder zumindest so tun). Und das ist in Zeiten von virtuellen Datenkraken doch auch irgendwie kein Problem mehr, oder? Solange Beamte ihr Amtsgeheimnis ernst nehmen eher nicht. Aber auch Beamte, das muss man konstatieren, sind irgendwie nur Menschen. Und da flutscht schon mal was durch. So wie bei einem Polizisten in Frankfurt am Main, dessen alter Kumpel in einem Bordell arbeitete. Bei der Neuanstellung von Puff-Personal (welcher Art auch immer) schaute der Polizist im behördeninternen Computerprogramm nach, ob es Eintragungen gab. Existierten keine, reichte er diese Information an seinen Freund weiter. Der Polizist berief sich darauf, dass er ja keine Informationen über Vorstrafen oder laufende Ermittlungen weitergegeben habe, sondern eine sogenannte »Negativauskunft«. Das Landgericht erklärte dem Mann, dass auch Nicht-Informationen, die ja irgendwie auch Informationen seien, sehr wohl unter das Amtsgeheimnis fallen, und verurteilte ihn zu einer Bewährungsstrafe.

Journalisten, die Informationen von Beamten entgegennehmen, auswerten und veröffentlichen, sind in Deutschland übrigens erst seit dem Jahr 2012 vollständig geschützt. Zwar bestand die Straffreiheit offiziell bereits seit 1973, aber es gab die »Beihilfe zur Verletzung des Amtsgeheimnisses«. Der böse Journalist hatte den Beamten also zur Herausgabe seiner Geheimnisse angestiftet, um seine reißerischen Storys zu veröffentlichen, was sich praktisch nur schwer widerlegen ließ. Aber auch dieses Hintertürchen ist seit einigen Jahren geschlossen worden.

Ein weiteres Problem ist die Tatsache, dass der gemeine Bürger immer dreister wird und sich erstaunlicherweise nicht damit abfinden möchte, dass eine Stelle Informationen über ihn sammelt, die er selber gar nicht einsehen darf. In weit über 100 Ländern dieser Erde gibt es deshalb mittlerweile Informationsgesetze, die den Beamten dazu zwingen, unter bestimmten Voraussetzungen mit den Infos rauszurücken. Im Beamtenmusterland Deutschland hat man sich lange dagegen gewehrt, bis schließlich doch ein im Vergleich eher eingeschränktes Gesetz verabschiedet wurde. In Österreich, dem Mutterland aller Beamtengeheimnisse, weigert man sich weiterhin tapfer. Hier hat die Amtsperson noch einen ganz anderen Stellenwert, das Amtsgeheimnis ist sogar in der Verfassung verankert. Dort heißt es wörtlich: »Alle mit Aufgaben der Bundes-, Landes- und Gemeindeverwaltung betrauten Organe sowie die Organe anderer Körperschaften des öffentlichen Rechts sind, soweit gesetzlich nicht anderes bestimmt ist, zur Verschwiegenheit über alle ihnen ausschließlich aus ihrer amtlichen Tätigkeit bekannt gewordenen Tatsachen verpflichtet, deren Geheimhaltung im Interesse der Aufrechterhaltung der öffentlichen Ruhe, Ordnung und

Sicherheit, der umfassenden Landesverteidigung, der auswärtigen Beziehungen, im wirtschaftlichen Interesse einer Körperschaft des öffentlichen Rechts, zur Vorbereitung einer Entscheidung oder im überwiegenden Interesse der Parteien geboten ist (Amtsverschwiegenheit).« Und weil sich praktisch jede Situation unter einen der genannten Punkte wie öffentliche Ruhe oder zur Vorbereitung einer Entscheidung packen lässt, erfährt der österreichische Bürger per se gar nichts. Der Beamte lächelt nur freundlich und schüttelt den Kopf. Küss die Hand, und auf Wiedersehen. Unglaublich, aber da ist Deutschland tatsächlich mal einen halben Schritt weiter.

26. GRUND

WEIL SIE EIN RECHT AUF BEZEICHNUNG HABEN

Es ist eines dieser mysteriösen Beamtengeheimnisse, das uns normalen Menschen ein Stirnrunzeln entlockt, wenn sich zwei Staatsdiener, zum Beispiel auf einer Party, über ihre Amtsbezeichnung unterhalten. Da ist dann die Rede von A12 oder B9, was nach einem neuen Automodell klingt. Außerdem schmeißen sie mit zusammengesetzten Hauptwörtern um sich, die scheinbar überhaupt keinen Sinn ergeben. Aber diese Beamten begehen keinen Fehler, sie üben eines ihrer zahllosen Rechte aus. Nämlich das Führen ihrer Amtsbezeichnung innerhalb und außerhalb des Dienstes.

Wie im Beamtenrecht üblich ist die Sache ganz einfach: Es gibt für jede Laufbahn des einfachen, mittleren, gehobenen und höheren Dienstes ein Einstiegsamt, in dem man seine Laufbahn beginnt, um dann im Sprint einer ausgewachsenen Baumschnirkelschnecke Karriere zu machen. Wer zum Beispiel in der Schule nicht ganz so genau hingehört hat, beginnt im einfachen Dienst als Oberamtsgehilfe (A2). Das klingt dank des ersten Wortes schon mal ein bisschen wichtig, ist in der Rathaushierarchie allerdings nur knapp über den Ratten angesiedelt, die im Keller leben. Mehr als einen einigermaßen aufrechten Gang muss man dafür nicht mitbringen. Über den Hauptamtsgehilfen geht es dann zum Amtsmeister und gar Oberamtsmeister, womit diese Laufbahn auch schon ihr Ende findet.

Für den mittleren Dienst ist dann schon eine Ausbildung nötig, die in erster Linie das korrekte Lochen von DIN-A4-Blättern und das blinde Einlegen eines Kaffeefilters umfasst. Dafür winken hier schon zu Beginn allerdings auch so schöne Amtsbezeichnungen Regierungssekretär oder Regierungsobersekretär. Wer sich in den nächsten Jahren möglichst unauffällig für ein Nickerchen in sein Büro verzieht, kann es auf diese Weise bis zum Regierungsoberamtsrat (A13) bringen.

So geht es munter weiter, bis es im höheren Dienst beim Staatssekretär (B 11) endet. Allerdings wären wir nicht im deutschen Beamtenrecht, wenn es nicht unzählige Ausnahmen, Sonderfälle und Regelungen geben würde. Wichtig ist eigentlich nur zu wissen, dass es im öffentlichen Dienst so großartige Amts- und Dienstbezeichnungen (der genaue Unterschied, liebe Leser, interessiert Sie nicht wirklich) abzugreifen gibt wie Kartografenhauptsekretär, Landwirtschaftsoberrat, Astronomiedirektor, Forstoberaufseher, Datenverarbeitungsamtsmann, Leitender Beamter auf einem Zollschiff (nautisch oder technisch), Brandmeister-Anwärter oder Bundesbahnbetriebsinspektor im Bahnpolizeidienst.

Es gibt tatsächlich einige Beamte, die so stolz auf ihre Bezeichnung sind, dass sie sie im Telefonbuch eintragen lassen und auf ihren Briefkasten pinnen, was allein aufgrund der Länge der meisten Bezeichnungen schon lächerlich genug ist. Auf einem Grabstein, und auch das gibt es, wird die Angelegenheit dann allerdings richtig teuer. Zwei Quadratmeter feinsten italienischen Marmors muss man für posthume Eitelkeit erst mal ausgeben wollen. Aber am Ende des Tages ist ja auch der Übertritt vom Dies- ins Jenseits nichts anderes als ein Verwaltungsakt. Stempel drauf und tschüss.

27. GRUND

WEIL SIE IMMER DA SIND

Man stelle sich vor, der Torwart der deutschen Fußballnationalmannschaft wird in den Qualifikationsspielen für irgendein mafiöses FIFA-Turnier nacheinander von Spielern aus Liechtenstein, Malta, San Marino und Gibraltar getunnelt und verkündet nach dem letzten Spiel mit leicht debilem Grinsen in alle wartenden Kameras, dass er die Abseitsregel nie so ganz verstanden habe. Nun, wir können davon ausgehen, dass dieser Torwart sein letztes Spiel im Dress der Nationalmannschaft absolviert hat. Ein Beamter hingegen dürfte das und noch ganz andere Dinge tun, er sitzt am nächsten Morgen immer noch hinter seinem Schreibtisch, gerne auch debil grinsend.

Ja, in Deutschland ist der Beamte unkündbar. Da kann er sich auf den Kopf stellen und durch den Mund ein Ei legen, es ändert nichts an seinem Status. Gut, ein paar kleine Ausnahmen gibt es. Wenn der Ruhestand winkt, ist der Beamte weg. Und zwar so schnell, wie er sich in 40 Jahren zuvor nie bewegt hat. Auch kann ein Beamter aufgrund der Disziplinargesetze entlassen werden, was volkstümlich gerne mit den geklauten silbernen Löffeln umschrieben wird. Abgesehen davon, dass es in den allermeisten Dienststellen gar keine silbernen Löffel gibt, kommt dieser Fall auch nicht allzu häufig vor.

Schwieriger wird es da schon, wenn der Beamte seine Beamtenrechte verliert. Das passiert, wenn ein deutsches Gericht den Würdenträger wegen einer vorsätzlichen Tat zu mindestens einem Jahr Freiheitsstrafe verurteilt. Und zwar automatisch, ohne das Zutun von irgendjemandem. Verurteilt und gleichzeitig raus aus dem Job, ein hartes Los. Noch strenger sind die Vorschriften, wenn die Verurteilung wegen Hochverrats, Landesverrats oder Bestechlichkeit im Amt ausgesprochen wird. Da reichen schon sechs Monate, und der Paragrafenreiter reitet Richtung Arbeitsagentur. Dort wird man ihm schlecht helfen können, denn wo oder als was soll ein Beamter sonst arbeiten? Die haben ja nichts gelernt außer Beamtenrecht und einigermaßen gerade auf einem Stuhl zu sitzen. Aber das ist ein anderes Thema.

Ansonsten sind es nur die üblichen Dienstvergehen, die einen Beamten aus seinem Büro hinwegfegen können. Dazu gehören die Annahme von Belohnungen und Orden (hiermit verleiht der Planet Alderaan dem schwäbischen Verwaltungsbeamten Hans Gockerling die Goldene Schneeeule am Band), das Ausüben unerlaubter Nebentätigkeiten oder Verletzungen der Amtsverschwiegenheit. Allerdings müssen die Vergehen schon von wuchtiger Natur sein, damit der Beamte wirklich für immer verschwindet. In der Regel wird hier mit Geldbußen und Degradierungen gearbeitet.

In Deutschland entwickelte sich das Berufsbeamtentum aus den Angestelltenverhältnissen an den diversen Fürstenhöfen. Die Bediensteten besaßen damals schon eine hohe Abhängigkeit gegenüber ihren Dienstherren, genossen gleichzeitig aber auch viele Privilegien. Die Unkündbarkeit wurde jedoch in England ersonnen, wo Richtern eine besondere Stellung gegenüber der jeweils amtierenden Regierung eingeräumt werden sollte. Der Deutsche Bund übernahm die Anstellung auf Lebenszeit als einziger Staat für alle Beamten, weshalb Deutschland bis heute als Paradies für Beamte gilt. Andere Staaten wie die Schweiz, Österreich oder Schweden handhaben das Dienstverhältnis ihrer Arbeitnehmer mittlerweile deutlich flexibler, aber das kennen wir ja schon. Eines Tages kommen auch wir auf den Trichter, dass nicht jeder Stempelkissenbesitzer hoheitliche Aufgaben wahrnimmt. An dem Tag eröffnet wahrscheinlich auch der Flughafen in Berlin, wir haben alle schnelles Internet, und die Züge der Deutschen Bahn fahren ungefähr dann in den Bahnhof, wann sie sollen. Die Hoffnung stirbt zuletzt.

28. GRUND

WEIL SIE OHNE ZU LAUFEN EINE LAUFBAHN ABSOLVIEREN

Laufbahnen, die Älteren werden sich erinnern, waren die zumeist in Terrakotta-Farbtönen gehaltenen Laufbahnen, die sich um einen Fußballplatz zogen und dermaßen mit Dioxin verseucht waren, dass sämtlichen Leichtathleten der 60er- und 70er-Jahre eigentlich die Füße wegfaulen müssten. Aus den Profistadien sind diese Kunststoffbeläge, die es auch in Blau gibt, heute fast überall verschwunden, nur auf Amateuranlagen sind sie noch zu finden. Dort können die wenigen deutschen Leichtathleten von Ruf trainieren, in erster Linie werden dort aber wahrscheinlich Schüler gequält. Die Beamtenlaufbahn hat weniger mit Dioxin zu tun, quälend kann sie allerdings schon verlaufen.

Zuallererst muss festgehalten werden, dass die Laufbahn absolut nichts mit der beruflichen Karriere zu tun hat. Diese beiden Begrifflichkeiten werden vor allem in Deutschland gerne synonym verwendet, was ein Fehler ist. Denn die Laufbahn hat weniger mit Können, als vielmehr mit Altern zu tun. Okay, um in die Laufbahn einsteigen zu dürfen, müssen gewisse Voraussetzungen erfüllt sein, wozu auch ein Mindestmaß an Schulbildung gehört. Ist die Ausbildung erst mal absolviert, geht es aber immer der Nase nach. Stolpern ist so gut wie ausgeschlossen.

Die Bundeslaufbahnverordnung (allein solche Worte können doch nur in der Hölle erdacht werden) regelt, dass es einen einfachen, mittleren, gehobenen und höheren Dienst gibt, für den die Einstellungsvoraussetzungen jeweils verschieden sind. Für den einfachen Dienst reicht es, seinen eigenen Namen einigermaßen unfallfrei schreiben zu können, für den höheren Dienst darf es dann schon ein abgeschlossenes Hochschulstudium sein. Wer wo in seiner Laufbahn vor sich hin döst, wird vom Dienstherrn unter Berücksichtigung von Eignung, Befähigung und fachlicher

Leistung entschieden. Steht zumindest im Gesetz. Tatsächlich muss der Beamte einfach nur lang genug auf seinem Stuhl glucken wie die Henne auf dem Ei und ansonsten nicht weiter auffallen. Ist das gegeben, erfolgt der Aufstieg innerhalb der Laufbahn automatisch.

Wie in jedem anderen Betrieb ist das Thema Beförderung natürlich auch bei den Verwaltungsbeamten ein beliebter Grund, sich während des stündlich abgehaltenen Pausentees den Schnabel zu zerreißen. Warum der Müller zuerst ein Treppchen nach oben steigt oder die Meier ein halbes Jahr länger warten muss, ist mit normalen Maßstäben tatsächlich nicht immer zu messen. Aber der Beamte muss sich, anders als Arbeiter und Angestellte, keinen allzu großen Kopf machen. Nach ein paar Monaten darf auch er von der nächsthöheren Stufe und dem höheren Entgelt profitieren. Wie gesagt, alles eine Frage des Sitzfleisches. Selbst wer jeden zweiten Tag mit einer Fahne ins Büro stolpert, die die Krähen von den Bäumen kippen lässt, darf sich relativ sicher sein, die Treppe hinaufzufallen. Schreibtischtäter, die schon mittags um elf mit zittrigen Händen von einem kleinen Springer träumen (hier ist übrigens kein Kollege gemeint, der aushilfsweise mehrere Stellen übernimmt, sondern ein Weinbrand) oder sich gar jeden Tag zur gleichen Zeit in ihrem Büro einschließen und wenig später in bester Laune wieder herauskommen, werden mitgeschleppt, sofern sie ein paar Akten am Tag wegschaffen und dem Chef nicht vorsätzlich in den Papierkorb reihern.

Bei Soldaten gibt es auch eine Laufbahn, die scheint auf die Beteiligten allerdings einen noch größeren Eindruck zu machen als auf die Kameraden aus der Verwaltung. Denn Soldaten lieben es, sich auch im Privatleben nicht nur mit ihrem Namen, sondern auch mit ihrem Dienstgrad vorzustellen. Und das selbst dann noch, wenn sie die Truppe schon vor 20 Jahren verlassen haben. Der Verfasser dieser Zeilen durfte das kürzlich erst auf einem 50. Geburtstag beobachten, bei dem sich Stabsunteroffiziere, Oberfeldwebel und Hauptfeldwebel gegenseitig in zackigem Ton begrüßten, obwohl sie sich zuvor nie gesehen hatten. Irgendwie putzig.

29. GRUND

WEIL SIE IHRE LEBENSZEIT IM VORAUS VERPLANEN DÜRFEN

Es ist der heilige Gral für alle Beamten dieser Welt: die Ernennung zum Beamten auf Lebenszeit. Der Ritterschlag durch die Queen ist nicht halb so wertvoll wie diese drei Worte, die aus einem gewöhnlichen Menschen einen besonderen machen. Denn wer kann schon von sich behaupten, heute schon zu wissen, was in 20 Jahren ist? Niemand. Außer dem Beamten. Hat er den Wisch einmal in der Tasche, kann die Atombombe fallen, der Welt das Wasser ausgehen und die Wissenschaft herausbekommen, dass das Einatmen von Sauerstoff krebserregend ist. Der Beamte auf Lebenszeit bleibt Beamter auf Lebenszeit.

Um die Bedeutung dieser Berufung auf Lebenszeit zu unterstreichen, führt das Bundesbeamtengesetz in Paragraf 12 aus, dass niemand anderer als der Bundespräsident selbst den Beamten auf Lebenszeit ernennt. Sofern er keine andere Stelle dazu ermächtigt hat. Hat er natürlich, denn sonst wäre er während seiner gesamten Amtszeit zwischen Kiel und Passau unterwegs, um irgendwelchen unbekannten Aktenfressern Urkunden in die feuchten Hände zu drücken. Das wünscht man ja seinem schlimmsten Feind nicht.

Mindestens drei Jahre Probezeit hat ein Beamter zu absolvieren, um sich als geeignet für den niemals endenden Frondienst zu empfehlen. Genauer gesagt, er muss sich bewähren, so steht es im Gesetz. Heißt übersetzt, nicht weiter auffallen und wenn möglich hier und da mal den Müll runterbringen. Die Probezeit darf maximal fünf Jahre dauern, danach muss der Dienstherr sich entscheiden. Manche Kandidaten würde man sicher gerne noch länger im Auge behalten, bevor man sich endgültig bindet, aber das Problem kennen heiratende Paare ja ebenfalls. Irgendwann muss mal eine Entscheidung fallen.

Ein kleines Hintertürchen hat sich der Gesetzgeber dann aber noch offen gelassen. Denn unter ganz bestimmten Umständen kann die Ernennung zurückgenommen werden. Wenn zum Beispiel herauskommt, dass sie durch Zwang, arglistige Täuschung oder Bestechung herbeigeführt wurde. Wer also als Arbeitsloser auf die Idee kommt, mit einer Wumme und/oder einem Koffer mit 10.000 Euro ins Rathaus zu stapfen und seine Ernennung zu erzwingen, hat später keine Ansprüche auf Pension. Nicht mal die paar Minuten zählen, bis das SEK eintrifft und den Taser einsetzt. Dieser Mensch war trotz Urkunde nie Beamter auf Lebenszeit und wird es nach der Aktion wohl auch nicht mehr werden.

Auch ist eine Ernennung zum Beamten auf Lebenszeit zurückzunehmen, wenn der Vereidigte eine Verurteilung verschwiegen hat, deren dazugehörige Straftat ihn als unwürdig für das Beamtentum erscheinen lässt. Das lässt natürlich Raum für Spekulationen, was kann man anstellen, um unwürdig zu sein, Anträge auszugeben und Kaffee zu kochen? Verurteilungen wegen übertriebener Höflichkeit oder Kompetenz gibt es ja noch nicht. Ach so, der Fall von eben. Erzwingung einer Ernennung und so. Na gut, ergibt Sinn. Auch verschwiegene Disziplinarverfahren, die zu einer Entfernung aus dem Beamtenverhältnis führen könnten, sind ein Grund für die Rücknahme. Allerdings, auch das schreibt das Gesetz fest, ist dem Beamten, dem soeben das »auf Lebenszeit« geraubt wurde, der Rücknahmebescheid zuzustellen. Puh, dann hat ja alles seine Ordnung.

30. GRUND

WEIL SIE SICH EINE TRENNUNG NOCH VERSILBERN LASSEN

Ja, es gehört zu den Pflichten eines Beamten, sich von seinem Dienstherrn unter bestimmten Umständen versetzen zu lassen. Ob für ein paar Wochen oder endgültig liegt im Ermessen der Vorgesetzten. Das kann eine andere Dienststelle sein, die kann allerdings auch in einer anderen Stadt oder in einem anderen Bundesland liegen. Diese bedauerliche Tatsache wird von naseweisen Beamten immer wieder gerne angeführt, wenn es um die Nachteile ihres Berufes geht. Was sie dabei nicht erwähnen: Kommt es tatsächlich mal zu solch einer Maßnahme, werden sie von ihrem Dienstherrn umsorgt wie ein Kleinkind mit Schnupfen. Es gibt nahezu keinen denkbaren Fall, wo der Beamte auf irgendwelchen Kosten sitzen bleibt. Denn schließlich existiert das wunderbar betitelte Trennungsgeld.

Denn der Beamte, der seinen Wohnort aufgrund einer dienstlichen Maßnahme verlassen muss, erhält nicht nur seinen Umzug bezahlt, sondern darf sich auch die vorübergehende Trennung von seinem geliebten Weib, seiner mindestens ebenso geliebten Couch und seiner Glotze bezahlen lassen. Zumindest so lange, bis alle drei an den neuen Wohnort nachgekommen sind. Da es in diesem Land, auch wenn es die meisten Politiker immer noch nicht geblickt haben, ein massives Wohnungsproblem gibt, kann es passieren, dass ein Beamter den Dienst in seiner neuen Dienststelle antreten soll, aber noch keine neue Unterkunft hat. In diesem Fall regnet es Zuwendungen, die von den täglichen Mahlzeiten über eine angemessene Unterkunft (fünf Sterne müssen nicht sein) bis zu regelmäßigen Besuchen in der alten Heimat reichen. Wo in der Privatwirtschaft eine Stelle angeboten wird und ein Bewerber gefälligst selber zu sehen hat, wie er die Probleme eines Umzuges bewältigt bekommt, wird dem Staatsbediensteten der schwere Schritt in eine neue Welt so einfach wie möglich gemacht. Unter Umständen bekommt er sogar Makler- oder Wohnungsvermittlungsgebühren ersetzt, einzig die Mietkaution muss er aus eigener Tasche aufbringen.

Sollten Sie, liebe Leser, also mal von einem Beamten hören, der von seinem bösen Dienstherrn von Oldenburg nach Osnabrück versetzt wurde, haben Sie nicht zu viel Mitleid mit ihm. Er fällt auf jeden Fall weich.

4. KAPITEL

MISSVERSTANDENE BEAMTE

31. GRUND

WEIL IHR HANDY ZUM FALSCHEN ZEITPUNKT KLINGELT

Manche Menschen stellen sich blöd an (EU-Kommissar Günther Oettinger, wenn er eine Rede auf Englisch hält). Andere Menschen stellen sich extrem blöd an (so ziemlich jeder Teilnehmer des RTL Dschungelcamps). Und dann gab es da diesen Beamten aus Berlin, der sich gleich doppelt in den Kuhmist ritt.

2009 wurde ein Beamter aus der Senatsverwaltung für Stadtentwicklung bei einem Kaufhausdiebstahl erwischt, was für sich genommen schon mal eine ziemlich unkluge Aktion war. Als der Mann anschließend bei der Polizei zum Verhör saß, bimmelte sein Handy. Als Klingelton ertönte jedoch nicht *Ich bin nicht gut für dich* von Bernhard Brink oder *Ich bin verliebt in deine himmelblauen Augen* von G.G. Anderson, sondern das einschlägig bekannte *Horst-Wessel-Lied.*

Dieser »Gassenhauer« stammt nicht aus dem Jahr 2009, sondern hatte zu diesem Zeitpunkt exakt 80 Jahre auf dem Buckel. 1929 war es von dem SA-Mann Horst Wessel als Kampflied erdacht worden, nach dessen Ermordung ein Jahr später avancierte das Stück zur Parteihymne der NSDAP und zu einer Art zweiten Nationalhymne. 1945 wurde es vom Alliierten Kontrollrat in Deutschland verboten. Einer der Polizeibeamten erkannte bei der Vernehmung das Stück (woher bloß ...) und forderte die Herausgabe des Handys. Das wollte sich der Staatsbedienstete mit Kleptomanie allerdings nicht gefallen lassen. Er wies darauf hin, dass es der Polizei nicht erlaubt sei, sein Handy zu konfiszieren, er sei schließlich Beamter. Der Polizei ist so etwas erlaubt, sie zog das Smartphone ein.

Der Dienstherr des Beamten fand den Vorfall auch eher nicht so lustig, er leitete Disziplinarmaßnahmen ein. Ob der Mann entlassen wurde oder nur degradiert, konnte aus Datenschutzgründen nicht mitgeteilt werden.

Das heißt im Gegenzug, besagter Freund nationalen Liedgutes könnte theoretisch noch in der Berliner Senatsverwaltung für Stadtentwicklung sitzen. Sollten Sie, liebe Leser, demnächst dort zu tun haben, lassen Sie Ihre Schirmmütze vom letzten Sommerfest der SPD lieber zu Hause. Sozialdemokraten und anderes kommunistisches Pack mögen solche Leute gar nicht. Und halten Sie bloß ihr Portemonnaie fest, Klauen gehört bei dem braunen Kameraden schließlich auch zum guten Ton.

32. GRUND

WEIL SIE FRANKEN DOOF FINDEN

Das bayrische Ministerium für Gesundheit und Pflege war über Jahrzehnte hinweg ein Behördenkasten wie jeder andere auch. Im Jahr 2016 entschied der damalige CSU-Heimatminister (kicher) Markus Söder (kicher), dass Bayern nicht Frankreich sei und sich nicht alles auf Paris oder vielmehr München konzentrieren dürfe. Es gäbe ja noch andere Städte im blau-weißen Freistaat. Söder, selbst mit Leib und Seele Franke, fiel zuerst natürlich die Frankenmetropole Nürnberg ein. Also suchte er sich ein paar Behörden zusammen, die er in seine Geburtsstadt verlegen könnte, darunter auch das Gesundheitsministerium mit seinen rund 250 Mitarbeitern. Die bayrische Gesundheitsministerin und stellvertretende CSU-Vorsitzende Melanie Huml, zufällig aus dem ebenfalls fränkischen Bamberg stammend, stimmte dem Vorschlag begeistert zu.

Womit Söder und Huml nicht gerechnet hatten, war die Tatsache, dass sich die schlaffen Verwaltungslurche bei dieser Ankündigung in reißende Bestien verwandeln könnten. Und das taten sie schließlich auch. Denn die Aussicht für einen Münchner, nach Nürnberg ziehen zu müssen, ist nicht sonderlich verlockend, vergleichbar mit der Anordnung für einen SUV-Fahrer aus dem Luxussegment, doch künftig bitte Trecker zu fahren. Nein, die Münchnerinnen und Münchner wollten nicht in die Provinz, da gebe es keine interessanten Menschen, kein vernünftiges Internet, keine Einkaufsstraßen von Weltruhm, keinen Fußballerstligisten mit Meisterschaftsabonnement und höchstwahrscheinlich nicht mal Strom.

Bei einer Umfrage sprachen sich über 90 Prozent der verbeamteten Mitarbeiter gegen eine Verlegung gen Norden aus, wobei sie eigentlich niemand nach ihrer Meinung gefragt hatte. Schließlich kann der Dienstherr (in diesem Fall das Land Bayern) frei entscheiden, welche Luftpumpe wo ihren Dienst versieht. Am Ende schalteten sich auch noch völlig unbeteiligte Bürger in die Diskussion ein. Einige wenige zeigten sich verwundert darüber, dass man sich im 21. Jahrhundert noch ernsthaft über die Mentalitätsunterschiede zweier Städte unterhalte, die nicht mal 200 Kilometer auseinanderliegen. Die meisten aber tröteten ihren Hass auf den Nachbarstamm ungefiltert ins Netz. Auf Portalen und in Kommentarleisten kloppten sich Franken und Bayern die Vorurteile um die Ohren wie weiland die Neandertaler ihre Keulen. Da wurden Franken per se als maulfaul, unfreundlich und kontaktscheu gescholten, andere wiederum warfen den Münchnern eine angeborene Arroganz vor, die für einen echten Franken unerträglich sei.

Der Kleinkrieg der Lederhosenträger nützte aber gar nichts, Ende 2017 wurde der Umzug feierlich in Gang gesetzt. Allerdings ohne die Mitarbeiter. Von den erwähnten 250 Beamten hatten sich bis Anfang 2018 exakt fünf bereit erklärt, den Weg nach Nürnberg anzutreten. Der Rest wollte lieber erst mal abwarten, denn die Verlegung des Ministeriums soll insgesamt schlappe zehn Jahre dauern. Klar, bis sich so ein Tross von Beamten in Bewegung setzt, vergeht ein bisschen Zeit. Und wenn es nur fünf Leute sind. Zur Not, so die Gesundheitsministerin, müsse man in Nürnberg eben neue Leute anwerben. Was mit den rebellischen Beamten aus der Landeshauptstadt passiert, ist völlig unklar. Vielleicht sind in der Geschäftsstelle der CSU ja noch ein paar Büros frei. Und als ob das noch nicht genug wäre, wurde bekannt, dass der ganze Spaß den Steuerzahler rund 13 Millionen Euro kostet. Aber Bayern ist ein reiches Land, die können sich solche ulkigen Aktionen problemlos leisten.

33. GRUND

WEIL SIE ABKÜRZUNGEN ERFINDEN, DIE NICHT VON DIESER WELT SIND

Ausdrücke wie LAP-gtDBWVV, HundVerbrEinfG, ZupfInstrmMAusbV, ZVglRWiss oder AntarktUmwSchProtAG§6Abs5V sind keinesfalls Laute, die aus dem Munde eines akuten Schlaganfallpatienten stammen. Sie sind auch nicht das letzte Lebenszeichen eines Computers, kurz bevor der seinem Schöpfer Steve Jobs in den Binärcode-Himmel folgt. Nein, diese und viele andere Begrifflichkeiten stammen natürlich aus dem Universum der Beamten. Was die damit anfangen ist ebenfalls nicht auf den ersten Blick ersichtlich. Man könnte meinen, es sei eine Geheimsprache oder Beschwörungsformeln für den Gott der Mittagspause. Aber nein, tatsächlich sind es Abkürzungen für Gesetze, Verordnungen oder fachbezogene Zeitschriften. Und der Beamte möchte mit solchen Buchstaben- und Zahlenmonstern tatsächlich Zeit sparen.

Angefangen hat es wahrscheinlich mal im Kleinen, bei den Bezeichnungen für die verschiedenen Beamtentätigkeiten und Laufbahnen. Da wurde aus dem Kassenaufsichtsbeamten der KAB, aus dem Vollzugsbeamten der VB, aus dem Beamten zur Wiederverwendung der B. z. W. und aus einem kleinen, bildungsfernen Österreicher mit Silberblick und kastrierter Rotzbremse der GröFaZ.

So weit okay (bis auf die Sache mit dem Österreicher), aber das war den Beamten noch nicht genug. Schließlich hantieren sie tagtäglich mit Gesetzen und Verordnungen, die auf Namen wie Rindfleischetikettierungsüberwachungsaufgabenübertragungsgesetz (übrigens eines der längsten deutschen Worte in der Geschichte, seit 2013 leider außer Kraft) oder Verwaltungsmodernisierungsgrundsätzegesetz hören. Wer solche Buchstabenmonster drei Mal am Tag laut und ohne Fehler aussprechen muss, hat die acht Stunden Arbeitszeit schon fast rum. Deshalb wurde auch hier gnadenlos gekürzt, bis das oben beispielhaft dargestellte Sinnlosgebrabbel übrig blieb. Es erscheint aber fraglich, ob es wirklich ein Zeitersparnis darstellt, wenn man statt Rindfleischetikettierungsüberwachungsaufgabenübertragungsgesetz auszusprechen seinen Kollegen darum bittet, mal kurz Paragraf 3 Absatz 1 des RflEttÜAÜG vorzulesen. Denn nur ein falscher Buchstabe führt uns weg vom Rindfleisch und hin zu ganz anderen Themengebieten wie Raketenzulassungen oder die Rußverordnung für gewerblich genutzte Schornsteine. Was allerdings den einen oder anderen Behörden-Fauxpas erklären würde …

Fakt ist, dass es sicher kein Zuckerschlecken ist, mit solchen Abkürzungen arbeiten zu müssen. Da muss man im vorherigen Leben schon ziemlich viel Mist gebaut haben. Aber wenn der KBB (Kreisberatungsbeamter) seinen Kumpel Horst (leider noch B. a. W., also Beamter auf Widerruf) zur Mittagspause abholt, können sie sich ja über etwas anderes unterhalten. Die Krise der SPD, das Spiel des BVB von Wochenende oder die ewigen Verspätungen des ÖPNV zum Beispiel.

PS: Bevor die geschätzten Leserinnen und Leser an den Abkürzungen am Anfang dieses Textes verzweifeln, hier noch kurz die Aufklärung: LAP-gtDBWVV steht für die Verordnung über die Laufbahn, Ausbildung und Prüfung für den gehobenen technischen Dienst in der Bundeswehrverwaltung. Hinter dem HundVerbrEinfG verbirgt sich das Hundeverbringungs- und Einfuhrbeschränkungsgesetz. Musikalisch bewanderte Mitmenschen beschäftigen sich mit der Verordnung über die Berufsausbildung zum Zupfinstrumentenmacher/zur Zupfinstrumentenmacherin (ZupfInstrmMAusbV), und die ZVglRWiss ist die Zeitschrift für Vergleichende Rechtswissenschaften. Was AntarktUmwSchProtAG§6Abs5V bedeutet, darf jeder für sich selber entscheiden, irgendwann ist auch einfach mal Schluss.

34. GRUND

WEIL SIE NICHT MAL SCHWARZFAHREN KÖNNEN

Der folgende Grundsatz scheint ein Naturgesetz: Wer arm ist bleibt arm. Wer schon zur privilegierten Kaste gehört wird immer noch weiter gepampert. Geld führt zu mehr Geld, Einfluss zu mehr Macht und immer neuen Privilegien. Fußballstars, die 250.000 Euro und mehr in der Woche verdienen, wohnen mietfrei, bekommen von ihrem Verein einen Wagen der Luxusklasse gestellt und die goldene Tankkarte in die Hand gedrückt. Damit das arme Bübchen nicht so viele Nebenkosten hat und sich voll auf den Job konzentrieren kann. So etwas Ähnliches hatte wahrscheinlich auch das Bundesland Hessen im Sinn, nur dass es in diesem Fall nicht um hoch bezahlte Kicker, sondern um die Beamten des Landes geht.

Seit 2018 dürfen alle Landesbeamten Hessens (sowie einige Angestellte und Auszubildende) den öffentlichen Nahverkehr umsonst nutzen. Das umfasst, Busse, Straßen- und U-Bahnen sowie Regionalzüge. Rund um die Uhr, wann immer sie möchten. Und damit nicht genug, mit ihren Supertickets dürfen sie zu bestimmten Zeiten noch einen Erwachsenen sowie alle Kinder unter 14 Jahren aus ihrem Haushalt mitnehmen.

Dolle Sache, die gleich mehrere Auswirkungen haben dürfte: Hessische Busse und Bahnen platzen demnächst aus allen Nähten, weil Tausende Beamte zum Kaffeetrinken zu Oma Ursel oder zum Wandern in den Waldecker Wald fahren. Ist ja umsonst, kann man mal wieder machen. Die Automobilhändler in Hessen hingegen gehen pleite, weil sie ihre gesichtslosen, mausgrau lackierten Mittelkarossen mit Stufenheck, die ausschließlich für Beamte entworfen und gebaut wurden, nicht mehr an den Mann bekommen. Die Zuliefererbetriebe und Werkstätten folgen als Nächstes in den Abgrund. Unzählige Autobuden links und rechts der Landstraße werden verfallen, Hessen sieht in manchen Ecken aus wie eine verlassene Westernstadt nach dem Goldrausch. Also noch mehr als jetzt. Zu den arbeitslosen, unter freiem Himmel kampierenden Mechanikern, Autoverkäufern und Mechatronikern gesellen sich bald schon diverse Zugschaffner und Kontrolleure. Was ergibt es noch für einen Sinn, durch die Gänge von Bus und Bahn zu rennen und nach Tickets zu fragen, wenn 90 Prozent der Fahrgäste mit einem feisten Grinsen bemerken, sie wären Beamte? Und die sind in diesem Bundesland nicht mal in der Lage, schwarzzufahren, selbst wenn sie es wollten. Hessen steuert also auf eine Katastrophe zu, deren endgültige Folgen noch nicht absehbar sind. Vielleicht wird das Bundesland einfach dichtgemacht und abgeschlossen. Oder es wird Thüringen zugeschlagen, was unter dem Strich auf das gleiche hinausläuft.

Dieses kleine Zuckerli für Beamte, die sich nun nicht mehr ausschließlich über ihre Unkündbarkeit und die eingesparte Rentenversicherung freuen können, sondern auch noch für umme durch die Landschaft kutschiert werden, kostet den Steuerzahler jährlich übrigens die Kleinigkeit von mindestens 51 Millionen Euro. Aber man gibt ja gerne denen, die eh schon alles haben. Die hessische Landesregierung, die wahrscheinlich schon Gegenwind aus der Bevölkerung erwartet hat, verkauft ihre Aktion übrigens als Meilenstein der neuen Mobilität und einen heroischen Dienst an der Umwelt. Was da nicht für Emissionen eingespart werden, davon macht sich der gemeine Mensch von der Straße ja gar keine Vorstellung. Ja, genau. Und die Einführung von Hartz IV diente der Armutsbekämpfung.

35. GRUND

WEIL SIE SCHNELL BELEIDIGT SIND

Es ist eine Tatsache, dass sich Unwahrheiten besonders lange im kollektiven Gedächtnis halten. Die Mär von Einstein, der angeblich schlechte Noten in Mathe hatte, ist ebenso widerlegt wie die angebliche Tatsache, dass Napoleon besonders kleinwüchsig war. Auch ist längst festgestellt worden, dass das angebliche Foltergerät des Mittelalters, die Eiserne Jungfrau, eine Erfindung ist. Gleiches gilt für Wikingerhelme mit Hörnern. Trotzdem tauchen diese Behauptungen immer wieder auf. Der Beamtenbeleidigung geht es da ähnlich.

Viele Menschen zucken schon mal in voreilendem Gehorsam zusammen, wenn sie einen Polizisten erblicken. Jetzt bloß nicht falsch gucken, sonst verhaftet der mich wegen Beamtenbeleidigung. Das ist natürlich Kokolores, denn unser Strafgesetz kennt den Tatbestand der Beamtenbeleidigung überhaupt nicht. Ob Nachbar, Kollege oder Kriminaloberrat; es gilt grundsätzlich der §185 des Strafgesetzbuches. Und der lautet: »Die Beleidigung wird mit Freiheitsstrafe bis zu einem Jahr oder mit Geldstrafe und, wenn die Beleidigung mittels einer Tätlichkeit begangen wird, mit Freiheitsstrafe bis zu zwei Jahren oder mit Geldstrafe bestraft.« Der Beamtenstatus spielt in diesem Zusammenhang zumindest in Deutschland und Österreich keine Rolle. Einzige Ausnahme hierzulande ist der Bundespräsident, der als Staatsoberhaupt besonders geschützt ist. Nicht, dass er des Nachts in seinem Schloss Bellevue liegt und in sein Kissen weint, weil ihm der Kioskmann böse nachgeschaut hat.

In anderen Ländern wie Frankreich oder im alten preußischen Recht existiert(e) die Beamtenbeleidigung hingegen sehr wohl, in unseren Breitengraden und in modernen Zeiten jedoch nicht. Der Grund, warum man trotzdem immer wieder von Prozessen wegen Beamtenbeleidigung liest, liegt wohl im Subsidiaritätsverhältnis, der Über- und Unterordnung zwischen Beamten und Bürgern, begründet. Der Beamte darf und muss Entscheidungen von oben herab fällen, was die meisten Menschen als unangenehm empfinden dürften. Beweist der Beamte dann nicht ein wenig Fingerspitzengefühl, geht der Puls des an sich schon Unterlegenen schnell in die Höhe. Oder der Bürger ist einfach hackebreit.

So wie ein bayrischer Ingenieur, der 2014 mit seinem Fahrrad von der Wiesn kam und zwei Polizisten direkt in die Arme fuhr. Da der gute Mann kaum noch stehen konnte, wollten ihn die Beamten in den Streifenwagen verfrachten, weshalb der Zecher die Uniformierten mit den Worten »Depp« und »Hanswurscht« bedachte. Das war ein teures Gelage, die Geschichte kostete den Mann mal eben 2.000 Euro.

Der ehemalige Fußballprofi und heutige Jadasisteinegutefrage Stefan Effenberg musste etwas tiefer in die Tasche greifen. Er wurde 2003 mit seinem Auto in Braunschweig gestoppt, nachdem er innerhalb einer Baustelle zweimal die Höchstgeschwindigkeit überschritten hatte. Als ihn der Uniformierte nach den Fahrzeugpapieren fragte, soll der blonde Kicker mit dem großen Selbstbewusstsein das böse Wort »Arschloch« verwendet haben. Effenberg wurde wegen Beleidigung angezeigt, gegen den Strafbefehl klagte der Promi. Vor Gericht erklärte er, seine Worte wären »Schönen Abend noch« gewesen. Der Richter glaubte ihm nicht, Effenberg zahlte 100.000 Euro in die Staatskasse, dazu kamen zwei mal 200 Euro wegen der Geschwindigkeitsübertretungen und die Kosten des Verfahrens.

Im Herbst 2017 machte ein Fall aus Berlin noch viel größeren Wind. Denn ein Bürger hatte bei einer Personenkontrolle in unmittelbarer Nähe einer Polizistin zwei Mal herzhaft gefurzt. Die von Darmwinden umgebende Beamtin sah es locker, schließlich gehörte sie zur 32. Polizeieinheit, die sich in Hamburg rund um den G20-Gipfel alles andere als schamhaft gezeigt hatte. Ihr direkter Vorgesetzter, der die Szene beobachtete, wertete dieses Verhalten jedoch als Beamtenbeleidigung, die zum Himmel stinkt. Der von Flatulenz geplagte Mann bekam einen Strafbescheid über 900 Euro, gegen den er umgehend Widerspruch einlegte. Die Geschichte kam vor Gericht, aus Sympathie für den »Täter« hatte sich eine Gruppe von Unterstützern gebildet, die den schönen Namen »Viel heißer Wind um nichts« trug. Doch der Spaß sollte nur kurz dauern, die zuständige Richterin stellte die Verhandlung wegen Überflüssigkeit nach wenigen Minuten ein. Der Rechtsanwalt des Furzers durfte noch in ein paar Pressemikros nölen, dass allein die Zulassung des Gerichtsverfahrens ein Skandal sei, dann war wieder Stille.

Doch wenn man allein im nächtlichen Berlin unterwegs ist und sich ganz still verhält, hört man ihn manchmal noch einsam vor sich hin blähen: den Polizei-Pupser vom Tiergarten.

36. GRUND

WEIL SIE MIT MASCHINENGEWEHREN UND HANDGRANATEN DROHEN

Es gehört zur Natur der Sache, dass man sich nicht mit jedem Kollegen auf seiner Arbeitsstelle versteht. Manche werden zu echten Freunden, anderen möchte man nach Betätigung der Stechuhr nicht mehr sehen. Und auch nicht jede Aufgabe, die einem der Vorgesetzte so aufdrückt, macht Spaß. Ein Verwaltungsbeamter nahm diese Gemengelage zum Vorwand, um Kollegen und Vorgesetzte massiv zu bedrohen. Dabei hatte er eigentlich nur Spaß gemacht.

Der Fall geschah im Augsburger Landratsamt im Jahr 2017. Der Beamte war nach längerer Krankheit wieder in den Dienst eingetreten, seinen bisherigen Job gab es aufgrund von Umstrukturierungsmaßnahmen allerdings nicht mehr. Er musste sich mit neuen Aufgaben befassen, die ihm überhaupt nicht schmeckten. Unter anderem beschwerte er sich darüber, dass er quasi dazu gezwungen sei, aus dem Fenster zu gucken. Hm, klingt eigentlich nach einer ganz normalen Tätigkeit im öffentlichen Dienst. Außerdem fühlte sich der Beamte von Kollegen gemobbt, überwacht und von den Vorgesetzten nicht ernst genommen. Nachdem er sich bei seinem obersten Dienstherrn beschwert hatte, der ihn auch nicht unterstützen konnte oder mochte, flippte der Beamte aus.

Im Kreis von wohlgesinnten Kollegen kündigte er an, den einen oder anderen (aus seiner Sicht) unliebsamen Mitarbeiter mit einer Kalaschnikow zu erschießen und anschließend auf ihre Gräber zu urinieren. Diese Idee hat ja schon mal viel Schönes, aber der Beamte legte tags darauf noch einmal nach, forderte die Entlassung gewisser Kollegen, sonst würde er sich Handgranaten besorgen, seine Vorgesetzten in die Luft sprengen und die von ihm ungeliebten Beamten eigenhändig aus dem Fenster schmeißen.

Das war den Ohrenzeugen dann doch eine Nummer zu viel, sie verpfiffen den vermeintlichen Amokläufer, der schließlich vor Gericht landete. Dort gab er sich lammfromm, die Aussagen seien nie im Leben ernst gemeint gewesen. Vielmehr sei er es, der Angst habe, wovor auch immer. Die Richterin stufte die Aussagen als »Grenzfall« ein und erinnerte den Verwaltungsrambo daran, dass solche Sprüche in der heutigen Zeit nicht mehr auf die leichte Schulter genommen werden können. Sie verdonnerte ihn zu 1.800 Euro Strafe. Ob er sein Büro seitdem allmorgendlich auf dem normalen Wege betreten darf oder erst mal durch einem Bodyscanner muss, weiß nur das Landratsamt in Augsburg.

37. GRUND

WEIL SIE SICH UNBELIEBT MACHEN, WENN SIE BELIEBT SIND

Zugegeben, es ist selten genug, dass Beamte beliebt sind. Egal, ob es um Kollegen, Kundschaft oder zufällig vorbeiflanierende Passanten geht, wirkliche Sympathie mag in der Regel bei niemandem aufkommen. Eine Lehrerin aus Berlin bildete eine der wenigen Ausnahmen, sie riss dank ihrer Beliebtheit gleich eine ganze Klasse samt Eltern mit in den Abgrund.

Der Fall ging erst 2015 durch die Presse, obwohl sich der eigentliche Akt bereits vier Jahre zuvor abgespielt hatte. Die Lehrkraft musste ihre Klasse im Jahr 2011 in die Oberstufe verabschieden, sechs Jahre lang hatte sie die jungen Menschen begleitet. Da die Beamtin bei den meisten sehr beliebt war, wurde eine Sammlung für ein Abschiedsgeschenk gestartet. Eine Statue von Loriots Sketch *Herren im Bad*, also die nackigen Herrn Müller-Lüdenscheidt und Dr. Klöbner sollte es sein. Das Ding kostete 200 Euro, zwei Elternpaare kümmerten sich um den Kauf, in der Klasse wurde gesammelt. Nicht alle Schüler beteiligten sich an dem Geschenk, darunter auch der Sohn eines anderen Lehrers. Denn der ebenfalls verbeamtete Pauker merkte schon früh an, dass seine Kollegin ein so teures Geschenk gar nicht annehmen dürfe.

Es kam, wie es kommen musste: Die Plastik wurde schon vor dem Ende des Schuljahrs übergeben, der Sohn des besagten Lehrers hielt ein Referat und wurde schlecht benotet. Nun witterte die Partybremse im Cordpulli (reine Vermutung des Verfassers) einen Komplott. Sein Sohn, so der professionelle Tafelreiniger, wäre nur schlecht benotet worden, weil man sich nicht am Bestechungsgeschenk der Lehrerin beteiligt hätte. Also zog er, wie es sich für einen deutschen Beamten gehört, vor Gericht und vergaß auch nicht, das teure Geschenk für seine Kollegin zu erwähnen.

Ein Schlichtungsgespräch zwischen beiden Parteien brachte nichts ein, die Staatsanwaltschaft musste ermitteln. Dabei wurde allerdings nicht nur die Lehrerin unter die Lupe genommen, sondern auch die Eltern. Die hatten schließlich eine Beamtin bestochen. Es wurde versucht herauszubekommen, wer wie viel gespendet hatte und wer in die Organisation eingebunden war. Da mittlerweile viele Monate ins Land gegangen waren, konnten die genauen Abläufe nicht mehr rekonstruiert werden. Aber die Eltern kostete es Zeit, Geld für Anwälte und Nerven, sich mit den Anfragen der Staatsanwaltschaft auseinanderzusetzen.

Die Schüler reagierten ebenfalls, indem sie den Sohn des Lehrers an den Pranger stellten und ihn für das ganze Theater verantwortlich machten. Keiner wollte mehr sein Pausenbrot mit ihm tauschen. Am Ende musste die Lehrerin die Statue wieder abgeben, seitdem verschimmelt sie in irgendeiner Asservatenkammer. Außerdem wurde sie noch zu einer Geldstrafe in Höhe von 4.000 Euro verurteilt. Die Strafe orientierte sich nicht am Wert des Geschenkes, sondern am Einkommen der Lehrkraft. Tja, so läuft das also, wenn man als Beamter beliebt ist.

Der Berliner Senat reagierte Mitte 2016 auf den Fall, der bundesweit Empörung und Kopfschütteln hervorrief. Seitdem dürfen Lehrkräfte der Bundeshauptstadt Geschenke bis zu 30 Euro ohne Vorbehalt annehmen, ab einem Wert von 30 bis 50 Euro müssen sie der Schulleitung gemeldet werden.

Ist das Präsent noch wertvoller, ist vorher die Erlaubnis der Schulaufsicht einzuholen. Dies gilt allerdings nur für Kollektivgeschenke, Aufmerksamkeiten von Einzelpersonen dürfen weiterhin nicht mehr als zehn Euro kosten. Als zusätzliches Schmankerl erlaubte der Senat seinen Lehrerinnen und Lehrern, Einladungen zu Abschlussfeiern der mittleren Jahrgangsstufen und Abiturbälle anzunehmen. Dies war bislang nur unter Vorbehalt der Genehmigung der Schulaufsicht möglich. Allerdings, so die Vorschrift, müsse die Bewirtung im Rahmen bleiben. Die Mathelehrerin mit Schampus und Kaviar zu füttern bleibt also nach wie vor verboten. Eigentlich schade.

Kaum war die neue Verordnung in trockenen Tüchern, meldeten sich die Berliner Polizei- und Feuerwehrbeamten zu Wort. Die sahen es überhaupt nicht ein, gegenüber Lehrkräften benachteiligt zu sein, und forderten eine Angleichung. Der Senat grübelt wahrscheinlich noch heute über diese Anfrage. Ach ja, das deutsche Beamtenrecht und seine Protagonisten sind doch viel unterhaltsamer als jede Daily Soap.

38. GRUND

WEIL SIE SOGAR IM PUFF WENIGER ZAHLEN MÜSSEN

FKK-Clubs gehören auch im Jahr 2018 noch zu den Etablissements, deren Ruf nicht zu den besten gehört. Man kann zwar sagen: »Dort, wo sexuelle Dienste angeboten, lasse dich ruhig nieder, nackte Menschen kennen keine bösen Lieder«. Aber unter dem Strich gehören Clubs dieser Art auch heute noch eher in die Schmuddelecke. In Düsseldorf wollte ein Laden namens »Oceans« 2016 scheinbar neue (?) Kundenkreise erschließen und machte Werbung mit einem Rabatt. Taxifahrer, Rentner und Beamte sollten eine Ermäßigung von zehn Euro für den Eintritt (nicht für sexuelle Dienstleistungen) erhalten. Allerdings nur an zwei Wochentagen.

Während die Beamten der Landeshauptstadt schon mal die Ohren spitzten, sich die Adresse des Clubs notierten und vorsorglich amtsinterne Fahrgemeinschaften bildeten (das wäre dann ja noch günstiger), meldeten sich auch schon die Spielverderber zu Wort und wedelten mit Gesetzen und Verordnungen. Zwar sei ein Rabatt von zehn Euro als »geringfügig« zu bezeichnen und würde damit als strafrechtlich nicht relevant eingestuft. Allerdings könne sich das ändern, wenn sich ein dienstlicher Bezug herstellen ließe, es sich also um ein Dienstvergehen handele.

Beamte aus dem Gesundheitsamt beispielsweise, die für die Überprüfung der Damen zuständig sind, oder Mitarbeiter aus der Gewerbeaufsicht sollten sich tunlichst von dem Rabatt und am besten gleich vom ganzen Laden fernhalten, denn hier ist der Bezug offensichtlich. Ein anderer Beamtenrechtler wies darauf hin, dass der Club zur Gewährung der Ermäßigung die Vorlage eines Ausweises oder Ähnliches verlangen würde. Schließlich könne ja jeder behaupten, Beamter zu sein. Wer aber vor allen Leuten seinen Dienstausweis zückt, um billiger in ein Bordell zu kommen, könnte das Ansehen des öffentlichen Dienstes schädigen, was wiederum ein Vergehen wäre, das mit Disziplinarmaßnahmen belegt werden könne.

Das »Oceans« reagierte auf diese theoretische Debatte nicht, der Betreiber genoss die Gratiswerbung, die ihr Rabattangebot im deutschen Blätterwald erhielt. Laut Homepage existierte die Ermäßigung für Beamte auch im Februar 2018 noch. Wie viele Staatsdiener davon bisher Gebrauch gemacht haben ist allerdings ein Geheimnis.

39. GRUND

WEIL SIE TANZMUSIK SPIELEN

Ein Beamter als erfolgreicher Musiker? Da ist an sich schon mal viel Fantasie nötig. Aber wenn es denn so wäre, welche Musik würde so jemand wohl spielen? Heavy Metal? Viel zu hektisch. Jazz? Zu verkopft. Punk? Definitiv zu staatsfeindlich. Bleibt eigentlich nur die Tanzmusik, die tonale Entsprechung des Berufsbeamtentums. Gemächlich, harmlos, vorhersehbar und für die meisten Menschen einfach nur nervig.

Ein Beamter der Bundespolizei aus Niedersachsen sah das anders, er spielte in seiner Freizeit zum Tanze auf, auch öffentlich. Als ordentlicher Beamter meldete er seine »Zweitkarriere« als Nebentätigkeit an und erhielt dafür eine Genehmigung. Wie üblich durfte die Tätigkeit als Rampensau allerdings nicht mehr als ein Fünftel der wöchentlichen Arbeitszeit ausmachen. Außerdem war es ihm untersagt, auf der Bühne zu stehen und Andrea Berg oder Tony Marshall nachzuspielen, wenn er gleichzeitig krankgeschrieben ist. So weit, so nachvollziehbar.

Der Beamte setzte sich über diese Vorgaben allerdings immer wieder hinweg, streifte sich sein lila Satinhemd auch dann über, wenn er eigentlich dienstunfähig war und sich erholen sollte. Der Behörde reichte es irgendwann, sie zog die Genehmigung der Nebentätigkeit zurück. Solle der Beamte fortan doch vor dem heimischen Spiegel seinen Traum vom Musikerdasein ausleben. Der Beamte schnappte sich ungeachtet der Warnschüsse seines Arbeitgebers (immerhin war der Mann Polizist) weiterhin sein Plastikkeyboard und gab den Alleinunterhalter. Bis es der Behörde endgültig reichte, sie leitete erst ein Disziplinarverfahren ein und enthob den virulenten Aushilfs-Entertainer schließlich vom Dienst.

Das mochte der musizierende Beamte wiederum nicht hinnehmen, beide Parteien trafen sich vor Gericht. Dort wurde festgestellt, dass der Beamte bereits seit anderthalb Jahren krankgeschrieben war und nach deutschem Beamtenrecht damit auch nur noch 75 Prozent seiner Bezüge bekam. Was der Amateur-Mucker dann auch schlüssig in seiner Begründung für sein Verhalten unterbrachte. Die Arbeit als Beamter hätte ihn, auch aufgrund von Mobbing, psychisch krank werden lassen. Eine Ausübung der Beamtentätigkeit sei somit ausgeschlossen. Auf der Bühne aber hätte er vom Stress mit den Kollegen abschalten können, die Auftritte waren mithin nichts anderes als eine Therapie. Abgesehen davon würde er ja nur noch 75 Prozent seiner Bezüge bekommen, die Einnahmen aus seinen Auftritten wären nötig, um über die Runden zu kommen.

Das Verwaltungsgericht Göttingen mochte dieser doch nicht ganz so logischen Begründung für das Verhalten des Beamten nicht folgen und entschied im Jahr 2012, dass es rechtmäßig war, den musizierenden Krankheitsfall aus dem Beamtenverhältnis zu entfernen. Seitdem ist der ehemalige Polizist wahrscheinlich ausschließlich als Tanzmusiker tätig, zieht von Autohauseröffnung zu Seniorentee und ist endlich frei. Klar, seine Bezüge und der sichere Arbeitsplatz werden ihm fehlen. Aber so ist das nun mal bei echten Künstlern. Wenn die Straße ruft, dann muss die (soziale) Hängematte warten.

40. GRUND

WEIL WEDER VOLKSMUND NOCH GELEHRTE SIE MÖGEN

Wenn es um zeitlose Weisheiten geht, dann sind chinesische Sprichwörter wohl so etwas wie der Marktführer. Kein anderes Volk hat dermaßen viele kluge Sprüche rausgehauen und dann auch noch aufgeschrieben. Kein Wunder, dass unsere Freunde aus Fernost auch zum Thema Beamtentum einiges zu sagen haben. Zum Beispiel dieses hier: »Fette Beamte – dürre Bauern.« Nur vier Worte, die eigentlich schon alles aussagen, wofür dieses Buch hier unzählige Seiten benötigt. Es gibt auch eine deutsche Entsprechung, die bereits in der frühen Neuzeit bekannt war: »Amtsleute haben den Schlüssel zu der Bauern Gelde.« Ähnlich treffend, aber nicht ganz so elegant. Zurück nach China, wo man zudem weiß, dass der Hungrige kein guter Beamter ist. Insofern mag es vielleicht doch hilfreich sein, seinem Staatsdiener nicht nur Anliegen, sondern auch die eine oder andere Käsestulle mitzubringen. Nicht, dass er noch so dünn wird wie die Bauern. Ebenfalls aus China stammt folgende Weisheit, die diese These zu bestätigen scheint: »Ein Beamter prügelt niemals einen, der Geschenke bringt.« Quod erat demonstrandum. Und als ob wir uns vor der Weisheit aus Fernost nicht schon längst verneigt hätten, hauen die Kollegen aus dem größten Kulturraum Asiens gleich noch einen hinterher: »Je höher das Amt, desto geringer die Gelehrsamkeit.« Oh weises China!

Aber auch die antiken Völker des heutigen Europas beschäftigten sich gerne und ausführlich mit ihren Staatsdienern. Der griechische Dichter Äsop, der über 500 Jahre vor Christus gelebt hat, merkte einmal weise an: »Wir hängen die kleinen Diebe – die großen schicken wir in den öffentlichen Dienst.« Es ist schon erstaunlich, wie sehr ein paar einfache Worte mal eben 2.500 Jahre überleben können und so klingen, als wären sie gestern erst aufgeschrieben worden. Der Römer Marcus Tullius Cicero wurde zwar 400 nach Äsop geboren, hatte aber eine nicht minder spitze Feder, mit der er beispielsweise notierte: »Der Staatsdienst muss zum Nutzen derer geführt werden, die ihm anvertraut sind, nicht zum Nutzen derer, denen er anvertraut ist.« Ein Merksatz, der eigentlich in jedem Rathaus und Parlament auf dieser Welt hängen müsste. In Russland ist man noch ein wenig direkter, hier lautet eine Volksweisheit: »Wenn du zu einem Beamten sprichst, so lasse Rubel sprechen.« Da scheint ein Volk aus Erfahrung zu sprechen. Noch deutlicher ist ein weiteres Sprichwort aus der Heimat von Väterchen Frost: »Wo andere Leute ihre Seele haben, da hat der Beamte nur polierte Knöpfe.« Viel direkter geht es wohl nicht.

Der fränkische Dichter Jean Paul merkte im 18. Jahrhundert an: »Diese Staatsbediensteten haken und greifen wie Schindeln, um einander zu halten und zu decken.« Auch diese Worte haben nichts von ihrer Aktualität verloren. Ein Dachziegel hackt dem anderen schließlich kein Auge aus. Oder so ähnlich. Selbst Otto Fürst von Bismarck, seines Zeichens erster und »eiserner« Reichskanzler, Wegbereiter eines vereinten Deutschlands und Namensgeber eines bekannten Doppelkorns, konnte ob der Unfähigkeit seiner Untergebenen manchmal regelrecht verzweifeln: »Bei schlechten Beamten helfen uns die besten Gesetze nichts«, soll er einmal verzweifelt geseufzt haben. Gute Beamte konnte aber auch er nicht so einfach aus dem Hut zaubern.

Noch einen Schritt weiter ging die US-amerikanische Legende Thomas Jefferson, der immerhin die Unabhängigkeitserklärung verfasste und als dritter Präsident der Vereinigten Staaten vereidigt wurde. Er forderte völlige Hingabe von sich und seinen Bediensteten: »Wer ein öffentliches Amt übernimmt, sollte sich als öffentliches Eigentum betrachten.« Eine Umfrage des Burgwächter-Institutes unter fünf repräsentativen Beamten im Freundeskreis ergab, dass 100 Prozent der Befragten diese Forderung nicht unterschrieben würden. Jefferson scheint allerdings beim spanischen Gelehrten Baltasar Gracián y Morales abgeschrieben zu haben. Der merkte nämlich bereits 100 Jahre vorher an: »Wer aber ein öffentliches Amt hat, muss der öffentliche Sklave sein; oder er lege die Würde mit der Bürde nieder.«

Der deutsche Schriftsteller Karl Gutzkow, der im 19. Jahrhundert wirkte, gehört zu den wenigen, die so etwas Ähnliches wie Verständnis für die armen Beamten aufbrachten. Er schrieb einmal: »Auf einem Verwaltungsposten, wo man unaufhörlichen und allseitigen Bittgesuchen ausgesetzt ist, gewöhnt man sich bald ein summarisches Neinsagen an. Es gehört Milde des Gemüts und ein angeborener Gerechtigkeitssinn dazu, in dieser vielleicht an sich unerlässlichen Kunst des ›Erledigens‹ nicht auch allzu gedankenlos zu werden.« Ja, die armen Beamten. Alle wollen etwas von ihnen, da bleibt am Ende nur der Reflex, alles abzulehnen. Ein wirklich trauriges Schicksal, dem sich nur wenige widersetzen können. Und damit völlig ungeeignet als Schlusswort dieses Textes. Abgesehen davon wurden die Angestellten bisher kaum erwähnt. Das kann so nicht bleiben. Wortmeldungen? Ah, ich sehe, Kurt Tucholsky möchte noch etwas beitragen: »Das Ideal eines höheren Angestellten ist, so viel zu verwalten und so wenig zu tun zu haben, dass er schon beinah einem Beamten gleicht.« Ja, das klingt doch gleich schon viel besser.

5. KAPITEL

VERWALTUNGSBEAMTE

41. GRUND

WEIL SIE JUNGE BEAMTE MIT ZUCKERKUCHEN BESTECHEN

Es kommt die Zeit im Leben eines jeden Beamten, in der er sich zum ersten Mal mit Bestechung konfrontiert sieht. Das ist eigentlich eine ganz spannende Sache. Wenn es um goldene Uhren, Traumurlaube oder andere, nun ja, reizvolle Möglichkeiten geht. Wenn die Bestechung aus einem Stückchen Zuckerkuchen besteht, ist das fürs Ego allerdings nicht förderlich.

An diesem Tag, an dem es gratis Backwaren geben sollte, regnete es junge Hunde und Katzen. Es war wirklich ein ordentliches Sommergewitter im Gange, als ein erfahrener Beamter und drei Auszubildende in einem Dienstwagen der Verwaltung saßen, um irgendeinen unglaublich spannenden Außentermin wahrzunehmen. Der Beamte setzte mit dem Boliden, einem ziemlich klapperigen Bulli, rückwärts aus der Parklücke des Amtsparkplatzes und übersah ein massives Eisentor, das sich fies von hinten angeschlichen hatte. Es gab einen Rums und einen lauten Fluch. Erstaunlicherweise hatte der Bulli nichts abgekommen, nur das Eisentor sah aus, als hätte es mit einem Kleinbus geknutscht. Hatte es ja auch.

Während sich das Jungvolk das Lachen und Grinsen verkneifen musste, eilte der immer noch fluchende Altbeamte zurück ins Amt und kam mit einem Hämmerchen zurück. Der massive Kopf dieses Brachialwerkzeugs dürfte gut und gerne 200 Gramm gewogen haben. Im immer noch strömenden Regen versuchte der gute Mann das Eisentor auszubeulen. Mit riesigem Erfolg, versteht sich. Genauso gut kann man mit einer Pool-Nudel auf einen tollwütigen Orca einschlagen, um sich zu verteidigen.

Der erfahrene Beamte sah nach einem zehnminütigen Prügelintermezzo ein, dass er in diesem Fall keine Chance hatte, beorderte den Nachwuchs zurück in sein Büro. Telefonisch wurde der Außentermin abgesagt, der Beamte verschwand und kam kurze

Zeit später mit einem großen Tablett Zuckerkuchen wieder. Mit verschwörerischer Miene meinte er daraufhin, dass man sich, sollte sich jemand wegen des demolierten Tores beschweren, die Aussagen abgleichen müsse. Er habe sich da etwas überlegt. Der starke Regen, der immer noch gegen die Fenster prasselte, habe das Tor verformt. Die drei Auszubildenden guckten sich an und warteten darauf, dass der Beamte lachen würde. Aber er meinte das ernst.

Ich werde noch meinen Enkeln von diesem unglaublichen Sommerregen anno dazumal erzählen, der Eisentore, Hausdächer und massive Kirchtürme verbog. Waren wilde Zeiten damals.

42. GRUND

WEIL SIE VÖLLIG ÜBERFLÜSSIGE SPORTARTEN ERFINDEN

Nach außen hin wirkt die Ausbildung eines Verwaltungsbeamten gar nicht mal so uninteressant. Im Laufe der dreieinhalb Jahre durchlaufen die jungen Novizen diverse Ämter und Stellen und können in viele Bereiche hineinschnuppern. Dass es letztlich egal ist, ob man sich im dritten oder fünften Stockwerk eines Rathauses zu Tode langweilt, wird einem freilich erst dann klar, wenn es zu spät ist.

So wie die beiden Protagonisten dieser Geschichte, nennen wir sie Paul und Böller, die das Schicksal erst in die kommunale Verwaltung und dann auch noch ins gleiche Ausbildungsamt geführt hatte. Sie waren jung, sie hatten Träume, sie wurden enttäuscht. Von den vielen Kammern, in denen sie mit blutarmen Beamten sitzen mussten, deren Highlight es war, einmal am Tag zur Poststelle zu gehen (da kann unterwegs ja so viel passieren), war die Verwaltungsstelle eines städtischen Klinikums vielleicht die schlimmste. Oder interessanteste, je nach Sichtweise.

Städtisch verwaltete Kliniken haben natürlich eine eigene Verwaltung, deren Hauptaufgabe es ist, sich selbst zu verwalten. Ärzte sind bekanntermaßen ein ebenso elitäres Pack wie Beamte, diese beiden Berufsgruppen sollten sich nicht so häufig begegnen, um Revierstreitigkeiten zu vermeiden. Zum Abholen der Post oder des Büromaterials wird ja sowieso das untere Ende der Nahrungskette (Krankenschwestern, Pfleger, Zivildienstleistende) geschickt.

In besagter Verwaltungsstelle lernten unsere beiden Helden gleich zu Beginn, dass sie nicht unbedingt willkommen waren. Denn während es in den Verschlägen des Stadtsteueramtes, des Standesamtes oder der Wohngeldstelle immerhin noch einen Katzentisch (50 mal 50 Zentimeter »Arbeitsfläche«) gab, existierten hier für Auszubildende nur dann ein Tisch und ein Stuhl, wenn einer der beiden Zivis, die sich auch hier eingenistet hatten, gerade krank oder auf Lehrgang war. Da es sich wie gesagt um zwei Auszubildende handelte, musste einer grundsätzlich stehen, meist aber standen sie zu zweit in irgendeiner Ecke des Büros und versuchten nicht weiter aufzufallen.

Da die Verwaltungseinheit insgesamt vollkommen überbesetzt war, hielt sich das Arbeitsaufkommen sowieso in engen Grenzen. Hoheitliche Aufträge wie das Nachfragen in der Kantine, ob es nächste Woche wieder Gulasch gibt, gehörten zu den spannenderen Aufgaben. Kurz vor Weihnachten gab es tatsächlich mal einen spezial gelagerten Sonderfall, auf den verschiedenen Stationen des Krankenhauses sollten Weihnachtsbäume aufgestellt werden. Die beiden Lehrlinge, dankbar für jede Ablösung aus dem Wartestand, streiften sich weiße Kittel über (das war Pflicht, sobald man den Verwaltungstrakt verließ und die Hallen der Wunderheilung betrat) und gingen mit zwei Laubsägen bewaffnet über die Stationen, um die toten Nadelhölzer in die Ständer zu bugsieren. Es dauerte eine Zeit, bis Paul und Böller begriffen, warum sie von den Patienten, die zufällig über die Gänge der Chirurgie oder der Inneren schlurften, angeschaut wurden, als wären sie zwei Zombies. Die Kombination aus einem Arztkittel und einer Säge ist wahrscheinlich nichts, was ein Patient eines Krankenhauses unbedingt sehen möchte. In diesem Fall verstärkte sich der Effekt, da wenige Wochen zuvor ein Helfer der Pathologie aus ebendiesem Krankenhaus im Stadtpark aufgegriffen wurde. Auch er hatte eine Säge in der Hand, allerdings eine Knochensäge. Und er brabbelte wirres Zeug, während sich vor seinem Mund Schaum bildete. Ja, vertrauensbildende Maßnahmen sehen anders aus.

Aber diese kurze Episode der Unterhaltung war schnell vorüber, nach einem Tag stand das blinkende Weihnachtsgestrüpp, und Paul und Böller nahmen wieder Aufstellung in einer Ecke des Büros. Weil das auf Dauer nicht abendfüllend und vor allem auch ein wenig demütigend ist, verdrückten sich unsere beiden Helden immer häufiger in den Keller, wo das Büromittellager untergebracht war. Zwischen Kartons voller Blöcke, Aktenordner, Stifte und Mappen konnten sie wenigstens sitzen. Einmal kam einer der Zivis runter, der seinen letzten Tag zu absolvieren hatte. Zuvor hatte er seinen Kleinwagen rückwärts an das Kellerfenster des Büromittellagers herangefahren und den Kofferraum geöffnet. Jetzt hieß es, eine Stunde lang das Angebot eines mittelgroßen Schreibwarengeschäftes in den Wagen zu schippen, als gäbe es kein Morgen mehr. Für Paul und Böller war dies wohl der arbeitsreichste Tag ihrer Klinikumszeit.

Denn normalerweise konnten sie hier unten im Keller stundenlang hocken, ohne gestört zu werden. Es fragte auch niemand, was sie getrieben hatten, wenn sie kurz vor Feierabend wieder ins Büro zu ihrem »Ausbilder« zurückkehrten. Der war eher damit beschäftigt, alle vier Wochen einen neuen Bildschirm für seinen Bürocomputer zu ordern, der »alte« wanderte dann ebenfalls in den Kofferraum seines Privatwagens. So hatte jeder sein Auskommen, wobei die beiden Auszubildenden in diesem Fall nicht mal mit anpacken mussten.

Paul und Böller nutzten ihre Zeit im Keller jedoch nicht nur, um Fachgespräche über Fußball, Frauen und Rockmusik zu führen, sondern wurden auch kreativ. Aus Pappe bestehende Rollen, eigentlich für den Transport empfindlicher Röntgenbilder gedacht, und

Knäuel aus Bindfaden bildeten die Grundlage für eine neue Sportart, die Röntgenrollenbaseball genannt wurde. Im Kellergang vor dem Lager nahm der Schläger mit der Rolle Aufstellung, während der Mann mit dem Bindfaden ein paar Meter entfernt Position bezog und das Knäuel dem Schläger mit Schmackes zuwarf. Es gab ein großartiges Geräusch, wenn das harte Knäuel auf die Rolle traf. Leider hielt der Schläger nur durchschnittlich drei Treffer aus, bis er unbrauchbar wurde, aber das machte nichts. Es waren ja genug Rollen da.

Außer einer festen Freundschaft nahmen Paul und Böller aus diesem Ausbildungsamt am Ende nicht viel mit. Und die Erinnerung an diese seltsamen Monate dient auch heute noch für den einen oder anderen Lacher beim Bier. Einzig die Enttäuschung, dass Röntgenrollenbaseball bis heute nicht olympisch geworden ist, schmerzt sie ein bisschen.

43. GRUND

WEIL SIE KEINE PYRAMIDEN ERRICHTEN KÖNNEN

Die etwas älteren Leser werden es bestätigen können, es gab mal eine Zeit, in der in einer handelsüblichen Kantine Alkohol ausgeschenkt wurde. Bis vor rund 20 oder 25 Jahren hat das schlicht niemanden interessiert oder verwundert. Ein Bier oder Wein zum Essen, ein Schnaps nach der fettigen Currywurst, völlig normal. Dabei spielte es auch keine Rolle, ob die Kantine zu einem Stahlwerk im Ruhrgebiet oder einem Rathaus in der Lüneburger Heide gehörte, gesoffen wurde überall. Da der Mensch als solcher aber zu Übertreibungen neigt und die Allgemeinheit gerne für die Verfehlungen Einzelner bestraft wird, gibt es nunmehr nur noch Orangensaft aus gewaltlos geernteten Früchten und Mineralwasser mit Holunder-Ingwer-Zusatz. Schönen Dank!

Eine Geschichte, die zur Eliminierung des Alkoholkonsums während der Arbeitszeit führte, spielte sich, wie soll es anders sein, vor vielen Monden in der Kantine einer Landesbehörde ab. Drei hochrangige Beamte (ja, dieses Mal war nicht der Bodensatz schuld) hatten sich zu einem Meeting in der sterilen Atmosphäre der Behördenabfütterungsstation getroffen. Warum sie nicht die pompös ausgeschmückten Sitzungssäle der Behörde oder wenigstens ein Büro wählten, wir werden es nie erfahren. Die beiden Herren und die verbeamtete Dame hatten an diesem Mittag viel zu besprechen, es wurde gelacht, gegessen und getrunken. Vornehmlich Bier. Als das zu langweilig wurde, orderten die drei Gestalten aus dem höheren Dienst Kräuterschnaps, es war ja auch schon fast 14 Uhr durch. Im Laufe der Zeit wurde die Stimmung ausgelassener, wie zahlreiche Besucher der Kantine feststellen durften. Irgendwann kam einer der Herren, wahrscheinlich wähnte er sich längst in seiner Stammkneipe, auf die Idee, die leer getrunkenen Schnapsfläschchen zu einer Pyramide aufzustapeln. Die heute noch existente Marke, die an diesem Tag verköstigt wurde, macht übrigens immer noch im Fernsehen Werbung damit. Egal, nachdem das gläserne Bauwerk mehrere Male unter lautem Geschepper zusammengebrochen war, hatte der Kantinenwirt genug und wollte die Sperrstunde einläuten. Die Beamten allerdings verwiesen auf ihren hohen Dienstgrad und scheuchten den Küchenknappen zurück an seinen Tresen.

Kaum eine Stunde später stand ein Krankenwagen vor dem Eingang der Behörde. Die Dame in der Runde hatte versucht, mit ihren Begleitern mitzuhalten, und sich dabei ein wenig überschätzt. Sie kam heftig reihernd und mit einem Kreislaufkollaps in ein Krankenhaus. Seit diesem Tag wurde in der Kantine kein Schnaps mehr ausgeschenkt, Bier und Wein folgten wenig später.

Und was lernen wir aus der Geschichte? Nun, die antiken Ägypter, nachweislich begabt, wenn es um die Errichtung einer Pyramide geht, waren ebenfalls ein sehr trinkfreudiges Volk. Sie gelten als Erfinder des Bieres und vielerlei anderer flüssiger Köstlichkeiten.

Allerdings durfte der Architekt einer ägyptischen Pyramide erst dann saufen, wenn das Ding fertig geplant war. Zusammen mit seinem Pharao setzte er sich dann auf die Veranda, kippte sich einen hinter den Ziegenbart und schaute den stocknüchternen Sklaven dabei zu, wie sie das Wunderwerk aus dem Boden stampften. Das ist halt der Unterschied zwischen deutschen Beamten und Entscheidungsträgern in einer Hochkultur. In unseren Büros rennen nur Amateure rum.

44. GRUND

WEIL SIE EINEN SINN SUCHEN, WO ES KEINEN GIBT

Der Mensch aus wirtschaftlich wohlhabenden Regionen dieses Planeten neigt dazu, seine frei gewordene Zeit, die er oder sie nicht mehr mit dem Kampf ums Überleben, der Nahrungsbeschaffung oder anderen elementaren Dingen verbringen muss, mit der Suche nach irgendeinem Sinn zu verplempern. Der Sinn des Lebens steht dabei an erster Stelle, das Feld ist weit, und niemand kann sagen, was richtig oder falsch ist. Manch Hobbyphilosoph weitet die Sinnsuche aus und wendet sie zum Beispiel auf seinen Arbeitsplatz an. Bei Tierpflegern, Ärzten, Erziehern, Entwicklungshelfern oder Krankenschwestern kommen da wahrscheinlich sogar Ergebnisse heraus. Bei einem Verwaltungsbeamten wird das schon etwas schwieriger.

Ein gewisser Ronny (34) stellte sich im Jahr 2018 der überregionalen Wochenzeitung *Zeit* und erklärte in einem Interview, dass er es in seinem erlernten Beruf einfach nicht mehr ausgehalten habe. Mit 16 sei er in das dreckige Geschäft der Verwaltungsbeamterei eingestiegen, habe sich mit zunehmendem Alter aber immer häufiger die Sinnfrage gestellt, wurde lethargisch und demotiviert und litt schließlich an einem Burn-out. Ausgebrannt von zu viel Langeweile in der Blüte seines Lebens.

Nach einer absolvierten Therapie wolle sich Ronny, so der Artikel weiter, wieder ins Berufsleben stürzen. Dieses Mal soll es etwas Sinnvolles sein, eine Tätigkeit, die den Mann erfüllt. Vielleicht wird er Testesser in einer Süßwarenfabrik und bewahrt seine Mitmenschen vor schlechtem Nugat? Oder er zieht in den sonnigen Süden und wird Kokosnuss-Sicherheitsbeauftragter (das gibt es wirklich). Irgendwas wird ihm schon einfallen, schließlich ist so ziemlich alles sinnvoller als seine bisherige Tätigkeit.

Nun darf man einem Bengel von 16 Jahren nicht vorwerfen, dass er bei der damaligen Berufswahl mal eine Minute lang hätte nachdenken sollen (der Autor weiß genau, wovon er spricht). In diesem Alter fehlen Erfahrung und Weitblick, um Entscheidungen fürs Leben zu fällen. Aber wer auch nur einen Funken von Kreativität oder Anspruch in sich spürt, wer glaubt, dass er irgendwann in seinem Leben mal über die Bedeutung seiner Tätigkeit nachdenken könnte, der hat im mittleren nichttechnischen Verwaltungsdienst der hiesigen Rathäuser definitiv nichts verloren.

Ronny hat den Absprung gerade noch geschafft, obwohl er das feste Gehalt von 2.400 Euro netto als Familienvater sicher gut gebrauchen konnte. Das Ruhegehalt, das immerhin 18 Monate lang gezahlt wird, dürfte ein wenig helfen. Aber was ist mit den Tausenden Verwaltungsbeamten, die sich Tag für Tag wieder in das Stahlgewitter des Aktenstaubes werfen, um unsere Anträge mit der gebotenen Sorgfalt zu bearbeiten? Ein Teil von ihnen wird sich einfach keine Sinnfragen stellen, sondern die Kohle einstreichen und tun, was ihnen befohlen wird. Der andere Teil kämpft im Inneren den gleichen Kampf wie Ronny, konnte sich bisher aber nicht zum finalen Schnitt in der eigenen Biografie entscheiden. Diese armen Kandidaten werden jeden Tag ein bisschen blasser, verhärmter und faltiger, bis sie irgendwann ganz vergehen. Manchen dieser Exemplare kann man beim Verwelken beinahe zuschauen. Es ist kein schöner Anblick.

45. GRUND

WEIL SIE SICH UND IHRE AKTEN IM KELLER VERSTECKEN

In den frühen 90er-Jahren des vergangenen Jahrhunderts sorgte ein Fall in Niedersachsen für Aufsehen. Der Sachbearbeiter einer städtischen Behörde wurde in Pension geschickt und sein Posten neu besetzt. Die neue Kraft musste feststellen, dass ein ganzer Haufen Akten nicht aufzufinden war. Bei einer Reinigungsaktion Monate später wurden die Akten dann im Keller gefunden, allesamt unbearbeitet. Der Staatsdiener hatte sie einfach in Kisten verpackt und im hintersten Winkel des Untergeschosses versteckt. Und das über Jahre hinweg. Wie er das geschafft hatte, schließlich gab es andere Stellen und Privatpersonen, die auf die Bearbeitung warten mussten, blieb sein Geheimnis. Der Fall landete vor Gericht.

Wer nun aber glaubt, diese Geschichte sei eine einmalige Sache, der hat sich geschnitten. Beamte scheinen von Behördenkellern magisch angezogen zu werden. Im Jahr 2011 wurde ein Amtsinspektor der Finanzbehörden vor einem Münchner Gericht zum Steuersekretär degradiert, weil er über Jahre hinweg Akten verschwinden ließ. Erst im Keller seines Finanzamtes, später dann auch in seinem eigenen Haus. Damit seine Aktionen nicht auffielen, kontrollierte er den Posteingang seiner Dienststelle und ließ Beschwerden oder Anfragen nach Vorgängen, die zu den verschwundenen Akten gehörten, ebenfalls verschwinden. Nach eigenen Angaben hatte der Finanzaktenverbuddler einfach zu viel zu tun. Seine Vorgesetzten waren hingegen der Meinung, ihr Mitarbeiter sei nur zu einfach gestrickt und würde seinem Job nicht gewachsen sein. Wenn man sich das Geschick anschaut, mit dem der Bayer seine Faulheit über lange Zeit verstecken konnte, muss dem widersprochen werden. Allerdings stellt sich die Frage, ob der Beamte mit der Energie, die er in sein Lügennetz investierte, nicht auch einfach die Akten hätte bearbeiten können.

2015 musste ein Freiburger Staatsanwalt auf der ungewohnten Anklagebank Platz nehmen. Auch er fühlte sich überlastet, packte Akten stapelweise in Umzugskartons und deponierte sie bei seiner Mutter im Keller. Autodiebe, Betrüger und Vergewaltiger lachten sich ins Fäustchen, ihre Fälle wurden einfach nicht verhandelt. Logisch, die Anklage hätte ja besagter Beamte erheben müssen. Der deklarierte einzelne Fälle sogar als erledigt, weil sich angeblich kein hinreichender Tatverdacht ergeben hatte. Blöd nur, dass unter diesen Fällen ein Mann war, der bereits zugegeben hatte, seine 16-jährige Stieftochter vergewaltigt zu haben. Schließlich wurden seine Machenschaften aber doch entdeckt, er wurde vom Dienst suspendiert.

In Würzburg wiederum wurde 2010 ein Regierungsamtmann seinen Job beim Sozialgericht los, weil er über einen Zeitraum von 13 Jahren systematisch Akten verschwinden ließ. Der Mann war unter anderem für Erhebung und Festsetzung von Gerichtskosten zuständig, seit 2006 sogar als Geschäftsstellenleiter. Der Beamte ließ einzelne Schriftstücke und ganze Akten verschwinden, die er zum Teil in seiner heimischen Garage, auf dem Dachboden und im Keller lagerte, zum Teil aber auch in Sporttaschen in einem abgeschlossenen Schrank in seinem Büro. Der Schwindel flog erst auf, als Mitarbeiter des Sozialgerichtes 2009 während einer längeren Krankheitsphase das chaotische Büro des Beamten aufräumten und dabei auf einen Teil der Akten stießen. Der Angeklagte, der einen Schaden von über 15.000 Euro verursachte, wollte sich mit seiner Entlassung allerdings nicht abfinden und machte eine erhebliche Milderung der Schuldfähigkeit geltend. Aufgrund einer Persönlichkeitsakzentuierung (zu Deutsch: kleine Macke) würde er auf Stress nicht mit Arbeit, sondern mit Passivität reagieren. Er könne also gar nichts dafür. Die Richter sahen das beruhigenderweise anders.

Noch besser machte es allerdings eine kleine Gruppe von Beamtenanwärtern vor vielen Jahren. Die versteckten in einem strunzlangweiligen Ausbildungsamt nämlich keine Akten, sondern sich selbst im Keller. An jedem Freitag traf sich der Haufen um elf Uhr, um die letzten beiden Stunden der Woche, die sich erfahrungsgemäß wie Kaugummi ziehen, in einer ruhigen Nische im Keller im wahrsten Sinne des Wortes auszusitzen. Anders als die Aktenverstecker wurden sie allerdings nie entdeckt.

46. GRUND

WEIL SIE FÜR DEINE SICHERHEIT VERANTWORTLICH SIND

Deutschland ist ein tolles Land, denn hier ist alles so unglaublich sicher. Für jeden Blödsinn gibt es Prüfsiegel, Bescheinigungen und Urkunden, die sich für die Sicherheit der Gerätschaft verbürgen. Von amtlicher Stelle beglaubigt.

Seilbahnen gehören selbstverständlich zu den Dingen, die geprüft werden müssen. Schließlich baumeln die Gondeln einige Meter über dem Boden, ein Feststecken oder gar ein Absturz können böse Folgen haben. Deshalb gibt es ein Amt, das die Verkehrssicherheit dieser Todesfallen in regelmäßigen Abständen überprüft und dann einen Stempel vergibt. Wie so eine Prüfung abläuft? Das ist ein komplizierter Vorgang, der im Folgenden zumindest ansatzweise dargelegt wird.

Ein Sachbearbeiter des Amtes fährt zu der prüfenden Seilbahn hinaus und trifft sich mit dem Seilbahnbetreiber an der Talstation. Im Optimalfall kennen die beiden sich schon ein paar Jahre, quatschen ein bisschen und trinken vielleicht einen Schnaps zusammen. Nur aus Tradition. Dann aber wird es ernst, der Seilbahnbetreiber übergibt dem Beamten eine Mappe mit allerlei technischen Zeichnungen, die dieser mit ernster Miene durchblättert. Ab und zu sagt er mal »Aha« oder »So also«, um die quälende Stille zu übertönen. Die Mappe geht wieder zurück an ihren Besitzer, dann kommt der Praxistest. Die Seilbahn wird eingeschaltet und die Gondel auf eine

Reise von rund 30 Zentimetern geschickt. Der Beamte ruft »Reicht!«, der Praxistest ist damit beendet. Jetzt stellt sich die Verwaltungsfachkraft auf die Zehenspitzen, geht in die Hocke, reckt den Hals und schaut die mehrere Kilometer lange Trasse der Bahn hinauf, ohne sich auch nur einen Zentimeter von der Stelle zu bewegen. Ein geschäftiges Nicken beendet die Inaugenscheinnahme der Seilbahn, Beamter und Seilbahnbetreiber schütteln sich die Hände, es gibt eine Plakette, die die amtlich geprüfte Sicherheit des Verkehrsmittel bestätigt. Fragt man den Beamten dann auf dem Weg zum Auto, ob er überhaupt irgendeine Ahnung von Seilbahnen und deren technischen Voraussetzungen habe, schüttelt dieser entsetzt den Kopf. Woher denn? Er sei schließlich Sachbearbeiter und kein Techniker.

Manchmal glaube ich, dass Deutschland gar nicht sicherer ist als andere Länder. Vielleicht haben wir einfach nur ein bisschen mehr Glück.

47. GRUND

WEIL SIE KONTAKT MIT SELTSAMEN LEBENSFORMEN HABEN

Wissenschaftler und Wirrköpfe aus aller Herren Länder versuchen seit Jahrhunderten, Kontakt mit fremden Lebensformen aufzunehmen. Sei es durch seltsame Zeichnungen in der Landschaft, Beschwörungsformeln, Mikrofonen im All oder Lichtzeichen, irgendwann muss sich doch mal so ein verdammtes Alien melden. Und wenn es nur einen schönen Tag wünscht. Deutsche Beamte können über solche Versuche nur müde lächeln. Sie haben jeden Tag mit seltsam aussehenden, übel riechenden, fremdartigen Kreaturen zu tun. Sie nennen sie »Kunden«, »Antragsteller« oder einfach nur »der Mob«.

Ja, viele Beamte können bis heute nicht glauben, dass es außerhalb ihrer Hierarchiestrukturen wirklich halbwegs intelligentes

Leben gibt. Während Vollzugsbeamte kaum umhinkommen, wenigstens ab und an mit normalen Menschen in Kontakt zu treten, gilt das für Verwaltungsbeamte keinesfalls. Denn die wenigen Schalter und Büroräume eines Rathauses, die für die Allgemeinheit zugänglich sind, bilden ja nur die Spitze des Wasserkopfes ab, den sich die Kommunen, Landkreise, Länder und der Bund zur Aufrechterhaltung des Status quo leisten. In den ungezählten Büros und Hinterzimmern, die wir alle niemals zu Gesicht bekommen, hockt der wahre Beamte in seinem natürlichen Lebensraum. Von keinem Außenstehenden gestört, von keiner Außenwelt abgelenkt und von keinem Sonnenstrahl geküsst, wuselt das geschlechtlich nicht mehr eindeutig zuzuordnende Wesen über die Flure, immer ein paar Akten unter dem Arm, um Geschäftigkeit vorzutäuschen. Leise surren die PCs in diesen Trakten, nur ganz selten stört das Geklapper einer Tastatur die Stille. Alle hier abgestellten Organismen tragen an Pantoffeln erinnernde Schuhe, um die Kollegen und sich selbst nicht durch laute Trippelgeräusche aufzuschrecken. Auch die Telefone, deren Nummern sowieso niemand von »draußen« kennt, sind ganz leise eingestellt. Es besteht akute Herzinfarktgefahr.

Nun kann man sich vorstellen, dass so ein Berufsleben von rund 40 Jahren in einer solchen Umgebung schon irgendwie rumgeht. Aber die Wege des Dienstherrn sind unergründlich. Manchmal passiert es tatsächlich, dass ein Kollege direkt von der Front (mit direktem Feindkontakt) im Kampf fällt, schwanger wird oder in Pension geht. Dann wird ein neuer Beamter benötigt, der sich dem unbekannten Wesen jenseits des Schalters stellt. Manchmal gibt es Nachrücker aus dem eigenen Nachwuchs, nicht selten aber wird ein Geschöpf aus den Hinterzimmern nach vorne gezerrt, um die Aufgabe ab sofort zu übernehmen. Das muss in einem Drama enden, was es in der Regel auch tut.

Plötzlich ist der Tag nicht mehr eine Aneinanderreihung immer gleicher Stunden, in denen nichts passiert. Nein, es gibt Schalteröffnungszeiten, in deren Verlauf der Beamte kein Nickerchen machen darf, nicht in die Butterstulle beißen soll und insgesamt einen geistig gesunden Eindruck machen muss. Das setzt diese Lebewesen natürlich massiv unter Druck, Unwohlsein, Schweißausbrüche und Panikattacken sind an der Tagesordnung. Wer 20 Jahre lang den gleichen Trott gelebt hat, der kann nicht über Nacht die Rampensau in der Straßenverkehrsbehörde oder im Stadtsteueramt geben. Auch deshalb kommt es zwischen Menschheit und Berufsbeamten immer wieder zu Problemen und Missverständnissen. Es ist oft nicht mangelnde Rücksichtnahme oder Ignoranz, die den Beamten seiner Kundschaft gegenüber unfreundlich oder gereizt wirken lässt. Es ist kein Standesdünkel, sondern die pure Angst.

Manchmal haben allerdings auch die Schalterbeamten Angst voreinander. So in einer Behörde mitten in Deutschland, in der ein Auszubildender nach einer gewissen Einarbeitungszeit selbst Publikum empfangen und Anträge entgegennehmen durfte. Es war tiefster Winter, in der Schalterhalle herrschte aber stickige Luft, weshalb sich die Nachwuchskraft ohne nachzudenken den dicken Pullover auszog. Das schockierte die Kundschaft vor dem Schalter nicht, wohl aber eine Kollegin am Nachbarschalter, die mit ihren Adleraugen den Schriftzug einer Heavy-Metal-Band auf dem T-Shirt erkannte. Keine Totenköpfe, keine nackten Frauen, keine ausgeweideten Babys, nur den Schriftzug. Aber der schien zu reichen. Teufelszeug, Satanswerk, Hexerei, muss es ihr durch den Kopf gegangen sein, denn sie meldete den »Vorfall« an die zuständige Stelle, wo der nicht mal volljährige Auszubildende zwei Tage später antanzen durfte. Dort wurde er vom zuständigen Mitarbeiter, der in seiner knallgelben Jeans und seinem schreiend roten Hemd aussah wie ein vergewaltigter Papagei, über die angemessene Bekleidung eines Beamten mit Kundenkontakt belehrt. Es solle ja nicht der Eindruck entstehen, hinter dem Schalter einer staatlichen Einrichtung würden irgendwelche Stadtstreicher stehen …

48. GRUND

WEIL SIE KARRIERE AUF KOSTEN ANDERER MACHEN

Die Welt der Beamten ist streng hierarchisch aufgebaut. Belohnt wird nicht die Leistung, sondern in erster Linie die Dauer, die das Subjekt es im Beamtenverhältnis aushält. Dazu kommen ein paar biografische Daten wie Amt, Alter, Anzahl der Kinder etc., fertig ist die Berechnung des Gehaltes. Ende der Durchsage. Ob der Beamte drei oder sieben Vorgänge am Tag bearbeitet, interessiert, seien wir ehrlich, kein Schwein. Die Laufbahn als Karriereweg ist mehr oder weniger vorgezeichnet. Und doch gibt es selbst in dieser leistungsfeindlichen Umgebung ein paar Leute, die »Karriere« machen wollen, weil es ja doch das eine oder andere Schlupfloch gibt. Warum diese Leute nicht Betriebswirtschaft studiert haben und zur Deutschen Bank gegangen sind (die haben zumindest auch Beamte) oder sich sonst wo in der freien Wirtschaft ihr Glück gesucht haben, bleibt ihr Geheimnis. Vielleicht ist es diese Mischung aus Faulheit, Sicherheitsdenken und Gier, die diesen speziellen Beamtentypus herausbildet. Er gehört jedenfalls nicht zu den sympathischen seiner Art.

Man denke da an einen jungen Beamten, der in einem Rathaus in Norddeutschland sein Dasein fristete. Der Kollege war noch keine 30 und wirkte auf den ersten Blick nicht so, als würde er in sein Büro gehören. An manchen Tagen trug er sogar eine Lederjacke, was in den konservativen Kreisen des Amtsgebäudes als Vorstufe zur Heroinsucht gesehen wurde. Dieser Beamte bekam eines Tages eine Auszubildende zugewiesen, die er im Umwälzen von Akten unterrichten und nach einigen Wochen benoten sollte. Die beiden verstanden sich ganz gut, man teilte musikalische Vorlieben und Kneipen. Irgendwann erwähnte die junge Dame, dass sie nebenbei Comicstrips zeichne, was den Beamten jetzt richtig interessierte. Er ließ die Vorgänge Vorgänge sein und interessierte sich nur noch für die Bildergeschichten seiner Schutzbefohlenen. Die wiederum war erfreut über so viel Aufmerksamkeit, legte ihrem Ausbilder einige Arbeiten vor und berichtete schließlich nicht ohne Stolz, dass ein paar ihrer Zeichnungen in Zeitungen und Magazinen abgedruckt worden sind. Da bekam der Beamte Ohren wie ein Elfenkönig, und schließlich gestand er seiner Kollegin, dass auch er Comics zeichne, allerdings bislang nur für sich selbst. Er träume davon, eines Tages seine Bilder in einer Zeitung erblicken zu können.

Man kann sich vorstellen, dass die beiden jungen Menschen viel zu besprechen hatten. Natürlich während der Dienstzeit. Die Auszubildende, bereits mit einem Fuß in der Tür, versprach dem Beamten, einige seiner Strips an Verlage und Redaktionen weiterzuleiten. Daraufhin flippte der Amtsschimmel endgültig aus, malte sich eine neue Karriere als Comic-Künstler aus und überschüttete sein Gegenüber mit Lob. Man war sogar so weit, gemeinsame Projekte anzudenken, eine eigene Serie, vielleicht sogar ein Buch.

Die Auszubildende leitete tatsächlich einige der Arbeiten weiter, allerdings bekam sie immer wieder die gleiche Antwort: zu obszön (der Held der Reihe des Beamten war ein Stück Kot, lange bevor Mr. Hankey der Weihnachtskot aus South Park die Zuschauer begeisterte), zu unkreativ, zu schlecht. Das teilte die Dame ihrem Bürogenossen auf Zeit mit, setzte auch hinzu, dass er ihr leidtäte und man ja trotzdem an einer gemeinsamen Serie arbeiten könne. Aber der Beamte hielt es mit den alten Griechen, die den Überbringer schlechter Nachrichten köpften. In diesem Fall blieb der Schopf zwar dran, doch die Auszubildende bekam eine extrem schlechte Bewertung, außerdem musste sie beim Personalamt vorstellig werden. Irgendwer hatte dem Ausbildungsbeauftragten gesteckt, dass eine noch nicht fertig gebackene Beamtin ihre Zeit nicht mit dem Studium der Niedersächsischen Gemeindeordnung (mittlerweile außer Kraft gesetzt) verbringe, sondern mit dem Anfertigen von liederlichen Bildchen. Und sofern es für den Abdruck selbiger ein Honorar gegeben hätte, wäre da auch noch über eine nicht genehmigte Nebentätigkeit zu sprechen.

Die Comic-Zeichnerin schied bald darauf aus dem öffentlichen Dienst aus und wurde freie Künstlerin. Der Beamte aber nahm eine Karrierestufe nach der anderen im Sauseschritt (Wieso bloß?), trägt heute Anzug statt Lederjacke und ist in der Verwaltung ganz oben angekommen. Sein Stück Kot hat außer der heimischen Schublade allerdings nie wieder irgendjemand zu Gesicht bekommen. Wahrscheinlich ist es für alle besser so.

49. GRUND

WEIL IHRE LOGIK NICHT MAL AUF MELMAC FUNKTIONIEREN WÜRDE

Ja, schon klar. Die TV-Serie *Alf* ist nicht mehr so ganz up to date. Aber es geht hier um Beamte, da darf man auch schon mal tief in die Mottenkiste greifen. Der nachstehende Fall, der zu dieser Überschrift führte, sie förmlich provozierte, ist allerdings noch nicht so angestaubt. Und er könnte jeden Tag in irgendeinem Büro dort draußen wieder geschehen.

In Deutschland gibt es die grundsätzlich sinnvolle staatliche Leistung, die als Wohngeld bekannt ist. Wer nicht genug Geld verdient, bekommt einen Zuschuss, wenn gewisse Voraussetzungen erfüllt sind. Dazu zählen natürlich das Nettoeinkommen, die Anzahl der Haushaltsmitglieder und die Höhe der Miete. Die Wohngeldstelle ist dafür da, diese Angaben zu überprüfen, die mögliche Hilfe zu errechnen und anzuweisen. Je weniger ein Mensch hat, desto größer ist die Chance auf Wohngeld. Sollte man zumindest meinen. Denn wenn es zu wenig ist, wird der Sachbearbeiter pampig.

An diesem Tag kam eine junge Frau in die Wohngeldstelle, sichtlich unangenehm berührt wegen des Ganges zum Amt. Sie hatte nur einen Minijob, musste aber ihre (kleine) Wohnung finanzieren, was immer schwieriger wurde. Der Sachbearbeiter fragte nach Belegen für ihr Gehalt, die sie vorlegte. Der Beamte schaute sich die Abrechnungen an und stutzte. Das sei aber ziemlich wenig Verdienst. Die Kundin erklärte daraufhin, dass sie aus diesem Grund hier sei. Das schien dem Beamten anfangs einzuleuchten, aber er kam nach einigen Übersprungshandlungen (Brille zurechtrücken, Locher parallel zur Tischkante stellen etc.) auf das Thema zurück. Wovon sie denn ihren Lebensunterhalt bestreite. Die junge Frau erklärte, dass ihre Eltern oder Freunde ihr manchmal etwas zu essen kaufen würden, um diese schwierige Zeit irgendwie zu überbrücken. Der Beamte schnaufte und erklärte dann, dass er gerne Belege von Familie und Freunden hätte, ob, und wenn ja, wie viel sie einkaufen würden. Denn, so schickte er sogleich hinterher, er hätte da einen ganz anderen Verdacht: Junge Frauen wie sie würden sich von Angehörigen und Verwandten aushalten lassen, als Alibi ein wenig Geld dazuverdienen und sich die Freizeit dann »vom Amt« finanzieren lassen. Das wäre mit ihm nicht zu machen, Wohngeld sei nicht dazu da, Disconächte und Kneipentouren zu alimentieren.

Überflüssig zu erwähnen, dass die Frau niemals in ihrem Leben wieder ein Amt betreten wird, wenn es nicht unbedingt nötig ist. Überflüssig zu erwähnen, dass der hinreißende Sachbearbeiter wahrscheinlich auch heute noch auf seinem Platz sitzt und Menschen beleidigen darf. Sinnvoll zu erwähnen, dass manche Beamte tatsächlich noch schlimmer sind als ihr Ruf.

50. GRUND

WEIL SIE INSPEKTOREN WERDEN KÖNNEN, OHNE JEMALS EINEN FALL AUFGEKLÄRT ZU HABEN

Wer das Wort Inspektor hört, denkt für gewöhnlich an einen Mann im Trenchcoat, der eine Lupe vor dem Gesicht trägt und irgendwo in der Provinz Einbruchsspuren begutachtet. Inspektor

Barnaby ist da ein bekanntes Beispiel, andere mögen vielleicht an die Zeichentrickfigur Inspektor Gadget denken, der mit seinen im Mantel versteckten technischen Hilfsmitteln den bösen Dr. Kralle jagt. Des Weiteren existieren unter anderem Inspektor Morse von der Mordkommission Oxford und sein Kollege Inspektor Lewis, der an gleicher Stelle ermittelt. Das sind alles vernünftige Inspektoren, die machen, was man sich so unter einem Inspektor vorstellt. In Deutschland allerdings wird Ihnen auch ein Bauantrag von einem Inspektor genehmigt, vielleicht lehnt ein solcher Ihren Antrag auf Wohngeld ab, oder er rechnet zwischen dem ersten und dem zweiten Frühstück mal eben den kommunalen Haushalt durch. Denn die deutschen Rathäuser quellen praktisch über vor lauter Inspektoren.

Laut Duden hat der Inspektor seinen Ursprung im lateinischen »inspector«, was übersetzt so viel wie Beschauer bedeutet. Natürlich fällt einem in diesem Zusammenhang zuerst der Leichenbeschauer ein, der jedoch kein Inspektor ist. Egal, der Beschauer beschaut bei der Polizei die Missetaten seiner Mitmenschen. Aber was beschaut der Verwaltungsbeamte? Nun, im Optimalfall einen Antrag oder eine Akte. In den meisten Fällen allerdings wahrscheinlich seine Fingernägel (könnten auch mal wieder geschnitten werden) oder die Stubenfliege, die an seinem Bürofenster in hypnotisierender Eintönigkeit immer die gleichen Bewegungen vollführt. Wie der Herr, so's Gescherr.

In Deutschland sind die beiden ersten Besoldungsgruppen des gehobenen Dienstes Inspektoren, nämlich die Inspektoren und die Oberinspektoren. Nun können die verschiedenen Dienstherren dem schönen Titel noch etwas voranstellen, zum Beispiel Stadtinspektor in einer Stadtverwaltung, Brandinspektor bei der Feuerwehr oder Regierungsbauinspektor bei der staatlichen Bauverwaltung. Auszubildende in diesem Bereich sind Inspektorenanwärter/innen, was ungefähr so sexy klingt wie Rauhäutiger Gelbbauchmolch. Bei der Polizei wäre ein Inspektor hingegen ein Kriminalkommissar, während in der Kirchenverwaltung ein Inspektor ein Dekan sein kann, aber nicht muss. In Ausnahmefällen gibt es in Deutschland den Inspektor auch im mittleren Verwaltungsdienst, dann als Amts- oder Betriebsinspektor, was bei der Bundeswehr dem Rang eines Stabsfeldwebels entsprechen würde. Bekommt der unstudierte Amts- oder Betriebsinspektor wegen herausgehobener Tätigkeiten (kicher) noch eine Amtszulage hinterhergeschmissen, dann wären er oder sie allerdings schon ein Oberstabsfeldwebel. Hallo, noch jemand wach? Wir sind noch nicht fertig!

In Österreich rennen nämlich noch viel mehr Inspektoren durch die Landschaft. Da gibt es Bezirksschulinspektoren, Fachinspektoren im Krankenpflegedienst, Zentralinspektoren (sitzen wahrscheinlich alle in Bad Aussee in der Steiermark, der geografischen Mitte von Österreich), Postinspektoren, Kontrollinspektoren, Abteilungsinspektoren und Chefinspektoren, denen endgültig niemand mehr etwas zu sagen hat, außer vielleicht der Kaiser.

Deutschland und Österreich sind also voll von Beschauern, was unter Umständen erklären könnte, was in diesen beiden Ländern falsch läuft. Alle gucken nur, aber keiner tut etwas.

6. KAPITEL

VOLLZUGSBEAMTE

51. GRUND

WEIL SIE FÜRS PAUKEN UND TROMPETEN AUCH NOCH BEZAHLT WERDEN

Diese Erinnerung gehört wahrscheinlich zu den schlimmsten eines jeden Schülers. Irgendwann kommt die Klassenlehrerin in den Raum und verkündet freudestrahlend, dass sich alle bitte umgehend in die Aula begeben sollen. Das Polizeiorchester ist da und möchte aufspielen. Ja, die Auftritte dieser Kapellen waren vor 30 Jahren schon genau so fetzig wie heute. Aber auf der anderen Seite bekommt man so wenigstens mal Beamte zu Gesicht, die fürs Pauken und Trompeten auch noch bezahlt werden.

Ihren Ursprung haben die diversen Polizeiorchester in der Propaganda. Vor rund 100 Jahren kam man auf die Idee, dass die Polizei ein bisschen Werbung und Imagepflege gebrauchen könnte, auch wenn man das damals noch ein bisschen anders ausgedrückt hat. Und womit ginge das besser als mit ein bisschen Musik? Natürlich war die Idee abgekupfert, im Militär gab es schon seit Jahrhunderten die Tradition von Musikkorps. Macht ja auch mehr Spaß, in ein fremdes Land einzumarschieren, wenn ein schwungvoller Beat unter das Marschieren gelegt wird.

Die Polizeiorchester bestanden anfangs tatsächlich ausschließlich aus (leidlich) talentierten Polizeibeamten, die nebenbei ein bisschen Flöte oder Klarinette spielen konnten. Doch die verschiedenen Orchester aus diversen Bundesländern wurden vom Publikum so gut angenommen (Warum eigentlich?), dass es zu immer mehr Auftritten und zu einer Professionalisierung kam. Irgendwann reichten die Fähigkeiten der Feierabendflötisten nicht mehr aus, die Beamten wurden musikalisch geschult, hatten aber immer noch ihren Hauptjob an der Backe. Eben noch den Bankräuber vom Fluchtfahrrad geschossen, jetzt Beethoven einstudieren. Eine selbst für Beamte bizarre Situation.

Heute bestehen die Orchester in erster Linie aus professionellen Musikern. Nur ein Teil des Orchesters, meist zu erkennen an den grauen Haaren, hat wirklich noch eine Beamtenausbildung absolviert. Tatsächlich werden einfach Profi-Mucker angeworben, in ein Angestelltenverhältnis gesetzt und in eine Uniform gesteckt. Das ist ein bisschen geschummelt, klingt aber auch gleich viel besser. Anders wäre es wohl auch gar nicht mehr möglich, denn »Bands« wie das Landespolizeiorchester Baden-Württemberg, das Polizeiorchester Bayern, das Landespolizeiorchester Nordrhein-Westfalen oder das Polizeiorchester Niedersachsen gehen mittlerweile regelrecht auf Tour, nehmen Alben auf und bespielen Weihnachtsfeiern, Gartenschauen, Altstadtfeste und Schulen. Es kann eigentlich nur noch eine Frage der Zeit sein, bis irgendein Polizeiorchester als Headliner beim Rock am Ring oder auf dem Wacken Open Air die beliebtesten Songs von Motörhead und Black Sabbath zum Besten gibt. Schöne neue Welt.

52. GRUND

WEIL NICHT MAL AUF DIE BESTEN VERLASS IST

Die englische Polizei wird seit Jahrzehnten, wenn nicht seit Jahrhunderten, als die beste der Welt angepriesen. Die nahezu unbewaffneten Bobbys sind das Vorbild für jeden Gesetzeshüter. Freundlich, diskret und nur im Ausnahmefall vielleicht etwas rüde. So wie bei dieser Geschichte, in der ein Wissenschaftler, ein Schauspieler und ein Polizeibeamter mit hoher Motivation vorkommen.

An diesem Wintertag fuhr der Naturwissenschaftler Gerald Garratt mit seinem Auto eine Landstraße entlang. Vor sich erkannte er einen roten Sportwagen, der sich schnell in den Mittelpunkt des Geschehens drängte. Denn plötzlich überholte ein Polizist auf einem Motorrad die beiden Wagen und brachte den Sportwagen schließlich zum Stoppen. Garratt beobachtete, wie der Polizist dem Fahrer vor ihm einen Strafzettel ausstellte. Das brachte den Forscher, der in England auch einige wissenschaftliche Sendungen moderierte, in Rage. Denn er hatte den Tacho seines Wagens beobachtet und festgestellt, dass der vorausfahrende nicht zu schnell war. Der Polizist verabschiedete sich, und Garratt ging zu dem roten Sportwagen, um sich als Zeuge anzubieten. Der Fahrer entpuppte sich als Schauspieler Brian Rix, der den Vorfall bestätigte. Kaum das die beiden Männer ins Gespräch gekommen waren, tauchte auf einmal der Polizist wieder auf, der sich rüde erkundigte, was die beiden Männer denn zu besprechen hätten. Garratt zog seinen Notizblock, um sich die Nummer des Beamten zu notieren, als dieser auch schon auf ihn einprügelte. Garratt landete blutend hinter einer Hecke und wurde schließlich von einem Polizeiauto eingesammelt, das der schlecht aufgelegte Polizist angefordert hatte.

Garratt verklagte den Polizisten, der sich ursprünglich wehren wollte, auf Anraten eines Polizeianwaltes aber klein beigab und eine Geldbuße akzeptierte, die aus einem öffentlichen Fonds bezahlt wurde. Der Polizist, der den Spitznamen »Buster« (Demolierer oder Zerstörer) trug, wollte aber festgehalten wissen, dass es sich bei seiner Zahlung (die ja gar nicht von ihm stammte) nicht um ein Schuldeingeständnis handele.

Der gute Ruf der englischen Polizei geriet durch den Fall, der durch alle großen Gazetten auf der Insel geisterte, in arge Bedrängnis. Plötzlich tauchten immer mehr kleine und größere Skandale auf, die Geschichte mit Garratt sorgte für jahrelange Diskussionen.

Mittlerweile dürften alle Beteiligten gestorben sein, Brian Rix biss 2016 ins Gras. Denn der Vorfall ereignete sich bereits 1959. Allerdings sei die Geschichte eine Warnung für alle Polizisten, die ihre Wutanfälle nicht unter Kontrolle haben. Das Internet vergisst nie.

53. GRUND

WEIL SIE VON VÖLLIG NORMALEN REAKTIONEN ÜBERRASCHT SIND

Eigentlich sollte man davon ausgehen, dass thailändische Polizisten teutonische Einwanderer und Urlauber gewohnt seien. Schließlich überrennen Touristen, Geschäftsleute und Glückssucher den Staat im Südosten Asiens schon seit Jahrzehnten. Die dortige Polizei hat sich mit den Gepflogenheiten der weißhäutigen Gäste mit dem unstillbaren Sauerkrautappetit scheinbar noch nicht so ganz vertraut gemacht. Denn 2017 reagierten zwei Deutsche gegenüber thailändischen Vollzugsbeamten völlig normal und ernteten doch nichts als Fragezeichen.

Der erste Fall spielte sich im Badeort Patong ab. Ein deutscher Staatsbürger, ausschließlich mit einer neonfarbenen Badehose bekleidet, krabbelt mit seltsam ungelenken Bewegungen über den Bürgersteig, obwohl kein Meter neben ihm Bänke und Stühle zum Verweilen einladen. Nach einer Reihe absolvierter Turnübungen, die in ihrer Gesamtheit an eine gelähmte Schildkröte erinnern, versucht sich der Mann für einen Moment schlafen zu legen. Natürlich auch auf dem Bürgersteig, anschließend in einer Parklücke am Straßenrand. Danach wiederholt sich das Ritual. Ein Einheimischer kommt mit dem Turner ins Gespräch, fragt ihn, woher er käme und ob alles okay sei. Der Deutsche gibt freundlich Auskunft, sein Chef würde ihn für verrückt halten und hätte ihn aus dem Hotel geworfen. Dabei hält er in seinem Tun allerdings nicht inne, sondern vollführt scheinbar magische Bewegungen mit seinen Händen. Als die Szenerie langweilig zu werden droht, erscheint ein Polizist, der wissen möchte, was los sei. Der Teutone als guter Gast wirft sich auf die Knie und in den Staub, dazu vollführen seine Hände den Wai, eine traditionelle thailändische Respektsbekundung. Schließlich erklärt der Deutsche dem staunenden Beamten, dass er zu Hause in Deutschland 100.000 Euro auf dem Konto habe, falls der Polizist also Geld benötige, kein Problem. In einer etwas wirren Passage führt der schnurrbärtige Germane weiter aus, dass er dem Polizisten auch etwas zu essen geben könne, er sei sowieso unterwegs, um die Hungrigen zu speisen. Zum Beweis hält er eine Plastiktüte hoch. Der Polizist guckt, als hätte ihm gerade jemand eine Geschlechtsumwandlung zum halben Preis angeboten. Nicht sehr souverän. Anschließend präsentiert die Neonhose noch diverse Male stolz seine Plastiktüte und tanzt über den Bürgersteig davon. Wer möchte, kann sich das Spektakel auf YouTube anschauen, der Tourist dürfte mittlerweile wohl wieder von seinem Trip runter sein und drei Kreuze machen, dass er an einen solch trägen Staatsdiener geraten ist. In Texas wäre er wahrscheinlich erschossen worden.

Der zweite Fall ereignete sich einige Monate zuvor. Ein aus Brandenburg stammender Deutscher hatte nach Thailand rübergemacht und war dort mit seiner einheimischen Freundin ansässig geworden. Als die 35-jährige Thailänderin eines Tages spurlos verschwand, machten sich zwei Beamte zur gemeinsamen Wohnung des Paares auf, um ihren Lebensgefährten zu befragen. Der öffnete die Tür, nahm ein bereitliegendes Teppichmesser und schnitt sich selbst kommentarlos die Kehle durch. Die überraschten Beamten riefen sofort einen Krankenwagen, der Mann konnte gerettet werden. Nach einigem Hin und Her gestand er später, seine Freundin erwürgt und im Dschungel abgelegt zu haben. Warum die beiden Polizisten aber gleich den Krankenwagen riefen, anstatt ihre günstige Position auszunutzen und sich erst mal ein Geständnis abzuholen (zur Not hätten sie ja noch mal mit dem Teppichmesser drohen können), wird ihr Geheimnis bleiben. Wahrscheinlich waren sie zu überrascht. Aber wer bei fremden Menschen klingelt, noch dazu bei Ausländern, muss mit so etwas rechnen. In Deutschland ist das schließlich ganz normal.

54. GRUND

WEIL SIE SICH VON MISS UNDERCOVER IN DEN SELBSTMORD TREIBEN LASSEN

Den eigenen Füller nicht in Firmentinte zu halten ist ein altes und weises Sprichwort, das nicht nur für Beamte gilt. Denn schnell wird die Affäre zum Problem, und die Kollegen freuen sich, dass sie eine neue Sau durch die Amtsflure treiben können. Auf einer Polizeistation im kalifornischen Oakland lachte allerdings niemand, da alle mit drinsteckten. Im wahrsten Sinne des Wortes.

In besagter Polizeistation arbeitete eine Telefonistin, deren 16-jährige Tochter ein offensichtlicher Blickfang war. Der Typ Christina Aguilera in der deutlich günstigeren Ausführung sprach einen Beamten besonders an, der sogleich mit der jungen Dame ins Bett hüpfte. Angeblich hatte er nicht gewusst, dass seine Femme fatal noch minderjährig war. Da der Beamte selbst bereits 30 Lenze zählte und Familie hatte, mochte er mit dieser Schmach nicht mehr weiterleben und entleibte sich selbst. In seinem Abschiedsbrief gab er die Affäre zu und brachte damit einen Stein ins Rollen. Denn plötzlich interessierte sich auch die Mutti für die Aktivitäten ihres Früchtchens, dazu war die Öffentlichkeit alarmiert. Im Laufe der Zeit kam heraus, dass drei weitere Beamte mit der Minderjährigen intim gewesen waren. Das Fräulein selbst war stolz auf ihre Leistung und trompete in den sozialen Medien heraus, noch mit zehn weiteren Polizisten der Station geschlafen zu haben, da hatte sie allerdings bereits ihren 18. Geburtstag hinter sich. Sie gab sich selbst den Spitznamen »Miss Undercover«, weil sie am laufenden Band mit Uniformierten unter einer Decke stecke.

Die Vorgesetzten der Beamten fanden die Angelegenheit nicht ganz so lustig, in nächster Zeit dürften in Oakland einige Stellen neu zu besetzen sein. Bevorzugt an heterosexuelle Frauen oder schwule Männer. Miss Undercover hingegen soll schon im Umfeld der örtlichen Berufsfeuerwehr gesichtet worden sein. Uniform ist Uniform.

Dass die Geschichte auch in die andere Richtung funktioniert, bewies eine Justizvollzugsbeamtin aus Brandenburg, die sich wahrscheinlich auf intime Verhältnisse mit zwei Insassen einließ und erwischt wurde. Der Justizsprecher fühlte sich verpflichtet, darauf hinzuweisen, dass es Justizbeamten grundsätzlich verboten sei, mit Häftlingen Sex zu haben. Wäre man wahrscheinlich noch von alleine drauf gekommen. Die junge Frau wurde sofort suspendiert, ein Disziplinarverfahren eröffnet. In diesem Fall gab es allerdings noch ein Strafverfahren oben drauf, denn eine intime Beziehung stellt den Straftatbestand des sexuellen Missbrauchs von Schutzbefohlenen dar. Und das gilt sogar, wenn der Sex einvernehmlich und der »Schutzbefohlene« ein mehrfacher Mörder ist. Die deutsche Sprache ist manchmal schon ein bisschen seltsam.

55. GRUND

WEIL SIE SICH AN NICHTS MEHR ERINNERN KÖNNEN

Kempten im Allgäu dürfte den meisten Menschen als idyllischer Urlaubsort im südlichsten Zipfel Deutschlands bekannt sein. In einer der ältesten Städte des Landes ist die Welt noch in Ordnung. Der Himmel präsentiert sich dem Bundesland entsprechend 365 Tage im Jahr in Weiß und Blau, die Kühe auf der Weide sind so glücklich, sie würden den ganzen Tag am liebsten auf und ab springen. Leider machen das ihre Knie nicht mit. Und doch lässt es sich hier prima leben, denn Verbrechen sind dank der ländlichen Prägung eher die Ausnahme. Umso erstaunter waren die Kemptener, als der lokale Leiter der Drogenfahndung 2014 von seinen Kollegen in Handschellen abgeführt wurde. Der Prozess gegen den Mann offenbarte dann eine ziemlich seltsame Dienstauffassung.

Der 53-jährige Beamte wurde festgenommen, weil er seine Frau vergewaltigt hatte. Wohl nicht zum ersten Mal, an diesem Abend allerdings war das Fass zum Überlaufen gekommen. Die Ehefrau hatte die Polizei gerufen, ihr Mann war in seinem Auto geflüchtet. Allerdings kam er nicht weit, seine Kollegen hatten ihn bald einkassiert und stellten fest, dass der wohl bekannte Leiter des Dezernats 4 in völlig anderen Sphären schwebte. Ein Test ergab so ziemlich alles, von Alkohol über Tabletten bis hin zum Kokain. Das reichte dicke, um den Herrn erst mal für einige Zeit in Gewahrsam zu nehmen.

Als Polizisten die Diensträume des Drogenfahnders untersuchten, glaubten sie ihren Augen nicht zu trauen. Im Spind des Beamten lagerten schlappe 1,8 Kilo feinstes Koks. Damit kriegt man schon mal ein Wochenende in Las Vegas rum. Im Prozess zeigte sich der nun ehemalige Polizist allerdings wenig kooperativ, auch wenn er zu Beginn gleich ein Geständnis ablegte. Das Rauschgift in seinem Schrank sei nicht zum Handel, sondern ausschließlich für den Eigenbedarf gedacht gewesen. Er habe sich im Laufe seiner Tätigkeit immer mal wieder etwas abgezweigt, auch waren seiner Dienststelle angeblich Kokainpäckchen zu Schulungszwecken überlassen worden. Wann? Von wem? Warum genau? Der Beamte musste sich entschuldigen. Der jahrelange Missbrauch von legalen und illegalen Drogen jeder Art hätte sein Erinnerungsvermögen beschädigt. Er habe da wohl ein kleines Suchtproblem. Davon kann man bei knapp zwei Kilo Wunderpulver wohl ausgehen, ja.

Den Vorwürfen wegen Vergewaltigung und schwerer Körperverletzung trat er in gleicher Weise entgegen. Ihm sei schon klar, dass er seine Ehefrau misshandelt habe. Aber Details zu diesen Taten? Sie wissen, das Rauschgift und so. Er entschuldigte sich bei seiner Frau, die als Nebenklägerin auftrat, und insbesondere bei der Polizei, deren Ruf er geschadet habe.

Das Gericht verurteilte den Straftäter zu sechseinhalb Jahren Haft, 35.000 Euro und einem Entzug. Die 35.000 Euro hatte der Ex-Beamte bereits im Voraus gezahlt, ein Polizist und Drogenfahnder im Gefängnis hat ja grundsätzlich nicht die höchste Lebenserwartung.

Der Fall wurde zu den Akten gelegt, was in Teilen der Bevölkerung für Empörung sorgte. Denn es schien einiges darauf hinzuweisen, dass der verurteilte Drogenschnüffler nicht der einzige Täter war. Auf den Drogenpäckchen wurden Fingerabdrücke von verschiedenen Kollegen gefunden, kurz nach der Verhaftung beging ein Staatsanwalt in Kempten Selbstmord. Die Menge des gefundenen Kokains ließ ebenfalls darauf schließen, dass hier vielleicht mehr im Busch sein könnte. Und auch das Strafmaß ließ so manchen User illegaler Substanzen stutzen. Wer weiß, welchen Aufstand die Behörden im Einzelfall bei ein bisschen Cannabis machen, stellt sich unweigerlich die Frage, ob hier nicht ordentlich getrickst wurde. Vielleicht kann sich der Beamte ja wieder erinnern, wenn er eines Tages zurück in Freiheit ist. Wahrscheinlich ist das allerdings nicht.

56. GRUND

WEIL SIE MIT DROGENBARONEN PAKTIEREN

Der mexikanische Drogenbaron Joaquín »El Chapo« Guzmán gehört wohl zu den bekanntesten Verbrechern unserer Zeit. Der Milliardär, dessen Spitzname »Der Kleine« bedeutet, was sich wohl auf seine Zwergengröße bezieht (alles andere wäre Spekulation), gehörte vor seiner dritten und scheinbar endgültigen Verhaftung und der Auslieferung in die USA zu den weltweit führenden Köpfen im Drogenhandel. Er hat das Blut Hunderter, wenn nicht Tausender Menschen an seinen Händen kleben. Von kleinen Drogenkurieren über ehemalige Lebensgefährtinnen bis zum Erzbischof, vom Kind bis zum Greis wurden keine Unterschiede gemacht. Es wird geschätzt, dass er bis zu 3.000 Morde zu verantworten hat. Sich in der Nähe von Guzmán zu bewegen barg also Gefahren. Da der schwerreiche Gangsterboss in seiner Heimatgemeinde aber immer mal wieder den Wohltäter spielte, hatte er auch eine Menge Anhänger. So wie jeder schwerreiche Mensch, der sich nicht ganz dusselig anstellt. Vollzugsbeamte erlagen der Versuchung offensichtlich am schnellsten.

Denn »El Chapo« hätte schon vor vielen Jahren aus dem Weg geräumt werden können. Bereits 1993, noch bevor er zum Leiter des mächtigsten Drogenkartells der Welt aufgestiegen war, hatte die Polizei den Sohn eines Farmers in Guatemala geschnappt. Er wurde nach Mexiko ausgeliefert und zu über 20 Jahren Haft verurteilt, von denen er acht absaß. Dann wurde es ihm zu kompliziert, seine Geschäfte aus der Haftanstalt zu führen. Er bestach einen seiner Wärter, der ihm die Zellentür öffnete. Die Legende besagt, dass Guzmán anschließend mit einem Liedchen auf den Lippen aus dem Knast marschierte und untertauchte. Andere behaupten, er hätte sich in einem Wagen mit schmutziger Wäsche versteckt. Klingt natürlich nicht ganz so heroisch.

2014 ging er den Fahndern in Mexiko erneut ins Netz, wieder musste er sich für einige Zeit mit gesiebter Luft zufrieden geben. Dieses Mal hielt er es allerdings nur zwei Jahre aus, bis er abermals die Geldbörse zückte. Insgesamt sieben Vollzugsbeamte in seinem Hochsicherheitsgefängnis soll er auf der Lohnliste gehabt haben, damit er ungestört durch einen Tunnel unterhalb seiner Zellendusche in die Freiheit entkommen konnte. Die Beamten warteten exakt 18 Minuten, bis sie Alarm auslösten, da war das kleine Männchen längst wieder über alle Berge. Die ganze Aktion soll ihn 50 Millionen Dollar gekostet haben.

Ein ziemlich hoher Preis für sechs Monate in Freiheit, denn schnell wurde der Mann in der Nähe seiner Heimat erneut gefasst. Dieses Mal reagierten die US-Behörden schneller, sie ließen den Schwerverbrecher, dem auch in den USA diverse Gewaltverbrechen, Drogenhandel, Geldwäsche und andere Dinge vorgeworfen werden, überstellen. Große Teile des Kokains und Heroins, das in den USA kursiert, soll von Guzmáns Kartell stammen.

Nun hockt der ehemals mächtige Drogenbaron der Welt in einem Gefängnis in New York, wo ihn schlimmstenfalls die Todesstrafe erwartet, und überlegt wahrscheinlich, wie er seine US-Wächter bestechen könnte. Nimmt man Nettogehalt und Lebensstandard in Mexiko und den USA als Maßstab, könnte die Sache dieses Mal noch ein bisschen teurer werden.

57. GRUND

WEIL SIE MANCHMAL BÖSE ROCKER SIND

Der Beamte ist zur Neutralität verpflichtet. Er muss jeden gleich gerecht behandeln, auch in seiner Freizeit Achtung und Vertrauen ausstrahlen. 2010 ging ein Fall durch die Presse, in dem ein Gerichtsvollzieher aus Nordrhein-Westfalen in seiner Freizeit beim Rockerclub »Bandidos« Mitglied und auch stark in die Vereinsstrukturen eingebunden war. Der Dienstherr sah diese Verstrickung mit gemischten Gefühlen und versetzte den Mann in den Innendienst, obwohl er sich bis dato persönlich nichts zuschulden hatte kommen lassen. Er klagte gegen die Abordnung in den Innendienst und gewann in erster Instanz. Denn die »Bandidos« konnten trotz der Verstrickung diverser Mitglieder in die organisierte Kriminalität bisher nicht als kriminelle Vereinigung eingestuft werden. Vor dem Oberverwaltungsgericht verlor der rockende Vollstreckungsbeamte allerdings gleich wieder. Denn hier sah man eine Verbindung zwischen einer so delikaten Tätigkeit wie der eines Vollstreckers und der Mitgliedschaft in einer so delikaten Truppe wie den »Bandidos« durchaus als Problem. Seitdem streiten sich Beamtenrechtler und Beamte, wie weit die Neutralitätspflicht eines Beamten in seiner Freizeit geht und was das mit seinem Beruf zu tun hat.

In Osnabrück entdeckte man in den Reihen der Berufsbeamten ebenfalls ein Vollmitglied der »Bandidos«, hier ging man mit der Problematik allerdings anders um. Bei regelmäßig stattfindenden Meetings ermahnen die Vorgesetzten den Feuerwehrmann, sich ja brav an die Gesetze zu halten, weil sonst der Beamtenstatus flöten geht. Ein durchaus schönes Bild, das da vor Augen entsteht. Auf der einen Seite der Feuerwehrmann mit Harley-Kette um den Hals, der sich in seinem Stuhl fläzt. Und auf der anderen Stellen- und Abteilungsleiter, die streng über die Ränder ihrer Hornbrillen schauen und mahnend den Zeigefinger heben.

Mit solch halben Sachen gibt man sich in Bayern nicht zufrieden. Hier warben sechs Beamte einen V-Mann an, der die »Bandidos« aus Regensburg bespitzeln sollte. Das kostete den Steuerzahler eine ganze Stange Geld, denn der Spitzel bekam nicht nur einen geleasten Mercedes und ein Motorrad, sondern auch ein ordentliches Gehalt. Brav berichtete der V-Mann, welche Aktivitäten die »Bandidos« so planten, die Beamten hörten sich das alles an und unternahmen nichts. Im Gegenteil, sie gaben ihrem V-Mann, der gemeinsam mit seiner Tochter immer mal wieder wegen Drogendelikten auffällig wurde, sogar Tipps, wo er das Zeug in einem Auto am besten verstecken könne. Auch einen groß angelegten Diebstahl der bayrischen »Bandidos« in Dänemark, bei dem Minibagger und andere Gerätschaften von Baustellen geklaut wurden, ließen die Beamten geschehen, ohne einzugreifen oder wenigstens ihre Kollegen zu verständigen. Wahrscheinlich warteten sie auf den ganz großen Coup, der allerdings nie erfolgen sollte. Am Ende landete der V-Mann gemeinsam mit den Staatsdienern vor Gericht, alle sechs bayrischen Beamten wurden suspendiert. Mehr Aufklärung konnte leider nicht geleistet werden, da der zuständige Staatssekretär der CSU die Herausgabe der V-Mann-Akten verweigerte.

Das Fazit dieser Fälle lautet wahrscheinlich so: Beamter, lass die Finger von Rockerclubs und schweren Motorrädern. Bleib bei deinem Volkswagen und an Wochenenden lieber zu Hause. Die Welt da draußen ist einfach nicht für dich gemacht.

58. GRUND

WEIL SIE AKTEN MANIPULIEREN

Der Anschlag von Anis Amri am 19. Dezember 2016 auf den Weihnachtsmarkt am Berliner Breitscheidplatz gehört zu den schrecklichsten Terrorakten der letzten Jahre. Der Tunesier Amri fuhr mit einem gestohlenen Lastwagen in eine Menschenmenge, tötete zwölf Menschen und verletzte fast 100. Nach dem Anschlag gelang ihm die Flucht, bevor er einige Tage später in Italien von einem Polizisten erschossen wurde. Deutsche Behörden und ihre Beamten gerieten im Anschluss stark unter Druck. Unglaubliche Fehler, Versäumnisse, mangelnde Absprachen und aktive Täuschungsversuche wurden festgestellt, die allein ein ganzes Buch füllen würden. Fakt ist, dass Amri diversen deutschen Behörden als gefährlicher Islamist, Waffenbesitzer und Drogenhändler bekannt war. Die richtigen Schlüsse zog aber niemand daraus.

Den Angehörigen der Opfer muss es wie Hohn vorkommen, dass Amri längst wieder in Tunesien hätte sein können. Seine Handabdrücke, die für eine Abschiebung notwendig sind, lagen den Behörden vor. Aber eben nicht jeder Behörde, deshalb ließ man ihn weiter im Land. In Berlin war er als sogenannter Gefährder bekannt, teilweise lag er sogar auf Platz eins der Charts der gefährlichsten Personen Berlins, trotzdem ließ ihn das dortige Landeskriminalamt nur an Wochentagen überwachen. An Sonn- und Feiertagen hatte Amri frei, weil offensichtlich keine Beamten zur Bespitzelung zur Verfügung standen. Berlin ist arm, Feiertagszuschläge sind teuer. Eine Übertretung der Bundeslandesgrenzen reichte im Übrigen schon aus, um sich weiterer Überwachung gänzlich zu entziehen.

Deutsche Beamte kommen mit den Zuständigkeiten schon mal schnell durcheinander.

Um diese und andere Fehlschläge zu vertuschen, griffen einige Beamte zu einem vermeintlich einfachen Trick. Sie löschten Namen, Daten und Fakten aus der Akte, andere Erkenntnisse wurden einfach frisiert. So gab es einen Vermerk vom 1. November 2016, dass Amri gewerbsmäßig und im großen Stil mit Drogen handelt. Dies allein hätte vollkommen ausgereicht, ihn festnehmen zu müssen. Cleverere Beamte änderten diese Eintragung einige Wochen nach dem Attentat, nun stand dort nur noch, dass der Tunesier mit Kleinstmengen handelt. Nun konnte die Öffentlichkeit nicht mehr behaupten, der Mann hätte Wochen vor dem Anschlag festgenommen werden müssen. So zumindest der Plan.

Der ging nicht auf, zwei Beamte des LKA wurden unter anderem wegen Strafvereitelung und Urkundenfälschung angeklagt. Die beiden Beamten wehrten sich allerdings und schoben den Schwarzen Peter in Richtung ihrer Vorgesetzten. Die hätten, anders als die beiden Beamten, die Gefährlichkeit von Amri vollkommen unterschätzt und waren drauf und dran, die Überwachungsmaßnahmen herunterzufahren. Deshalb hätten die beiden Beamten in ihrem ursprünglichen Bericht auf Eigeninitiative maßlos übertrieben, um weiter Zugriff auf Amri zu erhalten. Die anschließende Korrektur sei nur eine Berichtigung gewesen, denn da war der Drogen verkaufende Terrorist ja schließlich tot. Nun ja, auch eine Art von Logik.

Wann immer in Deutschland etwas passiert und die Arbeitsweise der verschiedenen Behörden, die offensichtlich noch nie etwas voneinander gehört haben, publik wird, fasst sich der gemeine Bürger an den Kopf. Kein größerer Wirtschaftsbetrieb mit Niederlassungen in verschiedenen Bundesländern oder gar Staaten könnte es sich erlauben, so zu arbeiten. Aber die Beamten dürfen weiterwurschteln. Traurig. Und das ist garantiert nur die Spitze des Eisberges. Oder um es mit den Worten des ehemaligen Innenministers Thomas de

Maizière zu sagen: »Ein Teil dieser Antworten würde die Bevölkerung verunsichern.«

59. GRUND

WEIL SIE NICHT MAL RICHTIG FEIERN KÖNNEN

Die beiden Wörter »Beamte« und »Party« scheinen erst mal überhaupt nichts miteinander zu tun zu haben. Im Sommer 2017 bewies eine Handvoll Vollzugsbeamter, warum das auch in Zukunft besser so bleiben sollte.

Der G20-Gipfel in Hamburg war insgesamt keine Sternstunde für deutsche Beamte. Einige von ihnen schafften es allerdings, noch vor der großen Sause die Schlagzeilen zu beherrschen und sich als ziemliche Himbeertonis zu outen. Denn sie hatten ihr als Unterkunft zur Verfügung gestelltes Containerdorf in ein Babylon feinster Güte verwandelt. Dass die Truppe aus der Partyhauptstadt Berlin kam, verwundert da auch nicht weiter.

Wir erinnern uns an einen verregneten Sommer 2017, in dem sich die Regierungschefs der 20 vermeintlich wichtigsten Industrie- und Schwellenländer und diverse Gäste in Hamburg verabredeten, um irgendetwas zu diskutieren. Da die Ortswahl mit der Hansestadt, ihrer unübersichtlichen Innenstadt und der traditionell starken linken Szene von vorneherein als eher unglücklich bewertet wurde, setzte man sage und schreibe 31.000 Polizisten ein. Die kamen aus dem ganzen Bundesgebiet, um Angela Merkel und ihren Besuch vor dem Volk zu schützen. Darunter eben auch jene Berliner, die bereits zwei Wochen vor dem Gipfel in ein Containerdorf in Schleswig-Holstein gekarrt wurden. Die Vorgesetzten der Beamten nächtigten selbstverständlich im Hotel, die Jungspunde waren also auf sich allein gestellt, was sie redlich ausnutzten. Fix wurden ein paar Shisha-Pfeifen, gehören offensichtlich zur Standardausrüstung bei der Bereitschaftspolizei, vor die Container gestellt, Bier, Wein und Schnaps organisiert und die Polonaise gestartet. Dabei wurde vielleicht ein wenig gegrölt, an die umstehenden Zäune gepinkelt und auch auf dem Rasen vor dem Containerdorf kopuliert. Sonst, so versicherte ein Partyteilnehmer, sei aber nichts passiert.

Da sich Fotos der lustigen Gesellschaft über das Netz verbreiteten, wurde die Sache erst publik und dann zum Skandal. Der Hamburger Einsatzleiter schickte die Berliner umgehend wieder nach Hause, die jedoch zeigten Unverständnis über diese Maßnahme. Schließlich sei man am nächsten Tag ja dienstfähig gewesen.

Der Rauch hatte sich noch nicht ganz verzogen, da tauchten Aufnäher auf Uniformen einer der beteiligten Hundertschaft auf, die sich an das Hoheitszeichen der Berliner Polizei anlehnten, allerdings waren hier ein besoffener Bär, ein vögelndes Bärenpärchen, eine umgekippte Bierflasche und eine Urinpfütze zu sehen. Andere waren im Irak und haben sich ihre Verdienstabzeichen abgeholt oder wurden zumindest Schützenkönig in der Lüneburger Heide. Den Berlinern reichte ein kurzer Klassenausflug nach Norddeutschland, um sich diesen »Orden« zu verdienen, der selbst der siebten Klasse einer Hauptschule zu peinlich gewesen wäre. Berlins Polizeipräsident warnte die Hundertschaft davor, diesen Aufnäher an der Uniform oder sonst wie im Dienst zu tragen, es könnte zu disziplinarischen Maßnahmen kommen.

Die 13. Hundertschaft hatte den Hals aber immer noch nicht voll, keine vier Wochen nach dem Saufausflug machte die Truppe ein Foto, auf dem die männlichen Kollegen scheinbar an einen Zaun pinkeln, die weiblichen Partyprofis hocken in eindeutiger Pose daneben. Das Bild wurde mit dem inoffiziellen Logo der Behörde für den G20-Gipfel versehen und gelangte einmal mehr an die Öffentlichkeit. Jetzt mussten sogar die für ihre Bräsigkeit bekannten Berliner Behörden reagieren und versetzten den Leiter der Hundertschaft. Das einfache Partyfußvolk in Form eines anonymen Beamten zeigte sich ob der Strafversetzung seines Vorgesetzten entsetzt, das Foto sei schließlich für einen Kollegen mit Blasenschwäche aufgenommen worden …

Wer sich öffentlich dermaßen danebenbenimmt und sich dann auch noch solche Rechtfertigungen ausdenkt, sollte das Fach wechseln und Sangria-Tester auf Mallorca werden, aber die Finger vom Schlagstock und von hoheitlichen Aufgaben lassen. Diese Berliner Polizisten gingen jedenfalls in die Geschichte ein, sie waren sogar zu dumm zum Feiern.

60. GRUND

WEIL SIE DIE SEITEN VERWECHSELN

Und noch einmal kehren wir zurück zum Hamburger G20-Gipfel im Jahr 2017. Das Problem der richtigen Seitenwahl kennen wir nicht nur vom Fußball, auch als Beifahrer müssen wir häufig feststellen, dass das Kommando »links« für manche Menschen eben »das andere Links« (vulgo: Rechts) bedeutet. Was im Rahmen einer Autofahrt mit einer kleinen Extrarunde um den Block abgetan ist, kann einen Beamten schnell den Job kosten.

Beim bereits erwähnten G20-Treffen im Sommer 2017 waren die Fronten eigentlich geklärt. Auf der einen Seite standen die treuen Staatsdiener in Uniform (sofern sie nicht schon wieder in Berlin hockten), auf der anderen die bunthaarigen Chaoten, die mit Steinen und Flaschen warfen, was am Ende zu rund 3.000 Ermittlungsverfahren führte. Einem Polizisten aus München war diese Einteilung in Schwarz und Weiß ganz offensichtlich zu langweilig. Der angeblich 35-jährige Mann aus Bayern wollte die scharfe Trennung zwischen den Fronten ein wenig auflockern, seit dem Ende des Kalten Krieges sind solche klaren Abgrenzungen ja auch vollkommen aus der Mode. Also machte er sich auf den Weg nach Norden, um das Team der Demonstranten zu verstärken. Dabei pöbelte und grölte er nicht nur, sondern soll auch einige seiner Kollegen mit Bierdosen ins Visier genommen haben. Anders als der Partytrupp aus Berlin wollte er ihnen damit jedoch nicht zuprosten, er warf sie lieber. Wahrscheinlich, um nicht weiter aufzufallen.

Da die Ermittlungsbehörden unzählige Personalien aufnahmen (siehe oben), dauerte es ein wenig, bis die Reihe an den Münchner kam. Dann aber wurde festgestellt, was dieser Herr beruflich macht. Sein Dienstherr war nicht sonderlich begeistert und suspendierte den möglichen Randalierer (vorläufig vom Dienst). Zudem erwarteten den Polizisten strafrechtliche Ermittlungen wegen versuchter schwerer Körperverletzung. Hätte der gleiche Mann auf der anderen Seite gestanden und mit einem Schlagstock auf mit Bierdosen werfende Demonstranten eingeprügelt, er wäre vermutlich befördert worden. Deshalb, lieber Beamte, wähle deine Seite weise.

7. KAPITEL

BEAMTE UND IHRE RITUALE

61. GRUND

WEIL SIE NICHT NUR SICH SELBST NIEDERLEGEN WOLLEN

Aus den im Grundgesetz niedergeschriebenen Grundsätzen des Berufsbeamtentums ergibt sich unter anderem, dass es den Beamten nicht erlaubt ist, ihre Arbeit niederzulegen. Damit soll ein reibungsloser Ablauf der allgemeinen und für das Gemeinwohl unerlässlichen Geschäfte gewährleistet werden. Während Bäcker, Metzger, Kellner und Brauer also streiken dürfen und die Bevölkerung an Hunger und Durst vor die Hunde geht, kann man im Standesamt wenigstens Totenscheine abgeben. Das Büro dort ist besetzt, der Staat rund um die Uhr handlungsfähig.

Aber immer mehr Beamte begehren gegen dieses Verbot auf, sie möchten für bessere Bedingungen ebenfalls die Arbeit niederlegen dürfen, so wie ihre angestellten Kollegen. Und sei es nur, um mal ein bisschen Bewegung zu bekommen. So ein Tag in der Innenstadt mit einer Trillerpfeife im Mund ist zudem viel spannender als eine 8-Stunden-Schicht im Tiefbauamt. Am kecksten sind hierbei die verbeamteten Lehrer in Deutschland, die sich vehement gegen das Streikverbot zur Wehr setzen. Sie haben keine Lust mehr, den rotznasigen Nachwuchs des ganzen Landes für einen Hungerlohn zu betreuen, ohne sich wehren zu dürfen. Die Gegenseite argumentiert, dass ein verlässlicher Schulunterricht ungemein wichtig sei für die Aufrechterhaltung der inneren Ordnung. Die rund 600.000 verbeamteten Lehrer dieses Landes argumentieren, dass es verlässlichen Schulunterricht zum letzten Mal im Jahr 1969 gegeben hat. Und selbst da nur im März. Es deutet tatsächlich alles darauf hin, dass sie vor Gericht damit durchkommen könnten.

In der Schweiz wurde das Streikverbot für Beamte schon vor Jahren aufgehoben, nur Gruppen mit ernsthaft hoheitlichen Aufgaben (Polizisten, Richter, Militär) dürfen weiterhin nicht streiken. Mehr als 100.000 Beamte aus den Poststellen, Archiven und sonstigen

Straflagern der Verwaltung wurden zu Angestellten umgemodelt. Sie sind nun kündbar und verdienen weniger, werden nur befördert, wenn sie Leistung bringen, und bekommen eine geringere Pension. Und, ist die Schweiz in Chaos und Anarchie untergegangen? Keine Ahnung, dieses kleine, hügelige Ländchen erscheint aufgrund seiner Unwichtigkeit ja so gut wie nie in den hiesigen Nachrichten. Aber dieses Beispiel könnte der Beginn einer Reform des kompletten Beamtenrechts in Deutschland einleiten. Und bei diesen Worten werden sogar die streikwilligen Pauker für einen Moment innehalten. Eine Reform? Für Beamte? Sich an irgendetwas Neues gewöhnen müssen? Das könnte ziemlich anstrengend werden. Mit der Rücknahme der Klage seitens der Beamten wird minütlich gerechnet.

62. GRUND

WEIL SIE FÜR EIN PAAR TAGE URLAUB IHRE FREUNDIN TÖTEN

Wenn einem deutschen Beamten überhaupt etwas heilig ist, dann ist es sein Urlaub. Eigentlich erstaunlich, denn wie die meisten Beamten arbeiten, würden andere gerne Urlaub machen, aber gut. Bei Soldaten scheint es ähnlich zu sein. Die sind im strengen Sinne zwar keine Beamten, haben ähnlich wie Richter aber nahezu identische Rechte und Pflichten. Und auch bei ihnen stehen freie Tage ganz oben auf der Wunschliste.

In Berlin kam ein Soldat auf Zeit im Sommer 2017 auf eine ganz besonders schlaue Idee, um sich ein paar extrafreie Tage zu ergaunern. Der 29-Jährige begab sich zum Oberstabsarzt und berichtete von seiner Freundin, die an einer tödlichen Krankheit leide und die er nun pflegen müsse. Für mindestens zwei Wochen. Der Militärdoktor hatte Mitleid und gewährte die zwei Wochen Sonderurlaub. Nachdem diese Frist verstrichen war, hielt sich das gute Wetter wohl immer noch, denn dem Soldaten dürstete nach mehr. In bester Hollywood-Manier heulte er seinen Vorgesetzten die Ohren voll, seine über alles geliebte Prinzessin sei dahingeschieden. Sogar einen Totenschein konnte er vorweisen, die Fälschung wurde nicht erkannt.

Einer der Vorgesetzten war durch diese Tragödie selbst schwer mitgenommen und entschloss sich, seinen Untergebenen zu Hause zu besuchen und ihm Trost zu spenden. Die Tür wurde von einem Zombie geöffnet, denn da stand die Lebensgefährtin des Soldaten, gesund und bei bester Laune.

Der Fall sorgte für Entsetzen in der Öffentlichkeit, auch der Vorgesetzte gab der Presse gegenüber an, er sei in seinen Grundfesten erschüttert. Schließlich gehöre Vertrauen zu den wichtigsten Werten beim Militär. Der Soldat meinte vor Gericht zur Erklärung seines Tuns, er sei auf der Arbeit heillos überfordert gewesen. Außerdem habe er schon als Kind gerne gelogen. Das fand die Richterin wenig überzeugend, sie verurteilte den Angeklagten zu sechs Monaten Haft auf Bewährung, unter anderem wegen Urkundenfälschung, Unterschlagung und Dienstentziehung durch Täuschung. Und was seine Karriere bei der Bundeswehr angeht: Der ehemalige Soldat hat in Zukunft sehr viel Zeit, braucht keine Angst mehr vor Überforderung zu haben und muss dafür nicht mal einen Totenschein fälschen. Ende gut, alles gut.

63. GRUND

WEIL SIE VOLL SCHWÖREN UND SO

In den 90er-Jahren kam mit Erkan und Stefan ein Komikerduo auf, das die »Kanak Sprak« aufs Korn nahm und den Dialekt von Deutschtürken für den Comedy-Markt nutzte. Das war nicht neu, schon gar nicht innovativ, aber »brontal« erfolgreich. Ein angebliches Merkmal dieser Sprache deutscher Jugendlicher mit Migrationshintergrund war und ist die überproportional häufige Verwendung der Formel »Ich schwöre«, in diesem Fall eher »Isch schwöah«, die an jeden zweiten Satz gehängt werden kann. »Das ist meine Freundin, ich schwör«, »Ich hatte heute morgen Durchfall, ich schwör« etc. pp. In der normalen Welt kommt der Durchschnittsmensch eher selten mit Schwüren in Verbindung, es sei denn, er oder sie ist Mitglied einer obskuren Sekte oder bei Gericht angestellt. Beamte hingegen müssen, bevor sie überhaupt in den gottgleichen Status eintreten, einen Diensteid oder zumindest ein Gelöbnis ablegen. Der Schwur diente dereinst dazu, den Allmächtigen als Zeugen anzurufen, mit Haut und Haaren dem Dienstherrn bis zum letzten Atemzug zu dienen. Klingt feierlich, ist in der Regel aber so langweilig wie ein Tag im städtischen Rechnungsprüfungsamt.

Der Diensteid ist im Paragrafen 58 des Bundesbeamtengesetzes abgedruckt und lautet: »Ich schwöre, das Grundgesetz für die Bundesrepublik Deutschland und alle in der Bundesrepublik geltenden Gesetze zu wahren und meine Amtspflichten gewissenhaft zu erfüllen, so wahr mir Gott helfe.« Da in diesem Land die Trennung von Staat und Kirche hochgehalten wird, und aufgrund der Tatsache, dass immer mehr Menschen an das Spaghetti-Monster, die Rückkehr der Jedi-Ritter oder schlicht an gar nichts mehr glauben, darf der letzte Halbsatz weggelassen werden. Wer aus religiösen Gründen nicht schwören darf, muss das zweite Wort durch eine andere Beteuerungsformel ersetzen. Ganz schön liberal, das wäre in Preußen so noch nicht durchgegangen. Nicht mal in der Bundesrepublik Deutschland im Jahr 1953, denn in diesem Jahr sollte ein Berliner Polizist die neu eingeführte Eidesformel sprechen. Er weigerte sich aus religiösen Gründen und wurde entlassen. 1965 wollte ein Lehrer, der zwischenzeitlich aus dem Beamtenverhältnis ausgeschieden und später wieder eingetreten war, den gleichen Eid nicht noch einmal leisten (das bringt Unglück) und musste gehen. 1968 verweigerte ein Studiendirektor einer Universität den Diensteid mit der Begründung, er habe in seinem Leben bereits sieben verschiedene Schwüre geleistet, unter anderem auf den Kaiser, die Weimarer Republik und Adolf Hitler, er habe einfach keine Lust mehr zu schwören. Auch er durfte sich nach einem neuen Job umsehen. Den Spieß umdrehen wollte ein Soldat auf Zeit (das Wortspiel ist beabsichtigt), bei dem die Abnahme des Diensteides bei der Einstellung schlicht vergessen wurde. Nach ein paar Jahren beim Militär stellte er fest, dass er seine Fähigkeiten auf dem freien Arbeitsmarkt viel lukrativer verhökern könne. Also wies er seinen Dienstherrn auf den fehlenden Eid hin und verweigerte anschließend selbigen, in der Hoffnung, entlassen zu werden. Das Verwaltungsgericht Aachen machte ihm allerdings einen Strich durch die Rechnung mit der Begründung, der Diensteid sei nicht dazu da, sich von unliebsamen Arbeitsverhältnissen zu befreien. Zumindest nicht in dieser Richtung.

Interessanterweise begründet das Leisten des Diensteides kein Recht im Sinne des Beamtenrechts, der Dienstherr kann den Eid also auch irgendwann später einfordern. Wenn gerade eine Diensteidabnahmekraft frei ist oder so. Wenn Stadtverwaltungen, die Polizei, die Bundeswehr oder andere staatliche Arbeitgeber ab einer bestimmten Größe Auszubildende einstellen, wird der Diensteid oft in einer Art Massenschwörzeremonie abgefragt. Vorne steht irgendein fertig gebackener Beamter und betet vor, die Frischlinge beten nach. Oder daddeln auf ihren Smartphones herum, weil so ein Diensteid heute mit wenigen Ausnahmen tatsächlich kaum jemanden interessiert. Es sei denn, das junge Gemüse verweigert vorsätzlich den Eid, weil es einfach keinen Bock hat oder einen auf dicke Hose machen will. Solch ein Querulant ist umgehend aus dem Beamtenverhältnis zu entfernen. In diese Richtung funktioniert es demnach schon. Es ist und bleibt ein Schweinesystem.

64. GRUND

WEIL SIE BRÜHE SCHWITZEN

Wie in allen Berufen gibt es auch Beamte in allen Gewichtsklassen. Von Magermodell bis Fettkloß ist alles vertreten, wobei sich die Übergewichtigen doch in der Mehrzahl zu befinden scheinen. Vor allem in Rathäusern ohne Fahrstuhl hört man sie schnaufen und ächzen, welcher Idiot hat den Kaffeeautomaten auch so weit weg platziert? Eines dieser Exemplare fungierte nicht nur als laufende Dampflok, sondern auch als Ausbilder, was einem tiefe Einblicke in die Seele der Verwaltung ermöglichte.

Dieser an sich liebenswerte Mann wog mit Sicherheit weit über 150 Kilo und war verdammt gut in der Lage, seinen Humor und seine angenehme Seite zu verstecken. Vor allem der Kundschaft gegenüber legte er einen Ton an den Tag, der selbst in einer Hafenkneipe für Stirnrunzeln gesorgt hätte. War die Tür allerdings zu und der Störfaktor Bürger außen vor, ließ er junge Beamte an seinen gesammelten Weisheiten teilhaben. Das waren nicht viele, sonst wäre er nicht Beamter geworden, aber sie waren durchaus unterhaltsam.

Immer wenn der Mann seinen Bürostuhl ein wenig zurückschob, nach seinem karierten Taschentuch griff und sich auf seinen Gehstock stützte, den er aufgrund seiner massiven Zuladung benötigte, war klar: Jetzt ist es wieder Zeit für ein paar Geschichten aus der Schattenwelt. Die Gründe, warum er so schwer geworden war und warum er seine Frau am liebsten in der Badewanne ertränken würde (in der Zeitung stand nie etwas davon, er wird es also gelassen haben), lassen wir an dieser Stelle einfach mal außen vor. Interessanter war seine These zum Thema Schweiß. Damit musste er sich auskennen, denn auch bei minus 15 Grad Außentemperatur ölte der Kollege, als habe man ihm Sekunden zuvor einen Eimer Wasser über den Kopf gekippt. Er war der festen Überzeugung, dass Brühe den Schweißfluss stoppe. Egal ob Rind, Huhn oder Gemüse, ob klar oder mit Stückchen. Aber es musste Brühe sein. Deshalb machte er sich pro Tag mindestens zwei Portionen im Büro warm, zu Hause schleckerte er nach eigenen Angaben noch mal drei bis vier Terrinen weg. Dass sein System nicht funktioniert, hätte er mit einem einfachen Blick in den Spiegel feststellen können. Oder er hätte sein kariertes Taschentuch, das er ausschließlich zum Schweißabtupfen benutzte, auswringen können. Da steckten locker zwei Liter Suppe drin.

Der Geruchmix aus Brühwürfeln und dem Schweiß eines älteren Mannes, der sich allein aufgrund seines Umfanges definitiv nicht an allen Stellen waschen konnte, hatte etwas Prägendes. Vielleicht riecht Gevatter Tod so, wenn man direkt vor ihm steht. Um diesem olfaktorischen Terror zu entgehen, öffneten alle Kollegen, die jemals ihren Fuß in das Büro setzten, reflexartig das Fenster, was der Büroinhaber auf die immer gleiche Weise beantwortete. Er stand wortlos auf, stützte sich auf seinen Gehstock, hob das linke (es war immer das linke) Bein einen halben Zentimeter vom Boden und ließ geräuschvoll einen fahren. Dabei sah er ein bisschen wie eine verkommene Version von Gandalf aus, ihm aber machte es große Freude. Es war ihm auch gleich, ob Damen, Vorgesetzte oder sonst wer im Raum war. Bei fragenden Blicken erläuterte er sein Verdauungskonzept und erklärt auch, warum man dabei das linke Bein anheben muss. Es ging irgendwie um die Entlastung gewisser Darmteile oder so. Die meisten hörten sich den Vortrag nicht zu Ende an, sondern verließen fluchtartig den Raum. Er aber kicherte wie ein boshafter Kobold und ließ sich schnaufend auf seinen verstärkten Stuhl fallen, um die nächste Stunde mit einer gepflegten Runde Solitär zu verbringen.

Ist noch Kaffee da? Oder wenigstens Brühe? Manche Menschen können wirklich nichts anderes werden als Verwaltungsbeamte.

65. GRUND

WEIL SIE EINE EIGENE SPRACHE SPRECHEN, DIE NUR SIE VERSTEHEN

Nerdige Menschen unterhalten sich untereinander gerne in Fantasiesprachen, die sie Filmen oder Serien entliehen haben. Wenn sie einem normalen Menschen begegnen, tun sie allerdings gut daran, von klingonisch, elbisch oder galaktischem Basic wieder auf Normalprogramm umzuschalten. Denn sonst setzt es in der Regel schnell eine Tracht Prügel. Beamte haben ebenfalls eine eigene Sprache entwickelt, sie ist als Beamtendeutsch oder Amtsdeutsch bekannt. Allerdings kümmern sie sich nicht darum, ihr seltsames Kauderwelsch nur im internen Kreis zu verwenden, ganz im Gegenteil. Mit voller Absicht und großer Schadenfreude bombardieren sie harmlose Bürger mit frei erfundenen Vokabeln, die sich häufig aus drei sinnlos aneinandergereihten Substantiven zusammensetzen, und ergötzen sich an den verzweifelten Blicken ihrer Gegenüber.

Denn kein normal denkender Mensch würde zu einer einfachen Schubkarre Dreiseitenkipper sagen. Warum auch? Die Personenvereinzelungsanlage steht an U-Bahn-Stationen und in Fußballstadien. Klar, das Wort Drehkreuz ist ja auch völlig unelegant. Gleiches gilt für den Querstreifen auf einer Autobahn, der mit Abstandseinhaltungserfassungsvorrichtung doch viel simpler umschrieben ist. Kein Wunder, dass amtliche Schreiben immer mehrere Seiten umfassen. Man könnte fast glauben, Beamte würden nach Buchstaben bezahlt.

Wer unter raumübergreifendem Großgrün an einer bedarfsgesteuerten Fußgängerfurt steht wähnt sich vielleicht in einem spannenden Szenario auf einem fernen Planeten. Stattdessen wartet man nur unter einem Baum an einer Fußgängerampel auf Grün. Vielleicht steht in der Nähe auch eine nicht lebende Einfriedung, die mit Zaun nicht halb so schön bezeichnet wird. Zaun klingt so vulgär. Gleiches gilt für das Unkraut, dessen amtsdeutsche Entsprechung Spontanvegetation doch gleich viel mehr hermacht.

Die Diskothek ist für einen Beamten ein widerlicher Ort, in dem halb nackte Menschen unter Drogeneinfluss zu unglaublichem Krach in wilde Zuckungen verfallen. Deshalb gibt er sich bei der Beschreibung gar keine Mühe, sondern spricht einfach von einem Lautraum. Damit ist schließlich auch alles gesagt. Viel lieber kümmert er sich um die Kleinen und Schwachen in unserer Gesellschaft, Kinder zum Beispiel. Werden diese ihren Eltern weggenommen, weil die sich lieber im Lautraum aufhalten, als sich um den Nachwuchs zu kümmern, kommen Pflegeeltern ins Spiel. Das Kind wird in diesem Falle nicht adoptiert, sondern erst einmal beeltert. Ist so etwas wie die Vorstufe zur Adoption und klingt so warm und liebevoll, dass man dem Kind nur gratulieren kann. Da die neuen Eltern dem Zwerg erst mal ein annehmbares Äußeres verpassen wollen, schleppen sie ihn in die Bagatellgastronomie. Damit sind weder Dönerbuden noch Fast-Food-Ketten gemeint, sondern Friseure, die ihren Gästen einen Kaffee oder einen Lutscher anbieten. Und wenn der von Amts wegen neu bestellte Papi hauptberuflich im Gelegenheitsverkehr arbeitet, ist das ebenfalls kein Problem. Er ist kein Callboy in Teilzeit, sondern ein Taxifahrer.

Bauämter gehören zu den größten Produzenten von heißer Luft in diesem Land. Wer wegen eines klapprigen Carports einen Riesenaufstand macht, der nimmt bei Neubauten auch die Grundstücksentwässerungsanlage genau unter die Lupe. Normale Menschen würden schauen, ob die Regenrinne dicht ist. Und auch die Restmüllbehälterentleerungsanlage (das sind diese orangenen Müllwagen) sorgen bei den Anwohnern immer wieder für Ärger.

Der eindeutig schönste Begriff stammt allerdings aus der Schweiz. Dort kennt man den selbstreproduzierenden Kleinflugkörper auf biologischer Basis mit fest programmierter automatischer Rückkehr aus beliebigen Richtungen und Distanzen, der bei nicht so gebildeten Menschen schlicht Brieftaube gerufen wird. Die Motorhaube kacken einem aber beide gleich stark zu.

66. GRUND

WEIL SIE GELD SO NEBENBEI MACHEN

Beamte sind grundsätzlich komplett mit ihren Aufgaben ausgelastet. Während andere Arbeitnehmer (Tischler, Monteure, Verkäufer etc.) ihre acht Stunden in der Regel mit Kleinigkeiten verplempern, trägt der Beamte die Last des ganzen Staates auf seinen Schultern. Und das immer und überall. Logisch, dass es der Arbeitgeber da nicht gerne sieht, wenn der Beamte in seiner Freizeit (die es so ja gar nicht gibt) noch irgendwelchen anderen Tätigkeiten nachgeht, um am Ende vielleicht sogar noch ein paar Extra-Euro zu verdienen. Da es allerdings tatsächlich ein paar Menschen in den Amtsstuben geben soll, die sich vom alltäglichen Starren aus dem Fenster nicht komplett ausgelastet fühlen, sah sich der Gesetzgeber genötigt, gleich einen ganzen Unterabschnitt zum Thema Nebentätigkeiten von Beamten in das Bundesbeamtengesetz aufzunehmen. Im Fokus steht dabei natürlich, dass die Ausübung der dienstlichen Pflichten nicht verletzt werden dürfe. Und es gibt es eine Menge Dinge, die diese Pflichten verletzen könnten. Da würde kein normaler Mensch drauf kommen.

Zuallererst muss festgehalten werden, dass der Dienstherr seinen Beamten zu Nebentätigkeiten zwingen kann. Das sind alle Tätigkeiten, die nicht zu seinem Hauptamt gehören. Steht zum Beispiel die Veröffentlichung des kommunalen Haushaltes einer mittelgroßen Stadt an, muss sich der Beamte nicht wundern, wenn er plötzlich in einer Druckerei steht, um endlose Seiten voller nebensächlicher Zahlenkolonnen aneinanderzukleben, zu fotokopieren oder sonst etwas mit ihnen anzustellen. Er tut das zum Wohle des Volkes und zum Wohle seiner Verwaltung, da darf nicht gemeckert werden. Allerdings hält das Gesetz auch fest, dass der Beamte bei dieser Tätigkeit nicht »über Gebühr« beansprucht werden darf. Dass diese Formulierung im Einzelfall sehr weit ausgelegt werden kann (beziehungsweise die Belastungsgrenze einiger Beamte sehr schnell erreicht ist), versteht sich von selbst.

Auch darf der Beamte ohne dies vorher seinem Dienstherrn anzumelden eine Pflegschaft, eine Betreuung oder ein öffentliches Ehrenamt übernehmen. Das ist ein feiner Zug vom Gesetzgeber, wie auch der nächste. Der Beamte darf sich nämlich in seiner Freizeit um sein eigenes Vermögen kümmern, ohne dass es sich dabei um eine Nebentätigkeit handelt. Ei der Daus, das ist an Großmut kaum noch zu überbieten. Bei allen anderen Tätigkeiten könnte es aber schon komplizierter werden.

Denn egal ob der Beamte (der ja sowohl finanziell als auch von den Aufgaben her immer perfekt von seinem Arbeitgeber versorgt wird) ein Gewerbe anmelden möchte, freiberuflich tätig wird, einen simplen Nebenjob annimmt oder in ein Organ eines Unternehmens eintritt – der Dienstherr muss informiert werden und kann im Zweifelsfall den Daumen senken. Es gibt durchaus Beispiele, wo das sinnvoll sein kann. Der Leiter eines Umweltamtes sollte vielleicht nicht im Aufsichtsrat eines Chemiegiganten sitzen. Sieht irgendwie blöd aus.

Die Versuchung für den Beamten ist allerdings auch groß, sich nebenbei noch ein wenig zu bereichern. Da sitzt er im Falle eines Verwaltungsbeamten in einem perfekt ausgestatteten Büro mit PC, Telefon, Kaffeemaschine, Kopierer und Heizung, darf den ganzen Tag jedoch nichts anderes machen als seine Arbeit. Es verwundert wenig, dass manch Formularjongleur da so nebenbei mit gebrauchten Möbeln oder Autos handelt und während seiner Dienstzeit munter um Preise feilscht. Hat es alles schon gegeben.

Auch der Fall eines jungen Beamten, der nebenbei für ein Stadtmagazin schrieb, ist belegt. Besagter Jungspund veröffentlichte einen humoristischen Text über verschiedene Biergärten in der Stadt und musste dafür bei seinen Vorgesetzten antanzen, wo ihm mitgeteilt wurde, dass es sich für einen Beamten nicht gezieme, den Teufel Alkohol zu glorifizieren. Zumal der Artikel mit einem Foto verziert war, das den Beamten beim Halten einer Maß Bier zeigte. Keine vier Wochen später bildete eine große Tageszeitung der gleichen Stadt das Bild eines Amtsleiters ab, der mit seinem Weinclub irgendein Jubiläum feierte. Die Nase gerötet, der Blick links und rechts an der Kameralinse vorbei. Dieses Amateurporträt von Bacchus, dem Gott des Rausches, wurde vom Dienstherrn als Beispiel für die lokale Verwurzelung von Spitzenbeamten in der Stadt und ihrer kulturellen Szene gewürdigt. Merke: In einer streng hierarchischen Welt wie die der Beamten ist es nicht nur wichtig, welche Nebentätigkeit ausgeübt wird. Vor allem spielt eine Rolle wer sie ausübt. Alles fast so wie im richtigen Leben.

67. GRUND

WEIL SIE MIT IHREN HUNDEN MÖPSE GUCKEN GEHEN

Es gibt Menschen, die halten sich für etwas Besseres. Und es gibt Menschen, die bereits einem vermeintlich elitären Zirkel angehören und sich dann noch mal abheben. Sie sind die besten unter den guten, wenn man so will. Oscar-Gewinner gegenüber einfachen Schauspielern ist so ein Beispiel. Oder SEK-Beamte gegenüber gewöhnlichen Polizisten. Oder verbeamtete Hundeführer gegenüber … Moment mal! Hundeführer? Nur weil ein Polizist einen hechelnden Flokatiteppich an der Leine hinter sich herzieht, ist er irgendwie besonders? In Bayern scheint man so zu denken, denn hier wurden aus weinerlichen Memmen echte Hundeführer gemacht.

Im Landkreis Cham direkt an der tschechischen Grenze steht eine Hundeführerschule, in der Beamte »am Hund« unterwiesen werden. Denn ein deutscher Beamter und ein deutscher Beamtenhund sind nicht automatisch kompatibel. Da gibt es eine Menge zu beachten, sonst bräuchte es ja auch keine Schule. Außerdem soll nicht jeder dahergelaufene Uniformträger Hundeführer werden. Deshalb gibt es an dieser Schule Auswahlverfahren. Offizielle und inoffizielle. Als Belohnung winken dafür am Ende nicht nur Gehaltszulagen, sondern auch schöne Aussichten.

Die Presse zeigte sich entsetzt, als sie von den Praktiken an der Hundeführerschule erfuhr. Ehemalige Absolventen berichteten von sexueller Belästigung gegenüber weiblichen Teilnehmern, Tierquälerei und gar neonazistischen Auswüchsen. In einem Ort mit dem Namen Herzogau jetzt vielleicht nicht so überraschend, aber immer noch äußerst unschön.

Die schwersten Vorwürfe konnten nicht belegt werden, die Leitung der Schule musste allerdings einräumen, Neuankömmlinge mit einem Elektro-Halsband und auf allen vieren durch den Saal zu jagen. Aber nur aus Spaß. Außerdem wurde eingeräumt, bei Gruppenabenden auch schon mal eine Stripperin auftreten zu lassen. Ob die neben ihren Möpsen auch mit ein paar saftigen Würstchen wedelt (damit die Vierbeiner auch etwas davon haben), wurde leider nicht bekannt.

Die Staatsanwaltschaft ermittelte jedenfalls, was die Hundeführergilde als solche auf den Plan rief, die sich verunglimpft sah. Der bayrische Landesvorsitzende der Deutschen Polizeigewerkschaft sprach gar davon, dass die Hatz auf Hundeführer endlich aufhören müsse. Wenn hier jemand hetze, dann seien das doch wohl immer noch die Hunde. Ein ziemlicher Wirbel also, der sich einige Monate in der Presse hielt. Einzig Bello und Waldi, immerhin ebenfalls Absolventen der ominösen Schule, interessierte das alles überhaupt nicht. Und was lernen wir daraus? Lieber ein Hunde- als ein Beamtenleben. Auch wenn es durchaus Ähnlichkeiten aufweist.

68. GRUND

WEIL SIE SICH ZUSAMMENROTTEN

Wie an praktisch jeder Stelle in diesem Buch angemerkt, handelt es sich bei der Spezies der Beamten um eine spezielle, oftmals sind die mit der arbeitenden Bevölkerung nicht kompatibel und bleiben lieber unter sich. Da war es im Jahr 1918 nur folgerichtig, dass der Deutsche Beamtenbund gegründet wurde. Als Gründervater führen die Geschichtsbücher einen gewissen Ernst Remmers (1868–1937), der auf Bildern entfernt an den ewig toten Karl Ranseier von *RTL Samstag Nacht* erinnert. Remmers war Postbeamter und Mitbegründer der linksliberalen Deutschen Demokratischen Partei, außerdem Mitbegründer des Verbandes der Unteren Post- und Telegraphenbeamten. Das war dem Herrn aber offensichtlich noch nicht aufregend genug, weshalb er kurz nach der Revolution in Berlin Gleichgesinnte aus verschiedenen Interessensgemeinschaften der Beamten um sich scharte und den Deutschen Beamtenbund ins Leben rief, um dieser Berufssparte eine eigene Stimme zu geben.

Da es auch damals schon viele Beamte gab, wuchs der Einfluss der Gewerkschaft schnell an, obwohl Remmers den Vorsitz des Deutschen Beamtenbundes schon nach einem Jahr wieder abgab, um als Politiker Karriere zu machen. 1933 wurde der DBB wie alle anderen Gewerkschaften auch aufgelöst, stattdessen installierte der Nazi-Beamtenbeauftragte Hermann Neef den Reichsbund der deutschen Beamten, dem rund eine Million Mitglieder angehörten. Zudem konnte sich SA-Mann Neef unter anderem den tollen Titel Reichsbeamtenführer an den Scheitel nageln.

1949 wurde der Deutsche Beamtenbund neu gegründet und wird seitdem zumeist von CDU-Leuten geführt. Der DBB gliedert sich in unzählige Einzelgewerkschaften wie den Bundesverband Bayrischer Hygieneinspektoren, den Verband der Beschäftigten des gewerblichen Rechtsschutzes, den Verband der Beschäftigten der oberen und obersten Bundesbehörden und unzählige weitere Vereine, deren Namen schon so einschläfernd sind, dass man sich eine Gremiensitzung erst gar nicht vorstellen mag.

2003 stellten die Beamten schließlich fest, dass es in einer Gesellschaft, die ausschließlich aus Beamten besteht, schon mal langweilig werden kann. Deshalb fragten sie die Angestellten und Arbeiter des öffentlichen Dienstes, ob sie nicht ein wenig frisches Blut beisteuern wollten. Einige stimmten tatsächlich zu, und so wurde aus dem DBB der *dbb Beamtenbund und Tarifunion* mit rund 1,4 Millionen Mitgliedern. Man beachte bitte die fast schon hysterisch wirkende Schreibweise mit den drei kleinen Buchstaben und der kursiven Schrift. Sind schon verrückte Hühner, diese Beamten.

69. GRUND

WEIL SIE IHREN NACHWUCHS DRILLEN

Der Volksmund behauptet ja gerne, dass Verwaltungsbeamte keine Ausbildung benötigen. Stempeln und schlafen könne schließlich jeder. Das ist natürlich Blödsinn, schließlich kommt es auf die richtige Technik (beim Schlafen und Stempeln) und auch noch auf ein paar Rechtsgrundlagen an. Um diese in die Köpfe der Nachwuchsbeamten zu prügeln, die nicht selten schon in jungen Jahren so verkalkt sind wie eine 20 Jahre alte Waschmaschine, gibt es Berufsschulen für die Verwaltungsküken. Die tragen mitunter solch hochtrabende Namen wie »Studieninstitut«, was über den profanen Alltag hinwegtäuschen soll. Doch schrieb ich gerade »profan«? Nein, hier passieren auch wirklich bemerkenswerte Dinge, an die man sich auch viele, viele Jahre später noch gerne erinnert.

Zum Beispiel an den Dozenten, der aus einem Personalamt stammt, Personalrecht unterrichtet und mit einem Sprachfehler gesegnet ist, der ihn ausgerechnet das Wort »Personal« nicht richtig aussprechen ließ. Wenn man den an einen Urlaut gemahnenden Ausdruck »Pörmenal« zum vierten Mal am Tag hört, ist es immer noch lustig. Beim 20. Mal wird es langweilig, aber ungefähr beim 54. Mal schlägt es wieder um. Das Führen einer Strichliste hilft zudem, die ewig langen Stunden zu überbrücken. Das bietet sich vor allem dann an, wenn man merkt, dass besagter Dozent einen praktischen Fall aus seinem Amt mitgebracht hat. Also wortwörtlich einen, über den man dann geschlagene sechs Monate Woche für Woche sprechen darf. Das bereitet auf den Berufsalltag vor.

Andere Dozenten geben sich da mehr Mühe, sie haben immerhin zwei verschiedene Fälle in der fleckigen Aktentasche dabei, allerdings entsprechen die nicht mehr ganz der Lebenswirklichkeit. Das sieht man unter anderem daran, dass auf den Deckblättern der verteilten Manuskripte versucht wurde, das Hakenkreuz unkenntlich zu machen. Dazu sollte man wissen, dass der Verwaltungsnachwuchs häufig von ehemaligen Beamten unterrichtet wird, die jetzt in Pension sind und es vor 20 Jahren wahrscheinlich auch schon waren. Opa erzählt vom Krieg als Gruppenerlebnis.

Das ist aber immer noch besser, als an einen jungen Dozenten zu geraten. Die meisten von ihnen haben einfach noch zu viel Energie, sie glauben an irgendetwas (außer den Feierabend) und versuchen ihre Schüler mitzureißen. Geht man deshalb in die Verwaltung? Wohl kaum! Einer dieser Jungspunde hatte sogar noch Haare auf dem Kopf und erzählte in jeder Stunde in jovialem Ton, dass er ein halbes Dutzend Headhunter an der Hand habe, die nur darauf warteten, dass er ihnen einen Tipp gebe. Die Elite aus seinem Kurs könne sich auf eine goldene Zukunft freuen. Genau, wer Kontakte zu den besten Arbeitgebern der Welt und Top-Jobs im Überfluss zu vergeben hat, der verbringt seine Zeit bestimmt mit einem Haufen Verwaltungsbeamtenanwärtern, die einfach nur relativ schmerzfrei bis zur Rente durchkommen wollen. Überflüssig zu erwähnen, dass sich auch 20 Jahre nach diesem Versprechen keine Headhunter gemeldet haben.

Solche und andere Dinge muss der Beamtennachwuchs also über sich ergehen lassen, bevor er das Nest verlassen und ein eigenes Büro beziehen darf. Nach drei Jahren in diesen Instituten sind auch die letzten Ambitionen verschwunden, der letzte Rebell weich gekocht. Und eine neue Generation Beamter wartet darauf, die Bevölkerung verärgern zu dürfen.

70. GRUND

WEIL SIE WISSEN, WANN NICHTS LOS IST

Seien wir ehrlich, wenn es nicht gerade um Skandale geht, landen Beamte eher selten in den Nachrichten bei Funk und Fernsehen. Dinge wie »Oberamtsgehilfe Ottmar B. verbiegt Büroklammer. Bekommt er sie wieder grade?« oder »Regierungsamtsrätin Regine Y. erhält bei betriebsinterner Sportübung Ehrenurkunde des Stadtsteueramtes Bocholt« will halt niemand lesen. Das wissen die bisweilen bauernschlauen Beamten natürlich auch. Weshalb sie ihr jährliches Treffen unter dem Banner des Deutschen Beamtenbundes traditionell kurz nach dem 6. Januar abhalten. In dieser Zeit ist in der Regel komplett tote Hose, weshalb Nachrichtenagenturen und Redaktionen im ganzen Land händeringend nach irgendeinem Mumpitz suchen, über den sie berichten können. Und wenn es gar nicht anders geht, dann auch über das Beamtentreffen in Köln.

Nicht, dass sich die Beamten im karnevalsbewährten Köln irgendwie spannender geben würden als sonst. In Diskussionsrunden, Foren und in der Kantine wird über beamtenrelevante Dinge gesprochen. Warum bekommen wir nicht mehr Geld? Ist da Format DIN A4 noch zeitgemäß? Warum bekommen wir nicht mehr Geld? Kommen Sie mit diesem neuen Ding namens Internet zurecht? Und warum verdammt noch mal bekommen wir nicht mehr Geld?

2018 wurde bei der Tagung des Deutschen Beamtenbundes gefordert, einen zweistelligen Milliardenbetrag in die Hand zu nehmen, um die Amtsstuben endlich fit für das 21. Jahrhundert zu machen. Schließlich, so die Begründung, würde am Ende ja nur der Bürger profitieren, dessen Anliegen schneller bearbeitet werde. Der Grund, warum Anträge und Genehmigungen Monate in den Schubladen verrotten, seien nämlich nicht schläfrige Beamte, sondern langsame PCs, veraltete Programme und überhaupt ganz miese Hardware. Der Bund solle doch bitte zügig das Portemonnaie aufmachen. Ach ja, eine Gehaltserhöhung könnte in diesem Zuge ebenfalls gleich eingetütet werden, schließlich müssten sich die Beamten in die neuen Techniken einarbeiten, Tage und Wochen bei irgendwelchen Fortbildungen verbringen und neue Worte wie »Google«, »Back-up« oder »Reset-Taste« lernen.

Der Antrag fand großen Anklang, die bedauernswerten Pressevertreter, die von dieser und anderen »Brandreden« berichten mussten, fielen beinahe ins Wachkoma. Aber am Ende gab es für alle zumindest ein Tässchen Kaffee, so wie es schon seit Jahrhunderten gute alte Sitte ist. Wenn jemand den Spagat zwischen Tradition und Moderne hinbekommt, dann sind es die deutschen Beamten.

8. KAPITEL

BEAMTE IN ANDEREN LÄNDERN

71. GRUND

WEIL SIE DAS ERBE MAIGRETS BESCHMUTZEN

Ach ja, der Kommissar Maigret. Das war noch so ein richtiger Polizeibeamter, der in den Straßen von Paris und darüber hinaus Verbrecher im Akkord zur Strecke brachte und sich dabei immer ein wenig seltsam, aber stets untadelig verhielt. Ein echtes Idol für unsere Väter und Großväter und auch heute noch ein gerne gesehener Gast auf dem Fernsehschirm (Laptop, Tablet, Smartphon etc.). Okay, dieser Beamte hat leider nie gelebt, sondern ist eine Erfindung des belgischen Autors Georges Simenon, der die Figur des eigenwilligen Kommissars 1929 erdachte. Aber dafür brachte es Jules Maigret zu Weltruhm. 75 Romane und 28 Erzählungen berichten von seinen Abenteuern, im Laufe der Jahrzehnte wurden unzählige davon in aller Herren Länder verfilmt. Zu den Maigret-Darstellern gehören unter anderem Jean Gabin, Heinz Rühmann, Jean Richard oder Rowan »Mr. Bean« Atkinson. Maigret ermittelte grundsätzlich von der Polizeizentrale in Paris aus, die durch die Romane, Filme und Hörspiele bekannt gewordene (weil häufig erwähnte) Adresse 36 Quai des Orfèvres auf der Seine-Insel Île de la Cité in der Pariser Innenstadt. trägt. Das entspricht bis heute sogar den Tatsachen. Die dort arbeitenden, real existierenden Beamten bemühen sich in den letzten Jahren allerdings, den guten Ruf des Kommissariats zu zerstören.

2014 erstattete eine 34-jährige kanadische Touristin Anzeige wegen Vergewaltigung. Sie hatte mit mehreren Polizeibeamten, die zu diesem Zeitpunkt Feierabend hatten, in einer Kneipe nahe dem Hauptquartier gefeiert. Irgendwann schlugen die vier Beamten ihrer ausländischen Freundin vor, ihr die berühmten Räumlichkeiten zu zeigen. Die Dame willigte ein und zeigte ihre Begleiter am Morgen darauf wegen gemeinschaftlicher Vergewaltigung an. Einer der Beamten gab zu, mit der Kanadierin in seinem Büro intim gewesen zu sein, beteuerte allerdings, dass diese einverstanden gewesen sei.

Die vier Beamten, allesamt Angehörige einer Eliteeinheit, wurden festgenommen und in Untersuchungshaft gesteckt. Später stellte sich heraus, dass zwei der Verdächtigen noch in der Nacht ihre Büros penibel gereinigt hatten. Dies und ein ärztliches Attest des mutmaßlichen Opfers, das in den Morgenstunden völlig aufgelöst von einem Polizeibeamten mit ordentlicher Berufsauffassung aufgelesen wurde, erhärteten den Verdacht. Auf den Handys einiger Verdächtiger wurden eindeutige Fotos gefunden, einer der Beteiligten hatte per SMS sogar noch Kollegen zur »Sexparty« im Hauptquartier eingeladen. Da sich anhand der sichergestellten Spuren nicht eindeutig feststellen ließ, wie viele Beamte beteiligt waren, ordnete die Staatsanwaltschaft an, Gentests bei mehr als 100 Polizisten durchzuführen. Am Ende konnten zwei Beamte wegen Vergewaltigung angeklagt werden, ein dritter als Mitwisser. Ein Justizsprecher sprach von einer schlimmen Tat und merkte an, dass alle Beamten in Paris unter der Tat zu leiden haben werden.

Nur wenige Monate später geriet die Heimat Maigrets wieder in die Schlagzeilen. Dieses Mal verschwanden schlappe 50 Kilogramm Kokain aus der Asservatenkammer der Polizeistation. Die Überprüfung der Überwachungsvideos zeigte schließlich, dass ein 34-jähriger Beamter, der selbst im Drogendezernat arbeitete, mit zwei leeren Taschen die Kammer betreten und mit vollen wieder verlassen hatte. Er wurde während eines Luxusurlaubes verhaftet, außerdem kam heraus, dass der Polizist mehr als ein halbes Dutzend wertvoller Immobilien besaß. Da ist wohl jemand häufiger mal bei seinem Arbeitgeber »shoppen« gewesen. Maigret hätte für solcherlei Verhalten jedenfalls nicht mehr als ein verächtliches Stirnrunzeln übrig gehabt.

72. GRUND

WEIL SIE NICHT WISSEN, WAS FOLTER IST

Polen ist ein Land, das immer eine Reise wert ist. Städte wie Warschau, Breslau, Danzig, Krakau oder Posen haben ihren ganz eigenen Charme, irgendwo zwischen mittelalterlicher Baukunst und Moderne. Wer sich als Tourist zu unseren östlichen Nachbarn aufmacht, sollte es allerdings tunlichst vermeiden, mit der Polizei in Konflikt zu kommen. Denn im Lande von Bigos und Pierogi verstehen die uniformierten Beamten aber mal so gar keinen Spaß.

Natürlich gibt es auch in anderen europäischen Ländern Gewaltexzesse und massive Übertretungen. Polen hat sich in den letzten Jahren allerdings besonders hervorgetan, nicht zuletzt auch dank der rechtsnationalen Regierung, der Zucht und Ordnung wichtiger sind als Bürgerrechte. Die Situation spitzte sich so sehr zu, dass sich Amnesty International dazu bemüßigt fühlte, eine Warnung zu veröffentlichen. Dies geschah im Zuge einer Begebenheit, die sich 2016 in Breslau zutrug.

Im Frühjahr 2016 wurde der 25-jährige Igor in einer Bar festgenommen und aufs Polizeirevier gebracht. Angeblich, weil er einem gesuchten Schwerverbrecher ähnlich sah. Der Festgenommene konnte sich allerdings ausweisen und hatte mit dem Gesuchten nicht das Geringste zu tun. Den Beamten gefiel es allerdings nicht, dass Igor diese Tatsache mehrfach zum Ausdruck brachte, also fesselten sie ihn mit Handschellen, schleppten ihn aufs Klo des Reviers und traktierten ihn mit Elektroschocks. Wenige Stunden später starb der junge Mann.

Der Fall hätte wahrscheinlich nur wenig Aufsehen erregt, aber Freunde von Igor versammelten sich vor der Polizeistation, um zu demonstrieren. Einige warfen Steine auf das Gebäude. Drei dieser Freunde wurden vor Gericht gestellt, die Polizisten blieben allesamt unbehelligt. Der Chef des Reviers wurde sogar befördert.

Allerdings vergaßen die Beamten wahrscheinlich, dass an ihren Elektroschockern Kameras angebracht sind, die bei einem Einsatz automatisch aufzeichnen. So auch in diesem Fall, die Aufnahmen liefen fast genau ein Jahr nach der Tat auf einem polnischen Fernsehsender. Und das, was die Polen da zur besten Sendezeit sehen mussten, schockierte sie verständlicherweise.

Die Polizisten versuchten ihr Verhalten zu rechtfertigen, sprachen von massiver Gegenwehr bei der Verhaftung. Außerdem sei ihr Gefangener nicht an den Elektroschocks gestorben, sondern an einem Herzinfarkt. Die Beamten erklärten, möglicherweise sei Igor ja drogenabhängig gewesen. Als dann allerdings noch Bilder auftauchten, die der Vater des Opfers von der Leiche gemacht hatte und die massive Spuren der Misshandlung aufwiesen, wurden zumindest zwei Beamte entlassen. Die beschwerten sich allerdings darüber, schließlich hätten sie sich nicht strafbar gemacht. Was sogar stimmt. Denn das polnische Gesetz kennt den Straftatbestand der Folter nicht. Da wird einer minderjährigen Ladendiebin schon mal mit Vergewaltigung gedroht, andere Kleinkriminelle werden zusammengeschlagen, von Polizeihunden und Waffen bedroht und sogar mit Aktenmappen geschlagen. Alles legal, steht ja nichts Gegenteiliges im Gesetz.

Wer seinen nächsten Urlaub also in Polen verbringen möchte, sollte sich auch kleinere Vergehen verkneifen. Es sei denn, man möchte blaue Flecken als Souvenir mitbringen oder die Heimreise gar im Zinksarg antreten.

73. GRUND

WEIL SIE HALB NACKT STEMPELN GEHEN

Bis vor wenigen Jahren waren Stellen in der italienischen Verwaltung und anderen Behörden noch beliebter als Freibier? Die Gründe waren offensichtlich: Eine hohe Vergütung auf der einen und kaum Aufwand auf der anderen Seite. Denn die Gesetze schützten die italienischen Beamten noch stärker als die deutschen. Ein italienischer Beamter konnte sich im wahrsten Sinne des Wortes alles erlauben, er behielt seinen Job. Der »posto fisso« (unkündbarer Posten) wurde sprichwörtlich. Deshalb fanden die Auswahlverfahren für Auszubildende zum Teil in Fußballstadien statt. Die jungen Bewerber hatten in der Schule schon mal geübt, in kaum einem europäischen Land gibt es so viele Schulschwänzer wie in Italien. Woanders möchten Kinder Lokführer, Feuerwehrmann, Tierärztin oder Feng Shui-Berater werden, im Stiefelland strebten die meisten eine Karriere als Fannulloni (Nichtstuer) an. Praktischerweise gibt es auch in kaum einem anderen europäischen Land so viele Beamtenposten wie in Italien, allein in Rom soll es über 12.000 von der dieser Spezies geben. Das System funktionierte.

Irgendwann im 21. Jahrhundert dann ging dem einen oder anderen Steuerzahler aus der Arbeiterschicht dann doch ein Licht auf. Die üppigen Gehälter des Schmarotzerapparates fielen ja weder vom Himmel noch Silvio Berlusconi einfach so aus der Tasche. Nein, die wirklich arbeitende Bevölkerung finanzierte dem faulen Pack seinen Tag am Pool oder im Supermarkt. Und die anderen wunderten sich, warum sie in den Behörden nie irgendjemanden antrafen. Tatsächlich ergaben erste Untersuchungen, dass die Staatsdiener ihre Tage überall verbrachten, nur nicht im Büro. Unter anderem wurde gleich die ganze Besatzung eines Büros beim Bootfahren auf dem Mittelmeer erwischt. Schön waren die Rechtfertigungsversuche der Blaumacher. Ein Beamter gab zum Beispiel an, es wäre im Sinne des Landes, wenn er bei schlaffer Auftragslage nicht gelangweilt im Büro herumlümmeln, sondern sich besser unters normale Volk mischen würde. Sonst würde es am Ende noch heißen, die Beamten hätten nichts zu tun.

Dank moderner Zeiterfassungssysteme wurde es den Faulenzern allerdings auch sehr leicht gemacht. Die Arbeitsunwilligen gründeten regelrechte Banden, zu denen auch die Vorgesetzten gehörten. Jeden Tag wurde ein anderer bestimmt, der morgens mit den Zeiterfassungskarten aller zur Stempeluhr marschierte, alle pünktlich einloggte und dann wieder nach Hause oder ins Café tapern konnte. In der norditalienischen Stadt San Remo sorgte ein Fall dann für den großen Knall. Auch hier hatte sich eine solche Bande gebildet, allerdings wollte sich der Bürgermeister des kleinen Örtchens die Arbeitsverweigerung nicht gefallen lassen. Er installierte heimlich Videokameras, die schließlich einen Verkehrspolizisten aufnahmen, der mit einem ganzen Bündel Zeiterfassungsmarken seiner Kollegen kam, alle zur Arbeit anmeldete und dann wieder ging. Das Besondere an der Sache: Der Kollege hatte es nicht mal für nötig gehalten, sich anzuziehen, und war vor seiner Dienststelle in Unterhosen aufmarschiert. Er wohnte wahrscheinlich um die Ecke und wollte sich ja eh gleich wieder hinlegen.

Seit 2016 ist es für die Justiz dank einer Gesetzesreform wesentlich einfacher, den arbeitsunwilligen Damen und Herren auf die Finger zu klopfen. Weit mehr als 100 von den ganz dreisten Fannulloni wurden verhaftet, unzählige Beamte entlassen oder das Gehalt gekürzt. Sagen zumindest die Medien. Der unbeteiligte Beobachter fragt sich indes, wie das wohl praktisch vonstattengegangen sein mag. Schließlich arbeiten in der Justiz ebenfalls Beamte. Ob die sich wohl gegenseitig die Handschellen angelegt haben? Dann kann ja endgültig niemand mehr arbeiten. Aber vielleicht war genau das der Plan …

74. GRUND

WEIL SIE NICHT MAL SELBER RICHTEN

Schon klar, in den USA gibt es kein Beamtentum im deutschen Sinne, allerdings durchaus vergleichbare öffentliche Angestelltenverhältnisse, in denen ähnliche Bedingungen und Vorzüge herrschen wie in unseren Breitengraden. Richter zum Beispiel haben vergleichbare Rechte und Pflichten wie ihre deutschen Kollegen. Und sie scheinen auch eine verwandte Arbeitsauffassung zu besitzen: möglichst wenig Aufwand betreiben, um ans Ziel (Feierabend) zu kommen.

In den USA benutzen viele Richter ein Computerprogramm namens COMPAS, um die Rückfallwahrscheinlichkeit eines Täters einzuschätzen, was sich direkt auf das Strafmaß auswirkt. Hohe Rückfallwahrscheinlichkeit bedeutet Knast, schätzt das Programm die Wahrscheinlichkeit einer neuen Straftat eher niedrig ein, kann es noch mit Bewährung abgehen. Dabei wird COMPAS mit 137 Parametern gefüttert, darunter Alter, Geschlecht, Hautfarbe oder kriminelle Vorgeschichte, aber auch sehr persönliche Dinge wie das Verhältnis der eigenen Eltern zueinander oder die Frage, wie viele der eigenen Freunde drogenabhängig sind. Dazu kommen skurril anmutende Informationen, zum Beispiel ob die eigene Wohnung einen Telefonanschluss besitzt oder ob sich der Delinquent öfter mal langweilt.

Aus all diesen Daten errechnet COMPAS nun die Wahrscheinlichkeit eines Rückfalls ins kriminelle Milieu. Der Richter bekommt eine Empfehlung, die viele Schwarzroben ganz einfach übernehmen. Logisch, der Computer irrt sich nie, außerdem würde eine eigene rechtliche Beurteilung viel mehr Arbeit machen.

Datenschützer weltweit trauen COMPAS deutlich weniger über den Weg als die Richter, zumal auch noch bekannt wurde, dass das sauteure Programm eine Trefferquote von 65 Prozent besaß. Interessanterweise waren vor allem farbige Täter häufig von einer nicht zutreffenden Rückfallwarnung betroffen, während es bei weißen Kriminellen genau andersherum aussah. Hier kam der Algorithmus häufig zu dem Schluss, dass der Täter fortan als gesetzestreuer Bürger leben würde. In vielen Fällen saß der blasse Bösewicht aber schon wenige Monate später wieder im Kittchen.

Zwei Informatiker eines US-Colleges nahmen sich der Sache an und starteten eine Testreihe. Sie warben juristische Laien an, die nicht mehr als das Geschlecht, Alter, die aktuelle Straftat und die kriminelle Vorgeschichte des Täters bekamen. Aufgrund dieser drei Informationen sollten sie schätzen, ob es zu weiteren Gesetzesübertretungen kommen würde oder nicht. Einzeln betrachtet kam jeder Laie auf eine Trefferquote von 63 Prozent. Fasste man 20 Teilnehmer zusammen, waren sie mit 67 Prozent sogar besser als COMPAS.

In weiteren Tests entwickelten die beiden Informatiker einen Algorithmus, der nur die Minimalinformationen enthielt, die die menschlichen Testpersonen zur Verfügung hatten. Er war erfolgreicher als COMPAS. Schließlich gaben sie nur noch das Alter und die Anzahl der Vorstrafen ein und erreichten mit diesen beiden statistischen Werten exakt die gleiche Trefferquote wie das angeblich jede denkbare Eventualität einkalkulierende Programm.

Wer nun denkt, das würde die Richter, die sich bisher auf COMPAS verlassen haben, irgendwie zum Nachdenken bringen, hat sich geschnitten. In den Staaten wandern weiter munter Delinquenten hinter Gitter, weil ein Programm errechnet hat, dass sie wahrscheinlich wieder straffällig werden, während andere, weitaus gefährlichere Täter den Gerichtssaal als freie Menschen verlassen. Manchmal kann Faulheit im wahrsten Sine des Wortes gemeingefährlich werden.

75. GRUND

WEIL SIE UNTER DEINEM NAMEN ZOCKEN

Online-Casinos sind im weltweiten Netz mittlerweile fast so beliebt wie Pornoseiten. Unzählige virtuelle Zockerbuden buhlen um Kundschaft, gespielt wird um Spielgeld oder das eigene Sparbuch in echt. Den Behörden ist der knallbunte Budenzauber schon länger ein Dorn im Auge, erste Staaten in Europa haben schon Konsequenzen gezogen. In der Schweiz zum Beispiel dürfen nur solche Casinos ihre Dienste online anbieten, die in der echten Welt ebenfalls ein Casino in der Schweiz betreiben.

In Belgien stehen besagte Online-Casinos ebenfalls unter genauer Beobachtung, unter anderem existiert dort eine schwarze Liste von Anbietern, bei denen kein Belgier spielen darf. Wird trotzdem jemand erwischt, werden sehr hohe Geldbußen fällig. Daneben ist es den Polizeibeamten unseres Nachbarlandes verboten, überhaupt in Casinos zu spielen. Ein Staatsbediensteter in Belgien darf sein Geld also weder online noch in der Realität verzocken. Das störte eine Bande von rund 30 Polizeibeamten in Antwerpen allerdings überhaupt nicht. Sie hatten über ihren Computer nämlich Zugang zu den Ausweisdaten vieler ihrer Landsleute. So kamen sie an die zur Anmeldung auf einer legalen Casinoseite notwendige Ausweisnummer, meldeten sich unter falschen Namen an und spielten sich um Kopf und Kragen. Da Polizeibeamte auch in Belgien nicht zu den absoluten Spitzenverdienern gehören und in den Büros bisweilen um Summen gezockt wurde, die das eigene Monatsgehalt überstiegen, hatte sich die Truppe etwas ganz Besonderes ausgedacht: Sie erpressten Geld von illegal in Belgien lebenden Ausländern, die sie im Gegenzug nicht meldeten oder abschoben. Eine ziemlich gewiefte Masche, die aber schließlich doch aufflog.

Bei der Überprüfung eines illegalen Einwanderers entdeckten einige nicht vom Glücksspiel besessene Beamte im Herbst 2017 auffällig hohe Überweisungen an ein Online-Casino. Als sie der Spur nachgingen, führte sie diese direkt in die Antwerpener Amtsstube ihrer Kollegen. Über 100 Spielkonten wurden bei dieser Aktion entdeckt, die allesamt von Beamten unter falschen Namen angelegt worden waren.

Das muss ein ziemliches Hallo gegeben haben, als die Zockerbude auf Steuerzahlerkosten hochgenommen wurde, die ermittelnden Beamten befürchten allerdings, dass noch weitere Polizeistationen im Land betroffen sein könnten. Belgien und seine Polizei. Alles auf Schwarz, nichts geht mehr.

76. GRUND

WEIL SIE IHR SCHÄFERSTÜNDCHEN BEZAHLT BEKOMMEN

Schweden gehört zu den Staaten der Welt, die auf die Bevölkerungsdichte gesehen die meisten Beamten beschäftigen. Das liegt unter anderem auch daran, dass es im hohen Norden neben IKEA wenig Großindustrie gibt und die öffentliche Hand als Arbeitgeber einspringen muss. Umso erstaunlicher erscheint es da, dass die Staatsdiener aus dem Land des Knäckebrots vollkommen überlastet scheinen. Vor ein paar Jahren machte eine Umfrage die Runde, laut der 80 Prozent der Polizeibeamten des Landes mit dem Gedanken spielen, ihren Job zu kündigen. Okay, Schweden ist ein verhältnismäßig sicheres Land. Aber das wären dann doch vielleicht ein paar Kündigungen zu viel.

Um ein solches Ausbrennen bei seinen Beamten zu verhindern, machte der Stadtrat eines nordschwedischen Ortes mit vielen seltsamen Buchstaben im Namen einen Vorschlag: Beamten soll es erlaubt sein, im Rahmen ihrer Mittagspause mit ihrem Partner zu Hause eine Stunde Sex zu haben. Bezahlt, versteht sich. Stadtrat Per-Erik Muskos führte weiter aus, dass Paare in der heutigen Zeit viel zu wenig Zeit für sich hätten. Zudem sei Sex sehr gesund. Am Ende würden alle Einwohner des Städtchens von dieser Regelung profitieren. Gesunde und befriedigte Beamte würden schließlich einen besseren Job machen.

Der Stadtrat beriet über den Vorschlag, leider wurde nicht bekannt gegeben, was am Ende dabei herauskam. Wahrscheinlich nur heiße Luft, soll es ja auch beim Sex geben.

Tatsächlich ist die Vorstellung durchaus amüsant. Um Punkt 12:30 Uhr fliegen die Türen des Rathauses auf, viele blonde Männchen und Weibchen stürmen mit erwartungsvoll geröteten Wangen nach Hause und kommen eine Stunde später mit Fluppe im Mundwinkel und einem Lächeln zurück. Allerdings scheint das Konzept noch nicht ganz ausgereift. Was machen Beamte, deren Lebenspartner ebenfalls arbeitet, aber nicht im öffentlichen Dienst angestellt ist? Sollen die sich dann am privatwirtschaftlichen Arbeitsplatz des Partners vergnügen dürfen? Was sagen die Arbeitsschutzbestimmungen dazu, wenn Ella ihren Oscar an seiner Fräse vernascht?

Und ganz davon abgesehen, es soll ja auch Menschen geben, die nicht in einer Partnerschaft leben. Dürfen die zum Ausgleich auf ihrem Bürostuhl sitzen bleiben und eine Stunde lang selbst Hand anlegen? Wer bezahlt die Taschentücher? Dürfen Singles das Erlebnis per Videokonferenz zum Gemeinschaftserlebnis werden lassen? Und was machen Beamte, die keinen Bock auf Sex haben, in der Zwischenzeit?

Unglaublich, welche Bilder da vor dem imaginären Auge entstehen. Da wäre Astrid Lindgren nie drauf gekommen. Aber ich kann mir nicht helfen, irgendwie mag ich Schweden.

77. GRUND

WEIL SIE PSYCHOPATHEN LAUFEN LASSEN

Und noch einmal zurück nach Belgien, wieder liegt der Fokus auf Beamten der Polizei und der Justiz. In diesem Fall geht es allerdings nicht um die Kleinigkeiten wie die Verschwendung von Steuergeldern oder den Missbrauch von Daten, sondern um einen der schlimmsten Gewalt- und Sexverbrecher der europäischen Geschichte: Marc Dutroux. Der Fall erschütterte in den 90er-Jahren die Welt, die Unfähigkeit der Beamten ist auch heute noch kaum in Worte zu fassen.

Dutroux wuchs in unschönen Verhältnissen auf und wurde bereits als Schüler verhaltensauffällig. Er neigte nicht nur zur Körperverletzung, er stahl, betrog und bedrohte, zudem waren früh Drogen im Spiel. Eine Karriere als Kleinkrimineller schien vorgezeichnet und wäre wahrscheinlich auch eingetreten, wenn es da nicht Dutrouxs sexuelle Neigungen gegeben hätte. Neben seiner »Haupttätigkeit« als Dieb und Drogendealer entführte er gemeinsam mit seiner Lebensgefährtin, der Lehrerin Michelle Martin, spätestens ab 1986 fünf Mädchen und Frauen im Alter zwischen 12 und 19 Jahren. Dutroux missbrauchte sie und ließ Aufnahmen davon machen, um die Bilder zu Geld zu machen. 1989 wurde das Paar gefasst, Dutroux zu mehr als 13 Jahren Haft verurteilt. Dutroux und Martin heirateten im Knast, ein echtes »Traumpaar«. Der damalige Justizminister und Vizepremierminister Melchior Wathelet senior kam nur drei Jahre nach der Verhaftung auf die glorreiche Idee, die beiden Verrückten wieder in die Freiheit zu entlassen. Die Folgen: Dutroux und Martin legten jetzt erst richtig los, während Wathelet als Richter und später als Generalanwalt am Europäischen Gerichtshof eine saubere Beamtenkarriere hinlegte. Herzlichen Glückwunsch dazu!

Dutroux war nicht nur einfach aus der Haft entlassen worden, ein Psychiater bescheinigte ihm zudem, in der Anstalt schlimme

Schäden genommen zu haben, weshalb Dutroux eine Rente bezog und von seinem Arzt viele betäubende Mittelchen verschrieben bekam. Die setzte der Triebtäter gleich mal gegen seine Opfer ein. Zuvor baute er einen Keller in einem seiner Häuser allerdings als Verlies aus. Dort hortete er nicht nur seine Beute von seinen Diebestouren, die er umgehend wieder aufnahm. Er nutzte es auch als Gefängnis.

Dutroux und Martin arbeiteten dabei nicht alleine, sie hatten mehrere Komplizen, deren Rollen auch 20 Jahre nach den Taten nie vernünftig aufgeklärt werden konnten. Im Sommer 1995 hatte die Bande zwei weibliche Teenager entführt, missbraucht, umgebracht und verscharrt, außerdem zwei achtjährige Mädchen entführt und missbraucht. Die beiden Kinder waren in Dutrouxs Kellerverlies eingesperrt. Dutrouxs Mutter, die die Gewaltexzesse ihres Sohnes am eigenen Leib spüren musste, schrieb der Polizei einen Brief, in dem sie darauf hinwies, dass ihr Sohn etwas mit den Entführungen zu tun haben könnte. Die ermittelnden Beamten ignorierten diesen und andere Hinweise, die an Deutlichkeit kaum zu überbieten waren. Ein ehemaliger Komplize verpfiff Dutroux, Nachbarn hatten die Verschleppung der Teenager in Dutrouxs Haus beobachtet. All das schien die Beamten nicht weiter zu interessieren.

Fakt ist, dass Dutroux Ende 1995 wieder in Haft genommen wurde, allerdings wegen Diebstahldelikten. In diesem Zuge untersuchte ein Polizist auch das Haus des Verdächtigen, suchte allerdings eher nach Diebesbeute. Er fand eine Kamera, mit der Dutroux den Ausbau seines Verlieses dokumentiert hatte. Die Bilder sagten ihm nichts. Er ging in den Keller und fand eine frisch eingezogene Wand vor. Er wurde nicht stutzig. Schließlich hörte er sogar die Stimmen der beiden achtjährigen Mädchen, glaubte aber, diese würden von der Straße kommen. Das Todesurteil für die Kinder. Denn während Dutroux für einige Monate in Haft saß, sollte sich nach seinen Angaben seine Frau Michelle um die Kinder »kümmern«. Sie ließ sie einfach verhungern. Angeblich weil sie Angst vor den beiden hatte.

Wenige Monate später war Dutroux schon wieder auf freiem Fuß und ging zusammen mit Martin und anderen Komplizen auf Mädchenjagd. Sie entführten im Mai 1996 ein zwölfjähriges Mädchen, das 80 Tage im Haus eingesperrt war und dabei mehrfach vergewaltigt wurde. Im August 1996 entführte die Bande eine 14-Jährige, wurde bei der Tat allerdings gesehen. Wenige Tage später klickten dann endlich die Handschellen.

Doch damit war der Albtraum noch nicht vorbei, 1998 gelang Dutroux die Flucht, als er in einem Gerichtsgebäude einem Beamten dessen Dienstwaffe entriss. Zwar konnte der Gewaltverbrecher wenig später wieder gefasst werden, aber eine ganze Reihe leitender Beamter, darunter auch der Justizminister, mussten ihren Hut nehmen. Während Dutroux erst 2004 zu lebenslanger Haft verurteilt wurde, unter anderem für dreifachen Mord und Handel mit Heroin, musste sich seine Frau Michelle als Mittäterin verantworten. Sie wurde bereits 1996 zu 30 Jahren Haft verurteilt, 2012 unter Auflagen allerdings schon wieder entlassen. Die Proteste der Bevölkerung waren gewaltig. Martin wohnte zwei Jahre in einem Kloster, seit 2014 darf sie ihren Wohnort frei wählen, das Land aber nicht verlassen. Dutroux stellte 2013 einen Antrag auf vorzeitige Entlassung, der allerdings abgelehnt wurde. Dutrouxs Mutter wandte sich erneut an die Öffentlichkeit und warnte davor, ihren Sohn jemals wieder auf die Menschheit loszulassen.

Die genauen Hintergründe von Dutrouxs Taten konnten nie aufgeklärt werden. Immer wieder gab es Gerüchte, dass der Sexualverbrecher die Mädchen nicht nur für sich, sondern auch für hochgestellte Persönlichkeiten des öffentlichen Lebens entführt habe. Mehrere seiner ehemaligen Komplizen starben auf mysteriöse Weise, auch Zeugen in erstaunlich großer Zahl wechselten während des Prozesses vom Dies- ins Jenseits. Der ermittelnde Staatsanwalt Hubert Massa wurde 1999 tot in seinem Büro aufgefunden, angeblich hatte er sich erschossen. Ein Motiv für diese Tat konnte nie gefunden werden. 2010 kam heraus, dass einer der Anwälte der

Opferfamilien und selbst ernannte Kämpfer gegen die Unfähigkeit belgischer Beamter, Victor Hissel, selbst pädophilie Neigungen besaß. Er wurde zu einer Bewährungsstrafe wegen des Besitzes von Kinderpornografie verurteilt. Sein leiblicher Sohn versuchte ihn daraufhin zu ermorden.

Die Bevölkerung Belgiens leidet bis heute unter dem Schock, den Dutrouxs Taten und die anschließenden Ermittlungen hervorriefen. Viele verloren dank dieser Ansammlung von Pannen, krimineller Energie und Unfähigkeit auf lange Zeit das Vertrauen ihn ihre Beamten. Man kann es niemandem verdenken.

78. GRUND

WEIL SIE FÜR EIN PAAR FUSSBALLTICKETS IHRE KARRIERE RISKIEREN

Portugal ist ein fußballverrücktes Land, was auch daran liegen mag, dass sie im Westen der Iberischen Halbinsel neben Cristiano »die Prinzessin« Ronaldo und einer Menge Sonnenlicht nicht so furchtbar viel haben, wofür sich das morgendliche Aufstehen lohnt. Dem portugiesischen Finanzminister Mario Centeno (cooler Name für einen Finanzminister) wurde seine Liebe zum schönsten Spiel der Welt allerdings zum Verhängnis.

Wie an anderer Stelle ausführlicher dargestellt, ist es deutschen Beamten verboten, Geschenke in einem Wert von über zehn Euro anzunehmen. Und sie dürfen es auch bei Kinkerlitzchen nur, wenn der Schenker beim Schenken keine Hintergedanken hat. Deutsche Gesetze halt. In Portugal wird die Nummer etwas laxer gehandhabt, hier können sich die Amtsinhaber immerhin bis zu einem Wert von 150 Euro beschenken lassen, ohne Konsequenzen fürchten zu müssen. Und für das Geld gibt es schon tolle Sachen. Das Imani Design Dekokissen mit echtem Zebrafell zum Beispiel, ein Seidentuch von Dior oder einen potthässlichen Gürtel von Dolce & Gabbana. Centeno hingegen bekam vom Präsidenten seines Lieblingsfußballclubs Benfica Lissabon zwei Tickets für ein Spiel gegen den FC Porto überreicht, was in Deutschland ungefähr mit einer Partie Bayern gegen Dortmund vergleichbar wäre. Es waren aber keine gewöhnlichen Tickets, sondern Supersondertickets mit fürstlicher Bewirtung und allem, was sich ein Minister samt Entourage so wünschen kann. Da wurden Stimmen laut, dass diese Tickets doch wohl den Wert von 150 Euro überschreiten würden, was das Finanzministerium ziemlich cool konterte. Diese speziellen Tickets, so die offizielle Verlautbarung, seien gar nicht im Verkauf erhältlich, ergo lasse sich ihr Wert auch nicht bestimmen. Ätsch.

Damit wollten sich die Kritiker allerdings nicht zufrieden geben und forschten ein bisschen nach. Sie ermittelten, dass der Sohn des Präsidenten von Benfica gerade ein paar Probleme mit der Steuer hat, also witterten sie einen schmierigen Handel. Fußballkarten gegen Steuererleichterung.

Die Staatsanwaltschaft sah das offensichtlich ähnlich, denn sie ließ das Finanzministerium von Polizeibeamten stürmen und Akten beschlagnahmen. Das müsste man sich in Deutschland mal vorstellen. Ein Haufen vermummter SEK-Beamter – mit Blendgranaten und Tränengas ausgestattet – überrennt das Bundesfinanzministerium, schmeißt den passionierten SC Freiburg-Fan Wolfgang Schäuble aus seinem Stuhl und wühlt sich durch Berge von Akten, um einen Beleg dafür zu finden, dass der Präsident der Breisgauer dem Bundesfinanzminister 'ne Bratwurst zu viel ausgegeben hat. Da wäre was los! N24 würde rund um die Uhr berichten, mit Live-Schalten aus Berlin, Freiburg und Bagdad (einfach so aus Reflex), im Bundestag würden sich Badenser, Schwaben und Bayern mit Bierbechern bewerfen, und selbst Angela Merkel müsste ihr Dauernickerchen mal für ein paar Minuten unterbrechen, um wieder Ordnung in den Laden zu bekommen.

Doch seien wir ehrlich, solch heißblütige Szenen sind dann vielleicht doch eher etwas für südeuropäische Beamte. Den hiesigen fehlt sogar die Motivation, sich vernünftig bestechen zu lassen.

79. GRUND

WEIL SIE ÜBER ALLE GRENZEN HINWEG PENNEN

An dieser Stelle muss auch einmal gesagt werden, dass es durchaus Beamte gibt, über deren Einsatz und Tätigkeit die Menschheit froh sein darf. Zum Beispiel Anti-Terroreinheiten in der EU, die uns vor bösen Bombenattentaten beschützen. Oder die Zollbeamten an Flughäfen, die verhindern, dass noch mehr Drogen, Waffen und unter Naturschutz stehende Tiere in die Länder gelangen und auf dem Schwarzmarkt landen. Anstrengend wird es allerdings, wenn genau diese Beamten in Winterschlaf fallen und so das Leben Hunderter unbeteiligter Menschen riskieren. So wie vor einigen Jahren Beamte aus der Slowakei und Irland in trauter europäischer Zusammenarbeit.

Slowakische Sicherheitsbeamte hatten am heimischen Flughafen in Poprad acht Päckchen mit echtem Sprengstoff im Gepäck ahnungsloser Touristen versteckt, die nach Dublin fliegen wollten. Diese Art des Trainings für Sprengstoffhunde scheint üblich zu sein und bedarf auch keiner Genehmigung. Da wühlt sich dann ein Beamter durch die persönliche Unterwäsche der Reisenden, um seinem Partner mit der feuchten Schnauze etwas zu verstecken. Klingt ja sehr vertrauenerweckend. Aber egal, die acht Sprengstoffpäckchen wurden versteckt, die Hunde durften suchen und fanden immerhin sieben. Tolle Sache, allerdings vergaß der Hundeführer, den Verlust des achten Bömbchens zu erwähnen, weshalb alle Koffer verladen wurden und das Flugzeug auf die Startbahn rollte. Kurz bevor die Mühle in die Luft ging, informierte der Beamte dann doch den Tower, der Kontakt mit dem Piloten aufnahm. Der Kapitän möge doch seinen Flieger wieder von der Startbahn bugsieren, damit der Sprengstoff aus dem Gepäck entfernt werden könne. Der Pilot aber antwortete, es habe sich um eine Übung gehandelt. Und da wahrscheinlich nicht mal Beamte so blöd wären, sich selbst in die Luft zu sprengen, werde der Sprengstoff schon nicht explodieren. Sprach's, holte sich die Startgenehmigung ein (die er tatsächlich bekam) und hob gen Norden ab. Die slowakischen Beamten schauten hinterher, zuckten mit den Schultern und gingen nach Hause. Auf die Idee, zumindest die irischen Behörden zu informieren, kamen sie nicht. War wahrscheinlich zu weit hergeholt oder einfach zu anstrengend.

Das Flugzeug landete ohne explosive Zwischenspiele in Irland, spätestens jetzt hätte den dortigen Zollbeamten der Sprengstoff im Gepäck des Slowaken auffallen müssen. Aber auch die Kollegen von der grünen Insel hielten es für besser, nicht zu genau hinzuschauen, und winkten den ahnungslosen Teilzeitbomber freundlich durch.

Drei Tage später stürmte dann eine Sondereinheit die Wohnung des Slowaken, der seit Jahren in Irland lebte. Der Sprengstoff wurde gefunden, er selbst hatte ihn auch noch nicht entdeckt. Muss ein ziemlich gutes Versteck gewesen sein. Regierungsbeamte beider Länder stritten sich anschließend, welches Land denn nun die größeren Trantüten im Staatsdienst beschäftigte, während die Passagiere des Fluges nachträglich wahrscheinlich ein paar Stoßgebete absetzten.

Der Rest der Welt braucht sich hingegen nicht weiter zu wundern, warum so viele Dinge illegal ins eigene Land gelangen. Wenn es den Beamten glückt, sogar die Spürhunde mit der eigenen Bräsigkeit anzustecken, dann ist so ziemlich alles möglich. Troja lässt grüßen.

80. GRUND

WEIL SIE DIR MIT DER LEGIERUNG DEINES REKTUMS DROHEN

US-amerikanische Polizeibeamte haben einen anderen Ton am Leib als deutsche, auch wenn die Grenzen da immer mehr verwischen. Das mag daran liegen, dass jenseits des großen Teichs unter der Zivilbevölkerung mehr Schützenbrüder unterwegs sind, vielleicht liegt es auch an der Mentalität, dem Klima oder den dauernden Naturkatastrophen. Vor wenigen Jahren tauchte im Internet jedenfalls ein Video auf, das einen Deutschen bei einer Verkehrskontrolle in Bundesstaat Nevada zeigt. Es wurde innerhalb kürzester Zeit zu einem viralen Hit. Nicht nur, weil der germanische Gernegroß am Steuer im Laufe der kurzen Unterhaltung immer tiefer in seinem Sitz versinkt. Sondern auch, weil sich der US-Sheriff einer Wortwahl bemüßigt, die im Fernsehen seines eigenen Landes definitiv nicht gesendet worden wäre.

Was ist in dem Video zu sehen? Ein deutscher Tourist samt Begleitung bügelt mit seinem gemieteten Cabrio über den Highway. Statt der erlaubten 112 km/h fährt er 160, was die Staatsmacht auf den Plan ruft. Der recht junge Cop mit akkuratem Militärhaarschnitt entpuppt sich schnell als Terminator für Fußgänger, denn als er bemerkt, dass sein Gegenüber aus Deutschland kommt, wechselt er den Ton. Zuerst beugt er sich bedrohlich in das Auto und fragt den »Germany-Boy«, warum er in seinem Land Auto fahre, wenn er sich nicht für die Geschwindigkeitsbegrenzungen interessiere. Bemerkenswert, das Streifenhörnchen in der Uniform glaubt also, die USA würden ihm gehören. Doch damit nicht genug, er klärt den Delinquenten darüber auf, dass dies nicht die »Autobahn« sei, und stellt anschließend eine rhetorische Frage: Ob der Fahrer denn wisse, was mit netten jungen Männern passiere, die wegen Verkehrsdelikten in den USA im Knast sitzen? Die Antwort liefert er prompt selbst: Sein Arsch würde ihm für Monate wehtun. Und damit dürften nicht die extra ungefederten Zellenpritschen gemeint gewesen sein.

Ein durchaus interessanter Einblick hinter die Kulissen des US-amerikanischen Justizsystems. Denn abgesehen davon, dass Gruppenvergewaltigungen doch eigentlich eher bei Frauenmördern und Kinderschändern an der Tagesordnung sind (behaupten jedenfalls die Krimis), wäre es doch auch die tägliche Aufgabe von unserem Brutalo-Cop und seinen Kollegen, solche Übergriffe zu verhindern. Scheint er aber kein gesteigertes Interesse dran zu haben. Vielmehr nutzt er die verlotterten Zustände in seinen Gefängnissen (wenn ihm schon die USA gehören, gehören ihm die Knäste auch), um relativ harmlose Touristen mit Gasfuß einzuschüchtern.

Gerne hätte man gewusst, wie die Geschichte weitergegangen wäre, allerdings bekommt der stramme Staatsdiener im Video einen Funkspruch und muss dringend weiter. Vielleicht hat im Drugstore um die Ecke jemand ein Päckchen Kaugummi geklaut, und er muss dem Schwerverbrecher mit dem elektrischen Stuhl drohen.

Die beiden Deutschen kommen letztlich ohne Strafzettel davon, und ihre Hintern reisen (unter Umständen) als Jungfrauen zurück in die Heimat. Das Gesicht des zackigen Polizisten sollte man sich allerdings merken. Es ist durchaus denkbar, dass dieser Typ in 30 oder 40 Jahren Präsident der Vereinigten Staaten wird. Verbal wäre er für dieses Amt jedenfalls schon heute qualifiziert.

9. KAPITEL

DEUTSCHE BEAMTE IM AUSLAND

81. GRUND

WEIL SIE DAS FEINGEFÜHL EINES LEBENDEN ELEFANTEN BESITZEN

Wenn sich ein hoher deutscher Beamter ins Ausland begibt, und sei es in seiner Freizeit, sollte er sich schon dessen bewusst sein, dass er in gewisser Weise sein Land und auch sein Amt repräsentiert. Das interessierte den Verwaltungsleiter des thüringischen Umweltministeriums wenig. Er ging im afrikanischen Botswana auf die Pirsch und wunderte sich über den Shitstorm, den er anschließend ertragen musste. Grundsätzlich dürfen deutsche Beamte, auch solche in tragenden Funktionen, in ihrer Freizeit natürlich machen, was sie wollen. Solange sie sich an Recht und Gesetz halten. Der Thüringer hielt sich an die Gesetze, denn im Jahr 2013 war es in Botswana in manchen Gebieten noch erlaubt, Elefanten zu jagen. Also buchte der Umweltbeamte einen Trip gen Süden, erledigte völlig sinnfrei einen dieser schönen Dickhäuter und posierte vor dem Kadaver für Fotos, die er dann auch im internen Netz seines Amtes verschickte. Irgendwer steckte die Bilder des stolzen Elefantenmörders an den Landtag, wo die Grünen die Frage stellten, ob dieser Mann als einer der wichtigsten Mitarbeiter des Umweltamtes noch zu halten wäre.

Denn als ob die Sache nicht pikant genug gewesen wäre, tagte just zum Zeitpunkt des Urlaubes in Botswana eine internationale Kommission, deren Ziel es war, die Elefantenjagd für Touristen in Botswana gänzlich zu verbieten. Deutschland galt als einer der großen Befürworter des Verbotes und bot finanzielle Entschädigung für den Ausfall der schießwütigen Touristen an. Auf der Tagung wurde das Verbot der Elefantenjagd tatsächlich beschlossen. Für das Tier, das sich vor die Flinte des Umweltbeamten verirrt hatte, kam diese Entscheidung allerdings zu spät.

Apropos zu spät, als die Presse auf die Geschichte ansprang, fiel einigen Kollegen aus dem Umweltamt auf, dass im Büro des jagenden Umweltschützers bereits seit längerer Zeit ein Foto hing, das den Beamten mit einem von ihm erlegten Löwen zeigte. Bis dato war es allerdings noch niemandem aufgefallen.

82. GRUND

WEIL SIE DIE EU ZUM GESPÖTT MACHEN

Die EU-Behörden gehören zu den interessantesten Beamtennestern auf der Welt, denn in diese Ämter schickt ganz Europa seine besten, fleißigsten und intelligentesten Mitarbeiter. Das ist kein Geheimnis, allein die Tatsachen, dass wir diesem Bürokratieriesen Spitzenkräfte wie Martin »Kanzler aus Würselen« Schulz (SPD) zu verdanken haben oder Top-Leute wie Günther Oettinger (CDU) nach Brüssel schicken, wo der Mann mit dem Händchen für Fremdsprachen in den letzten Jahren schon Kommissar für Energie, Wirtschaft, Digitale Gesellschaft, Haushalt, Personal und Hausmacherleberwurst war, sprechen für sich. Die wirkliche Arbeit wird allerdings nicht ausschließlich von diesen Stars der Verwaltungsverwaltung erledigt, sondern von unzähligen namenlosen Beamten aus allen europäischen Nationen, die sich von morgens bis abends (Ausnahme: Frühstück, Mittagessen, Kaffeepause, Toilettengang) einzig und allein damit beschäftigen, uns das Leben auf dem schönsten Kontinent der Welt einfacher zu machen. Manchmal schlagen sie dabei vielleicht ein wenig über die Stränge. Aber das sind liebenswerte kleine Macken, über die wir alle herzlich lachen können. Oder auch nicht.

Regelrecht sprichwörtlich wurde die EU-Gurkennorm, die festlegte, dass eine Gurke in Europa »praktisch gerade« zu sein habe, eine Abweichung von zehn Millimetern auf zehn Zentimeter Länge galt als gerade noch tolerierbar. Gurken, die dieser mittlerweile wieder abgeschafften Norm nicht entsprachen, wurden umgehend in ihre Heimatländer abgeschoben. Die Richtlinie für Rohholz (also weder gebraten noch gekocht oder gesotten) hielt immerhin fast 40 Jahre lang durch. Sie legte fest, wie ein Astloch auszusehen hat (wahrscheinlich rund) und wie ein ordentlicher Baum im Okzident gefälligst zu wachsen habe. Manch Baum empfand den Leistungsdruck als zu belastend, nahm seine Wurzeln in die Hand und warf sich vor einen Zug. Die Deutsche Bahn erklärte umgehend, dass dies höhere Umstände seien, mit denen man nun wirklich nicht rechnen könne.

Eine in ihrer Wichtigkeit ebenfalls nicht zu unterschätzende Verordnung betrifft den Honig. Keine Angst, Bienen müssen zur Ausübung ihrer Tätigkeit vorerst auch weiterhin keine Formulare ausfüllen, dafür ist die elektrische Leitfähigkeit des Honigs für EU-Beamte von höchstem Interesse, die einen gewissen Wert nicht überschreiten darf. Es sei denn, es handelt sich um einen Heide- oder Lindenhonig. Als Einheit gilt ein Millisiemens pro Zentimeter. Es ist immer ein großes Hallo im Bienenstock angesagt, wenn der offiziell bestellte Leitermesser (nicht zu verwechseln mit dem Leitermeister) mit seinem offiziell geeichten Leitermessgerät vorbeischaut. Er tunkt seinen Funktionsrüssel in den Honig, während die Bienen aufgeregt um die Digitalanzeige schwirren. Puh, Glück gehabt. Die elektrische Leitfähigkeit stimmt. Sonst hätten die Insekten noch mal ran gemusst. Sonderschicht wegen Produktionsfehlern. Der Arbeiter ist immer der Angeschmierte.

Mehr als ein Jahrzehnt beschäftigte sich eine Arbeitsgruppe mit dem Entwurf einer Verordnung für Schnullerketten. Das sind die Ketten, an denen Schnuller hängen. Aber für die Kleinsten sollte uns kein Weg zu weit sein und keine Sitzung zu lange dauern, schließlich geht es hier um die Sicherheit. Die Arbeitsgruppe erarbeitete ein dickes Verordnungspapier und löste sich zufrieden auf. Später musste man feststellen, dass es auf der ganzen Welt so gut wie keinen Unfall mit Schnullerketten gegeben hat. Na ja, zumindest war es gut gemeint. Wie auch die Kommission, die sich mit der Abschaffung von Konfektionsgrößen für Hosen beschäftigte. Das Ziel dieser fleißigen Verordnungsschneiderlein war es, eine Hosengröße zu entdecken, die allen passt. Man muss nicht erst Reiner Calmund und Lena Gercke vor dem geistigen Auge gegenüberstellen, um erahnen zu können, dass auch dieses Vorhaben ins nicht vereinheitlichte Beinkleid ging.

Aber die EU kümmert sich zum Beispiel auch darum, dass es ein von höchster Stelle abgenicktes Rezept für Pizza Margherita gibt (maximal vier Zentimeter dünn, im Durchmesser maximal 35 Zentimeter, beim Teig auf Fluffigkeit achten, bitte heiß verzehren), dass Arbeitgeber ihre Arbeitnehmer, die im Freien arbeiten, auf die Gefährlichkeit der Sonne aufmerksam machen müssen. Es existiert eine Verordnung zur Beschaffenheit von Traktorsitzen (übrigens in Bayern initiiert) und eine Verordnung, die vorschreibt, dass jedes EU-Kondom fünf Liter Wasser (oder andere Flüssigkeiten) fassen muss, ohne zu platzen. Es ist EU-Beamten zu verdanken, dass Mecklenburg-Vorpommern eine Seilbahn-Verordnung erlassen musste, obwohl es im ganzen Land keine einzige gibt. Und sie wissen ganz genau, wie wir unseren Hausmüll zu kompostieren haben, wie viel Zimt in unseren Kuchen darf und wie laut ein hauptberuflicher Dudelsackspieler spielen darf, bevor er sich und andere gefährdet.

Und darüber, liebe Europäerinnen und Europäer, können wir froh sein. Denn ohne die fleißigen Beamten in Brüssel wären wir wahrscheinlich nicht mal in der Lage, morgens unfallfrei aus dem Bett aufzustehen. Hoffentlich gibt es auch dafür bald eine amtliche Verordnung.

83. GRUND

WEIL SIE MIT IHREN KUMPELS FRANKREICH ÜBERFALLEN

Es kann nicht oft genug wiederholt werden, die Generationen der letzten Jahrzehnte hatten unverschämtes Glück. Zumindest was einen Krieg im eigenen Land angeht. Quasi alle Geburtsjahrgänge vor 1945 hatten dieses Glück nicht und mussten für Führer, Kaiser, Fürst oder Vaterland in die Schlacht ziehen. Bevorzugt gegen Frankreich, das war gleich um die Ecke und auch 1870 schon relativ bequem zu erreichen. Tausende Menschen starben in den Jahrhunderte währenden Auseinandersetzungen zwischen den beiden europäischen Großmächten, die sich gegenseitig auch gerne als Erzfeinde titulierten.

Diese Zeiten scheinen endgültig vorbei, was einige intellektuelle Flachzangen allerdings nicht zu schätzen wissen. Im Gegenteil, sie möchten alte Rivalitäten wieder aufbrechen lassen, Chaos stiften und möglichst viel Unheil anrichten. Im Umfeld von Fußballspielen rotten sie sich als Hooligans zusammen, der Aggressionslevel steigt mit jedem getrunkenen Bier. Ob ihnen dabei Franzosen, Russen, Engländer oder Peruaner vor den Baseballschläger rennen, ist am Ende des Tages fast schon egal.

So war es leider auch während der Europameisterschaft 2016 in Frankreich, als deutsche Hooligans vor allem in Lille für Angst und Schrecken sorgten. Mit einer schicken Reichskriegsflagge ausgestattet, zogen sie durch die Stadt und lieferten sich nicht nur mit Gesinnungsgenossen aus anderen Ländern wüste Schlägereien. Zwischen der Zerlegung eines Bistros und dem Bepöbeln unbeteiligter Touristen fand die mutige Rotte auch noch Zeit, für ein schickes Foto zu posieren. Natürlich wieder mit Reichskriegsflagge und geballten Fäusten. Es darf angenommen werden, dass 98 Prozent der dort abgebildeten Poser bis heute nicht wissen, woher die Reichskriegsflagge historisch stammt und was sie eigentlich bedeutet. Aber da wir hier nicht bei »Spaß mit Flaggen« von Dr. Sheldon Cooper sind, darf das gerne jeder selbst ergoogeln. Sie steht jedenfalls nicht für demokratische Gesinnung und Völkerverständigung, was auch für den Mob vor der Flagge gelten dürfte.

Monate nach der Europameisterschaft kam heraus, dass diese Truppe sympathischer Schwiegersöhne aus Sachsen stammte, unter ihnen befand sich auch ein Finanzbeamter aus Hoyerswerda. Er wurde nach der Identifizierung umgehend aus dem sächsischen Finanzministerium entfernt, zudem leitete die Behörde ein Disziplinarverfahren ein.

Anfang 2018 kamen allerdings Presseberichte auf, dass der Kollege, der in fremden Ländern so gerne vor kaiserlichen Insignien posiert, in der Zwischenzeit wieder eingestellt wurde und als Beamter tätig war und ist. Eine interessante Auslegung der Behörde, schließlich müssen selbst in Sachsen Beamte für die »freiheitliche demokratische Grundordnung« eintreten. Scheint man im nahen Osten aber nicht ganz so ernst zu nehmen. Andererseits finden sich da drüben vielleicht auch nicht genug Menschen, die dieses Kriterium erfüllen. Deshalb wurden die Anforderungen scheinbar angepasst. Frankreich ist von Sachsen ja auch 'ne ganze Ecke weg …

84. GRUND

WEIL SIE NICHT MAL MEHR INS AUSLAND FAHREN MÜSSEN, UM IM AUSLAND ZU SEIN

2010 machte die Nachricht die Runde, dass deutsche Bauämter den Service Google Earth für sich entdeckt hätten. Statt bei langwierigen und schweißtreibenden Außenterminen durch Hecken und Zäune zu spähen, um vielleicht einen nicht ordnungsgemäß angemeldeten Carport oder Swimmingpool oder andere illegale

Anbauten zu erspähen, würden sie jetzt ganz entspannt am Rechner sitzen und durch die Straßen cruisen. Ein weiterer Vorteil: Deutsche Staatsbürger mit Immobilien im Ausland könnten auch besser überwacht werden. Das muss nicht unbedingt das Bauamt interessieren, aber die Steuerverwaltung interessiert es ganz sicher. Und so ein bisschen Amtshilfe kann nie schaden. Wer weiß, wann man den Kollegen aus dem anderen Amt noch einmal gebrauchen kann.

Der Sturm der Entrüstung bei den Beamten war groß. Man würde ihnen vorwerfen, ihre Mitbürger mittels hoch entwickelter Technik auszuspähen, was für eine unglaubliche Frechheit.

Alle dürfen sich wieder beruhigen, natürlich sind solche Praktiken längst üblich, selbst in Griechenland, dessen Beamte nun nicht im Verdacht stehen, außergewöhnlich clever oder strebsam zu sein, wird diese Technik angewandt. In diesem Fall vor allem gegen illegal errichtete Swimmingpools. Ist ja auch ein bisschen wärmer da unten. Angeblich seien mittels Google Earth allein im Großraum Athen rund 16.000 illegal errichtete Planschbecken entdeckt worden, die nun alle kräftig nachbesteuert werden können. Bei solchen Ausmaßen ist es schon gerechtfertigt, dass ein Beamter von seinem Sessel aus einen Satelliten auf die Reise schickt. Mit Kanonen auf Spatzen schießen sieht definitiv anders aus.

85. GRUND

WEIL SIE PRÜFEN, BIS ES NICHTS MEHR ZU PRÜFEN GIBT

Wie im Verlaufe dieses Buches vielleicht hier und da schon einmal zart angedeutet, mag es der Beamte gerne kompliziert, wenn es um ganz einfache Dinge des täglichen Lebens geht. Wer allerdings glaubt, dass deutsche Beamte ein Patent auf diese Vorgehensweise haben, sieht sich getäuscht. Auch in Österreich ist man dazu in der Lage.

So wurde ein deutscher Beamter für mehrere Jahre in die österreichische Verwaltung nach Linz entsandt. Offensichtlich sollte er seinen Kollegen die Funktionsweise eines Stempelkissens nahebringen oder Ähnliches. An seinem ersten Tag lief er seiner neuen Kollegin in die Arme, mit der er sich auch das Büro teilen sollte. Die Dame erklärte ihm, dass es da ein Problem gäbe. Das Büro sei zwar groß genug, aber es gäbe nur einen Schreibtisch und einen PC zum Arbeiten. Obwohl der deutsche Beamte schon einige Verwaltungserfahrung gesammelt hatte, glaubte er, diese Angelegenheit müsse sich doch einigermaßen schnell lösen lassen. Also stellte er einen Antrag auf einen Schreibtisch und einen Rechner. Dieser Antrag ging an den Stellen-, dann an den Abteilungsleiter, die ihn gewissenhaft prüften (vulgo: erst mal ein paar Wochen liegen lassen) und dann an die Finanzabteilung weiterleiteten. Auch die Controller brüteten eine Weile darüber, bis sie dem Abteilungsleiter mitteilten, der Antrag sei durchaus gerechtfertigt. Weil Beamte äußerst ungern Geld verschwenden (kicher), dachte auch der Abteilungsleiter noch einmal über den Fall nach, kam zum gleichen Schluss wie die Controller und bat den Stellenleiter, sich der Sache anzunehmen. Hier wurde sich ebenfalls noch mal hingebungsvoll die Stirn gekratzt und überlegt. Am Ende stand fest: Zwei Beamte in einem Büro, wo nur ein Schreibtisch und ein PC stehen, da geht irgendetwas nicht auf. Der Schrieb ging nach nur drei Monaten an den tischlosen Beamten zurück mit der Bemerkung, er möge sich bitte an die Abteilung Beschaffung wenden, um einen Kostenvoranschlag zu erhalten. Der deutsche Beamte, der sich mit seiner Kollegin im Stundentakt am Arbeitsplatz abwechselte (sehr effiziente Arbeitsweise), nahm Kontakt mit der Dame von der Beschaffungsstelle auf und erhielt innerhalb weniger Wochen einen Kostenvoranschlag. Den überreichte er seinem Stellenleiter, der sich erst mal mit dem Schrieb zurückzog und genauestens prüfte, bevor …

Ja, die ganze Geschichte dauerte ungefähr ein halbes Jahr, bis der Beamte seine ungewöhnlichen Wünsche erfüllt bekam. Am Tag, als zwei Arbeiter die Utensilien ins Büro schleppten, feierte seine Kollegin übrigens gerade ihren Abschied in Richtung Entbindung und Elternzeit. Seit diesem Tag sitzt ein Deutscher in Österreich in seinem großen Büro an zwei Schreibtischen vor zwei Rechnern, natürlich ohne das doppelte Pensum zu absolvieren. Ob er sich wohl wundert? Nein, wahrscheinlich fühlt er sich einfach nur wie zu Hause.

86. GRUND

WEIL SIE SICH ANDEREN AUFDRÄNGEN

2012 war die Finanzkrise in Griechenland mal wieder auf einem ihrer Höhepunkte. Die Wiege der Demokratie und des vereinten Europa war so pleite wie die Panzerknacker nach einem ihrer gescheiterten Geldspeicherbrüche. Die Politik zeigte sich in heller Aufregung, manche wollten den Griechen helfen, andere den ganzen Laden an Asien oder Afrika verscherbeln. Da meldete sich plötzlich eine Berufsgruppe, die für gewöhnlich nicht unbedingt zu den hilfsbereitesten Gemeinschaften zählt. 160 Finanzbeamte meldeten sich freiwillig, um der griechischen Steuerverwaltung unter die Arme zu greifen. Spekulierten die auf einen bezahlten Urlaub unter der mediterranen Sonne? Wollten die sich das Chaos einfach mal mit eigenen Augen anschauen, um später den Kollegen in der Kantine davon zu erzählen? Erhofften sie sich eine Gefahrenzulage? Man weiß es bis heute nicht genau.

Fakt ist jedenfalls, dass allein die Vorstellung, ein deutscher Finanzbeamter würde in Griechenland Steuern aktiv eintreiben, grotesk ist. Man stelle sich alleine vor, Herr Müller aus dem Finanzamt Bielefeld reist mit einem Stapel Formulare gen Athen und hält diese einem Normalbürger unter die Nase. Der arme Grieche würde sich allein aufgrund der zu leistenden Angaben zu Tode erschrecken oder totlachen. »Bitte rechnen Sie die Grundfläche Ihres Hauses doppelt (ohne Arbeitszimmer), und ziehen Sie die Außenflächen zur Hälfte ab, aber nur, wenn sie vor dem 1. April 1996 errichtet wurden, ansonsten gilt der Satz von 4/7 zu 5/8 bei gleichzeitiger Potenzierung der Besenkammergrundfläche. Nehmen Sie diesen Wert, und addieren Sie die Anzahl Ihrer Familienmitglieder, abzüglich aller einbeinigen Malermeister usw. usf. Schon das deutsche, traditionell beamtenhörige Volk packt sich bei einer normalen Steuererklärung an den Kopf. Was soll da ein Grieche sagen. Die Leute da unten haben in den meisten Fällen den Strand direkt vor der Tür, die haben einfach Besseres zu tun, als ihre Lebenszeit mit so einem Schwachsinn zu vergeuden. Von der grundsätzlichen Akzeptanz eines deutschen Steuereintreibers in den Slums von Athen und der Sprachbarriere (von den 160 Freiwilligen sprachen übrigens ganze zwölf griechisch) ganz zu schweigen.

Über das mildtätige Angebot der waghalsigen Steuereintreiber wurde viel berichtet, wie viele dann wirklich nach Griechenland gingen und wie viele von denen auch wieder zurückkamen, stand nirgendwo mehr. Wahrscheinlich ist das auch besser so.

87. GRUND

WEIL SIE EINEN BEZAHLTEN URLAUB GERNE MITNEHMEN

Wenn Kinder vor ein paar Jahrzehnten nicht artig waren, gab es einen Klaps auf den Arsch und zwei Wochen Fernsehverbot. Mit solchen Erziehungsmethoden kann man dem Nachwuchs heute nicht mehr kommen, was die hohe Auslastung der Jugendämter beweist. Aber warum man sich in Sachen Maßnahmen für das genaue Gegenteil entschieden hat ist irgendwie auch nicht so ganz klar. Die Mitarbeiter der Jugendämter freut es, sie kommen auf Staatskosten wenigstens einmal pro Jahr in Gegenden, die sie sonst vielleicht nie besucht hätten.

Die Geschichte beginnt meist so: Ein Verwaltungsbeamter eines Jugendamtes blättert an einem Dienstag gelangweilt durch seine Akten und stößt auf zwei Härtefälle, die ihm bislang nie sonderlich aufgefallen waren. Kevin (13) hat kürzlich ein Polizeiauto gestohlen und ist besoffen durch die Altstadt gekurvt. Zu seinen Hobbys gehören Sachbeschädigung, Zigarettenschmuggel im großen Stil und das Anblinken von landenden Flugzeugen mit einem Laserpointer. Mandy (12) hat in ihrem kurzen Leben schon mehr Lippenstifte geklaut, als sie auf einmal tragen kann. Außerdem ist sie Präsidentin einer Mädchengang, die im Stadtpark die Tauben fütternden Rentner terrorisiert. Beide stammen aus zerrütteten Familien, wobei nicht klar ist, ob die Familien von Anfang zerrüttet waren oder ob das auch das Werk dieser Teufelsbrut ist. Der Sachbearbeiter entscheidet, dass es dringend Zeit für eine Maßnahme wird, und meldet die beiden bei einer Betreuungsstelle in Spanien an. Als Begleiter trägt er seinen Namen ein, schließlich möchte auch er seinen Beitrag zur Verbesserung der Welt leisten.

Der Flug mit den beiden Kackbratzen ist ein bisschen anstrengend. Denn weder Kevin noch Mandy sind in der Lage, länger als 30 Sekunden still zu sitzen und oder die Klappe zu halten. Als sie in Marbella landen, hat niemand bemerkt, dass Kevin die Flugzeugtoilette mit schweinischen Graffiti beschmiert und Mandy drei Passagieren die Geldbörsen geklaut hat. Es läuft also alles nach Plan. Am Ankunftsort warten schon die Betreuungseltern, die sich in den nächsten sechs Wochen um die verzogene Brut kümmern sollen. Sie sieht freundlich, aber energisch aus, er hat Hände wie Bratpfannen und schaut böse. Kevin und Mandy sind zum ersten Mal ein bisschen beeindruckt. Das Betreuungshaus liegt direkt am Meer, der Beamte aus Deutschland geht erst mal 'ne Runde schwimmen, während die beiden Blagen ihr Quartier beziehen und Bekanntschaft mit dem spanischen Standard für aufsässige Teenager machen. Der Beamte hingegen kann sich nicht beschweren, er hat die Suite des Hauses bekommen, schließlich trägt er ja auch die ganze Verantwortung für die Maßnahme.

In den folgenden Wochen dürfen die Jugendlichen einerseits den Strand und das Leben an der Costa del Sol genießen, müssen andererseits aber auch im Haushalt helfen und tiefschürfende Gespräche mit den Betreuungseltern führen. Der Beamte kümmert sich derweil um die Bier- und Weinvorräte des Hauses und bandelt mit der Putzfrau der Anlage an. Bei Kräuterzigaretten und Lamm vom Grill verspricht der Jugendamtsmitarbeiter seiner Bonita die ewige Liebe, während Kevin und Mandy die Terrasse schrubben.

Nach sechs Wochen verabschieden sich die deutschen Gäste wieder und steigen in den Flieger gen Heimat. Der Beamte hat bereits jetzt den Namen seiner Urlaubseroberung vergessen, ist dafür aber schön braun. Mandy beschmiert auf dem Rückflug die Bordtoilette mit schweinischen Graffiti, während Kevin die Geldbörsen von schlafenden Passagieren zockt. Die Maßnahme hat also gewirkt. Im nächsten Jahr, so denkt sich der Beamte über Köln, soll es mal wieder in die Toskana gehen. Er darf nur nicht vergessen, rechtzeitig die Akten durchzusehen.

88. GRUND

WEIL SIE DIE TRUPPEN VON DIKTATOREN AUSBILDEN

Im Jahr 2008 sah die Welt noch ein bisschen anders aus. Der Kosovo versucht sich von Serbien zu lösen (was gelingt), Deutschland will im Finale der Europameisterschaft gegen Spanien triumphieren (was misslingt), Barack Obama gewinnt die Vorwahlen seiner Partei für die Präsidentschaftswahl, Horst Tappert lässt zum letzten Mal einen Wagen vorfahren, und die Gemeine Rosskastanie wird die Arzneipflanze des Jahres.

Die Welt nimmt also ihren Lauf, doch ein paar Beamte aus Nordrhein-Westfalen und des Bundes sind in ihren Jobs nicht ausgelastet. Sie möchten gerne etwas erleben, außerdem reicht das Gehalt vorne und hinten nicht aus. Also muss ein Nebenjob her, von dem der Dienstherr nicht unbedingt etwas mitbekommen muss. Was liegt da näher, als nach Libyen zu fliegen und dortige Streitkräfte und Geheimpolizisten auszubilden? So dachten zumindest ein paar Polizeibeamte und Feldjäger der Bundeswehr und verbrachten ihre Wochenenden und freien Tage fortan im sonnigen Tripolis. Dort scheuchten sie ihre libyschen Kollegen nicht nur über Hindernisparcours, sondern verrieten ihnen auch den einen oder anderen Kniff, den die Polizei des Bundeslandes gerne in den eigenen Reihen gehalten hätte. Ach ja, und dass es sich beim libyschen Staatschef Mummar al-Gaddafi um einen Diktator handelte, der seinem Volk Milliarden von Dollar klaute, es unterdrückte, einschüchterte, auch und besonders politische Gegner und Juden enteignen und hinrichten ließ (sollte auch einem deutschen Beamten irgendwie bekannt vorkommen) und so nebenbei auch den internationalen Terror gegen die Westmächte nach Leibeskräften förderte, schien die Wochenendarbeiter aus dem deutschen Staatsdienst nicht weiter zu interessieren. Hauptsache, der Lohn kam pünktlich. Immerhin sollen bis zu 15.000 Euro pro Mann geflossen sein. Um die Tätigkeiten zu verschleiern, gaben sie bei ihren Dienstherren unter anderem an, ein paar Tage Urlaub in Tunesien machen zu wollen.

Erstaunlicherweise hatten die fleißigen Beamten tatsächlich geglaubt, ihre Nebentätigkeit würde unentdeckt bleiben. Libyen ist schließlich nicht um die Ecke. Blieb sie natürlich nicht, 2008 erhob sich ein Sturm der Entrüstung. Politiker jeglicher Couleur gaben sich entsetzt, sahen Deutschlands Ansehen im Ausland beschmutzt und forderten die in solchen Fällen übliche rückhaltlose Aufklärung. Insgesamt acht Polizeibeamte (von wahrscheinlich über 30 beteiligten) aus verschiedenen Städten in NRW wurden wegen Verletzung des Dienstgeheimnisses und Verstößen gegen die Geheimhaltungspflicht angeklagt. Und weil deutsche Richter besonders gründlich sind, merkten sie zusätzlich an, dass den Beamten für eine Ausbildungstätigkeit im Ausland formal die Nebentätigkeitsgenehmigung gefehlt hätte. Wahrscheinlich die schlimmste Verfehlung von allen.

Mummar al-Gaddafi nützte das Spezialwissen seiner Eliteeinheiten indes wenig. Drei Jahre nachdem der kleine Deal mit deutschen Beamten aufgeflogen war, übernahmen Rebellen das Kommando in Libyen und nahmen ihn im Oktober 2011 gefangen. Er wurde geschlagen und misshandelt, ein paar Stunden später waren Gaddafi und einer seiner Söhne, der ihn an diesem Tag begleitete, tot. Die genauen Umstände sind bis heute nicht geklärt. Der Diktator, der das Land seit 1969 regiert hatte, wurde irgendwo in der libyschen Wüste verbuddelt.

89. GRUND

WEIL SIE TOTE SCHÄNDEN

Wie verhält man sich, wenn man als Soldat einer ausländischen Schutzmacht in einem Land wie Afghanistan unterwegs ist und zufällig an einer Kiesgrube vorbeikommt, in der die Knochen diverser Toter herumliegen? Ein paar deutsche Soldaten beantworteten die Frage eindeutig, sprangen in die Grube und holten sich ein paar Schädel, um eine spontane Fotosession zu starten. Heidi Klum wäre begeistert gewesen.

Der Skandal machte im Weltmeisterjahr 2006 die Runde (Die Welt zu Gast bei Freunden), die Bilder wurden allerdings bereits 2003 aufgenommen. Auf ihnen ist zu sehen, wie Soldaten Schädel in die Luft halten, sie als Kühlerfigur auf ihr Fahrzeug montieren. Der Höhepunkt der makabren Session war erreicht, als ein Staatsdiener in Uniform sein Geschlechtsteil herausholte, um es ein wenig mit den Toten flirten zu lassen. Nekrophilie im heißen Wüstensand. Mehrere Soldaten wurden im Anschluss an die Veröffentlichung der Bilder suspendiert. Einer von ihnen gab ein Interview, in dem er ausführte, dass die Bilder in unteren Dienstgraden bekannt waren und viele darüber lachen konnten. Nach dem Grund für die Bilder gefragt, antwortete er, seine Kameraden und er hätten halt Angst gehabt. Aha. Völlig nachvollziehbare Reaktion. Bei Angst rutscht die Hose schnell mal nach unten, und der Wurm hängt in der Luft. Bei wem ist das nicht so? Außerdem, so der ehemalige Soldat, hätten halt alle mitgemacht. Sonst wäre man ein Weichei gewesen. Eine Aussage, die ein halbwegs intelligentes Kindergartenkind in Verlegenheit gebracht hätte.

Aber auch dieser Skandal verschwand relativ schnell wieder aus den Medien, heute denkt niemand mehr an die Uniformträger und die Knochenmenschen. Wollen wir nur hoffen, dass Heidi Klum es auch vergessen hat. Sonst setzt sie »ihre Mädchen« für die nächste Folge ihres Topmodel-Blödsinns garantiert in den nächsten Flieger nach Afghanistan. Da liegen bestimmt auch heute noch genügend Knochen in der Gegend rum. Sagt Cheese!

90. GRUND

WEIL SIE AUCH DORT DEIN STEUERGELD VERSCHWENDEN

Die Tatsache, dass deutsche Beamte Fantastilliarden von Steuertalern im Inland versenken, ist hinlänglich bekannt. Die berühmten Brücken, Radwege und Straßen ins Nichts dienen als plakatives Beispiel. Weniger bekannt ist, dass die Beamten das sauer verdiente Geld ihrer Mitbürger mit großer Freude auch im Ausland mit vollen Händen aus dem Fenster schippen. Ein Blick in den Bundeshaushalt 2018 offenbart interessante »Investitionen«.

Die Kleinigkeit von fast 500 Millionen Euro als Beitrag an die Vereinten Nationen lässt sich ja irgendwie noch mit humanitären Hintergedanken rechtfertigen. Aber was ist zum Beispiel mit den 1,1 Millionen Euro, die an die Internationale Meterkonvention gehen? Diese Einrichtung hat es sich zur Aufgabe gemacht, die Maßeinheit Meter mit allen ihr zur Verfügung stehenden Mitteln zu verteidigen. Sie verwaltet den Urmeter und das Urkilogramm und macht Werbung für diese wundervollen Maßeinheiten. Mitglieder dieses illustren Zirkels sind nicht nur die europäischen Staaten, sondern auch Singapur, Kasachstan, Irak oder Panama. Um in den Club der Meterfreunde aufgenommen zu werden, muss ein Staat das Metermaß im Übrigen nicht einführen. Es reicht wohl, wenn die jeweilige Regierung in irgendeiner Weise eine Sympathie für den Meter als solchen hegt.

Die 80.000 Euro für die Organisation für Rebe und Wein mit Sitz in Paris sind dagegen fast schon geschenkt. Besagte Organisation kümmert sich, der Name lässt es fast vermuten, um Reben und Wein. Da wird fleißig geforscht, vielleicht versucht man die perfekte Einheitstraube zu entwickeln oder arbeitet an neuen Geschmacksnuancen. Nach Pflaume, Birne oder Holz warten die Weintrinker dieser Welt auf Schinkenspeck, Grünkohl und Styropor. In der OIV, wie sie offiziell heißt, finden sich auch weltweit wichtige Weinanbaustaaten wie Aserbaidschan, Norwegen (Eiswein, nehme ich an) oder Indien.

Deutlich frischer wird es im Internationalen Kälteinstitut, dessen Sitz sich wieder in Paris befindet. Hier werden die optimale Kühltemperatur zur Fischstäbchenaufbewahrung oder die Zusammensetzung eines perfekten Haselnusseises erforscht. Dafür fließen knapp 60.000 Euro die Seine runter.

Wirklich erstaunlich hingegen ist, dass die Beträge für die Bezahlung von Lösegeld für entführte Deutsche im Ausland ebenso hoch sind wie jene für die Rückführung der Leichen von gefallenen Soldaten im Ausland. Für beide Posten werden je eine Million Euro bereitgestellt. Sind die verbraucht, bleiben Entführte und Leichen, wo sie sind. Vielleicht ist im nächsten Haushaltsjahr wieder Geld da.

Die Sanierung der Deutschen Botschaft in Paris schlägt mit acht Millionen Euro zu Buche, und so langsam wird es auffällig, wie viele unserer Steuermillionen in der französischen Landeshauptstadt versickern. Haben die hohen Beamten der deutschen Finanzverwaltung dort alle ihre Zweitwohnungen? Unwahrscheinlich, die meisten dürften in Brüssel rumlungern, um noch ein bisschen in den EU-Haushalten herumzupfuschen. Da trifft es sich gut, dass die Deutsche Schule in Brüssel für schmale 20 Millionen Euro saniert werden soll. Damit den Beamtenkindern auch ja kein Brocken Putz auf die Rübe fällt. Davon können Schüler im Inland nur träumen.

Das Auswärtige Amt ist seinem Namen treu und viel in der Welt unterwegs. Da muss man natürlich Geschenke mitbringen, wie sieht das denn sonst aus? Hier mal ein Glas Spreewaldgurken, da eine Kuckucksuhr. Da läppern sich immerhin 900.000 Euro zusammen. Doch auch die Bundeswehr ist im Ausland ein gern gesehener Gast (mehr oder weniger), für Böller und Patronen werden rund 100 Millionen ausgegeben. 7,3 Millionen kosten allein die Bundespolizisten, die abgeschobene Ausländer wieder nach Hause geleiten. Damit möglichst viele von ihnen die deutschen Grenzen schon von Weitem erkennen und wenn möglich Richtung Österreich oder Schweiz abdrehen, lässt sich die Bundesregierung die Kennzeichnung unserer Grenzen 1,6 Millionen Euro kosten. Schicke Schilder sind halt teuer.

Allerdings haben deutsche Finanzbeamte auch für das Inland super Ideen. Die Kirschessigfliege aus der Familie der Taufliegen wurde vor einigen Jahren eingeschleppt. Das Insekt findet deutsches Obst ziemlich lecker, weshalb sie zum Schädling wurde. Die Erforschung ihrer Verhaltensweisen kostet 350.000 Euro. Dafür könnte man fast sechs Jahre lang das Internationale Kälteinstitut finanzieren. Bei dem Thema, wie reagiert die Kirschessigfliege eigentlich auf Kälte? Hier lassen sich doch sicher Synergieeffekte herstellen, oder?

10. KAPITEL

BESONDERE BEAMTE

91. GRUND

WEIL SIE BUNT SIND UND KLIMPERN

Der Prototyp eines deutschen Beamten im Jahr 1958 sah ungefähr so aus: Ein Mann von Mitte 40, mit Hornbrille, akkurat gescheiteltem Haar. Eine braune, ganz klein wenig abgenutzte Aktentasche klemmt unter seinem rechten Arm, aus der eine Thermoskanne schaut. Der Beamte aus dem Bilderbuch trägt einen fast bis zum Knie reichenden Mantel in gedeckten Farben, dazu eine passende Bundfaltenhose und geputzte Halbschuhe. Er lächelt zurückhaltend in die Kamera, eine seltsame Mischung aus Unterwürfigkeit und Arroganz umspielt sein Gesicht. Er ist hart zu sich selbst, lieber aber noch härter zu anderen. Er hat den Zweiten Weltkrieg miterlebt, das Wirtschaftswunder und möchte jetzt in erster Linie seine Ruhe. Aber vor allem weiß er, was Ordnung bedeutet, was Manieren sind und wie ein Schweinebraten zu schmecken hat. Wer jetzt einen Menschen irgendwo zwischen dem jungen Helmut Kohl und Heinz Erhard vor Augen hat dürfte ziemlich nah an der Wahrheit sein.

Stellen wir uns jetzt vor, dieser Prachtbeamte würde mittels einer Maschine oder eines Zauberspruchs direkt aus seiner heimeligen Amtsstube in das Jahr 2018 gebeamt. Was müsste er da erblicken? Natürlich, Computer, Smartphones und Faxgeräte (ja, die gibt es in vielen Büros tatsächlich noch), die er allesamt für Teufelswerk halten dürfte. Und ein komplett rauchfreies Büro, was ihn zumindest überraschen müsste.

Viel interessanter ist allerdings, was sich da auf den Stühlen fläzt. Junge Männer und erstaunlich viele Frauen, die überhaupt nicht mehr so aussehen, als würden sie der menschlichen Rasse angehören. 70 Prozent der vor sich hin gähnenden Beamten haben bunte Bilder auf den Armen. Bei genauerem Hinschauen entdeckt unser Beamter aus der Vergangenheit auch eintätowierte Sterne, Namen, Geburtsdaten und Comicfiguren an den Beinen, im Nacken und auf dem Steiß der Staatsdiener. So etwas kennt unser Mann eigentlich nur von Matrosen. Doch als ob dieser Schock nicht schwer genug zu verdauen wäre, erblicken seine Augen zusätzliche Ringe und Stecker an allen möglichen Stellen. Ohrringe kennt er ja von seiner Frau Hildegard. Aber bei Männern? Und die Weibsbilder erst! In Nasen, Lippen, Zungen, Augenbrauen, Wangen und wer weiß wo sonst noch baumelt der Tinnef herum. Manche klingen beim Aufstehen, als wäre der Schlüsselbund eines Zuchthausschließers zum Leben erwacht. Und überhaupt, haben die gar keine Kinder zu erziehen? Unser Beamter aus dem Jahr 1958 ist sichtlich erschüttert und muss sich erst mal setzen.

Ja, der gesellschaftliche Wandel ist nur in homöopathischen Dosen zu ertragen, kommt er mit Wucht, kann es ganz schön verwirrend sein. Tatsächlich haben die Gerichte in Deutschland immer wieder Urteile gefällt, die zugunsten von tätowierten Beamten und gegen die Dienstherren ausfielen. Zumindest solange es sich nicht um gewaltverherrlichende, pornografische, diskriminierende oder politisch extremistische Motive handelte. Über Jahrzehnte waren Tattoos nahezu vollkommen verpönt. Dann nur solche an sichtbaren Stellen. Auch das war bald Geschichte. 2017 versuchte die Polizei in NRW dann einen Bewerber abzulehnen, weil er großflächige Bilder auf der Haut trug. Das Innenministerium hatte beschlossen, dass die Bilder an sichtbaren Stellen nicht größer als ein Handteller sein dürfen. Wobei leider nicht erläutert wurde, welcher Handteller hier zählen sollte. Da gibt es ja durchaus Unterschiede zwischen zum Beispiel Kylie Minogue und Bud Spencer. Am Ende aber auch egal, denn auch dieser Erlass wurde von der Justiz gekippt und älteren Urteilen damit widersprochen. Bei der Einstellung junger Bewerber müsse so etwas mittlerweile akzeptiert werden, lautete die Begründung. Auch gebe es (noch) keine wissenschaftliche Untersuchung zur Bürgerakzeptanz gegenüber Beamten-Tintlingen. Insofern darf man sie nicht einfach vom Beamtentum ausschließen, auch wenn es einzelne Behörden immer noch versuchen. Sie sehen die Uniform, zum Beispiel bei Polizisten oder Soldaten, durch übertriebene individuelle Attribute (kann auch für Piercings, Frisuren etc. gelten) herabgewertet. Auch gebe es einen Unterschied zwischen aufgeklärten Städtern und Einwohnern auf dem platten Land. Manch Dienstherr weist deshalb darauf hin, dass, wenn es schon Tätowierungen sein müssen, diese doch bitte sauber gestochen sein sollen. Auch wäre es anzuraten, so ein Ratgeber im Netz, wenn bereits vereidigte und kommende Beamte »sozialverträgliche« Bilder wählen würden, um Ärger aus dem Weg zu gehen. Was wiederum die Frage aufwirft, wer in einem Rathaus oder einer Polizeidirektion beurteilen kann, was sauber gestochen und was Pfusch ist. Und was bitte ist ein sozialverträgliches Motiv? Ein Aktenordner? Eine Schreibtischlampe? Oder die Aufschrift »Bitte Marke ziehen und warten, bis Ihre Nummer aufgerufen wird«? Ne, das wäre wahrscheinlich schon wieder zu großflächig. Aber weist der Satz »Viva la revolución« schon auf mangelnde Verfassungstreue hin? Oder ist ein Arm mit den eingeprickten Namen Kevin, Marvin und Chantal-Denise nicht viel schlimmer? Wir sehen, wenn eine (ehemalige) Subkultur auf das deutsche Beamtenrecht trifft, kann es ziemlich kompliziert werden.

Für Piercings, Earplugs und ähnlichen Klimbim existieren vom Wortlaut nahezu identische Urteile. Dort ist die Rede davon, der Schmuck solle »dezent« und »unauffällig« sein. Im Zweifelsfall entscheidet der Vorgesetzte. Schließlich hat der Beamte auch eine Pflicht, den »behördenfremden Menschen« (Originalzitat aus einem Juraforum aus dem Jahr 2009) gegenüber ordentlich aufzutreten, im Zweifelsfall also auf solcherlei Dinge zu verzichten.

Bei solchen Sätzen wird auch unser Beamter aus dem Jahr 1958 wieder wach. Ordentlich? Pflicht? Klingt gut! Er steht auf, streicht seinen Mantel glatt, setzt sich seinen Hut auf, grüßt noch einmal in die Runde seltsamer Menschen, die seines Erachtens niemals Beamte sein können, und geht dann gemächlichen Schrittes über die vertraut wirkenden Rathausflure nach draußen. Sein kleines Abenteuer hat ihn hungrig gemacht, auf dem Rathausplatz wandert sein Blick über das kulinarische Angebot seiner Stadt im Jahr 2018. Ziemlich viele Anatolier an Drehspießen, denkt er sich. Dann aber fällt sein Blick auf etwas Europäisches, der Name McDonald's lässt zumindest auf britische Wurzeln schließen. Vielleicht hat er ja Glück, und beim Schotten gibt es zumindest einen vernünftigen Schweinebraten.

92. GRUND

WEIL SIE IHRE KOLLEGEN NEIDISCH MACHEN

2016 bekamen höhere Beamte in der bayrischen Landeshauptstadt München große und rote Ohren, als sie eines Morgens das Frühstücksfernsehen einschalteten. Da saß doch tatsächlich ein Beamter ihres Bauamtes im Studio und erzählte frei von der Leber weg, dass er als städtischer Mitarbeiter nicht genug verdiene. Deshalb, so der 35-Jährige, arbeite er seit einigen Jahren als Callboy. Zwei oder drei Mal in der Woche lasse er sich von ausgehungerten Damen für einen Abend anmieten. Alles kann, nichts muss und so. Unter seinen Kundinnen seien auch ältere Damen, aber ebenso häufig rufen ihn junge Studentinnen an, die nichts im Fernsehen fänden. Er verschönere ihnen dann den Feierabend mit ein wenig Bettsport. Die Geschäfte, so der joviale Herr, würden so gut laufen, dass er sich einen Porsche leisten könne.

Waren die vorherigen Sätze schon wie Stiche ins Herz für seine Vorgesetzten, gab ihnen der Porsche wahrscheinlich den Rest. Ein einfacher Beamter, der sich mit liederlichem Jungweibsvolk vergnügen darf und dafür auch noch fürstlich bezahlt wird? Da hört ja wohl alles auf. Die Behörde leitete umgehend ein Disziplinarverfahren ein. Offiziell, weil sich eine solche Nebentätigkeit nicht mit der Vorbildfunktion und dem ganzen Berufsbild eines Beamten vertragen würde. Denn was würde passieren, wenn eine seiner Kundinnen mal eines Tages in seinem Amt auflaufen würde? Wäre sie überrascht? Peinlich berührt? Erfreut? Gleich wieder rallig? Würde sie versuchen, von ihm für die doppelte Gage eine Nummer in seiner kleinen, muffigen Amtsstube zu bekommen? Würde er ihren Bauantrag bevorzugt behandeln, weil sie so gut war? Kann er sich nach Jahren als Callboy überhaupt noch an jede Einzelne erinnern? Zu viele Fragen für die Verwaltung, die es nicht gerne sieht, wenn sich ihre Arbeitnehmer nicht ausschließlich dem Dienstherrn hingeben.

93. GRUND

WEIL SIE EINFACH ZU VIEL ZEIT HABEN

Beamter ist eigentlich kein Job, es ist eine Lebenseinstellung. Wenig arbeiten, ordentlich verdienen und immer locker durchs geflickte Hosenbein atmen. Das scheint der Ansatz vieler Staatsdiener zu sein. Einige wenige scheinen den Beruf allerdings auch ganz bewusst zu wählen, um sich staatlich abgesichert ihrer eigentlichen Passion zu widmen. Eigentlich ganz schön clever. Karl Friedrich Christian Ludwig Freiherr Drais von Sauerbronn war so ein Exemplar. Während er als Forstbeamter ein paar ruhige Fellkugeln durch den Wald schob, erlangte er durch sein Hobby Weltruhm.

Karl von Drais wurde in eine adelige Beamtenfamilie hineingeboren, sein Vater arbeitete als badischer Oberhofrichter. Und da lag es nahe, das Söhnchen ebenfalls im Staatsdienst unterzubringen, zumal Karls schulische Leistungen eher im übersichtlichen Bereich lagen. In der Forstlehranstalt des Onkels wurde Karl ausgebildet, schien aber keine rechte Leidenschaft für Wald und Wiesen zu entwickeln. Stattdessen tüftelte der Forstbeamte lieber an allerlei Erfindungen herum und schob zwischenzeitlich noch mal ein kurzes Studium ein. Was er mit der Fächerkombination

Physik, Landwirtschaft und Baukunst anfangen wollte, wird wohl sein Geheimnis bleiben.

Tatsächlich blieb von Drais nur ganze zwei Jahre nach Abschluss seiner Ausbildung als Forstbeamter tätig, sofern man davon überhaupt sprechen kann. Denn er wurde Forstmeister ohne Forstamt, faktisch also ein bezahlter Nichtstuer. 1810 wurde er von seinem Fürsten zum Professor für Mechanik ernannt, was ihm ein lebenslanges Auskommen verschaffte. Dafür fummelte er in seiner Werkstatt allerlei interessante Dinge zusammen, darunter mit dem »Schreibclavier« einen frühen Vorläufer der Schreibmaschine oder einen Wagen, der mittels einer Kurbel angetrieben wurde. Karl von Drais nannte ihn konsequenterweise »Wagen ohne Pferde«. Okay, in Sachen Marketing hätte er vielleicht Hilfe in Anspruch nehmen sollen. Zudem stellte er mathematische Formeln auf und nahm an einer Forschungsreise nach Brasilien teil.

1817 gelang ihm ein echter Geniestreich, denn er erfand mit dem Laufrad oder der Draisine, wie sie bald genannt wurde, den vielleicht wichtigsten Vorläufer des Fahrrads (die bis heute bekannte Eisenbahn-Draisine wurde zwar nach Karl von Drais benannt, aber nicht von ihm erfunden). Beim Laufrad musste man sich zwar noch mit den Füßen fortbewegen – man denke an Fred Feuerstein und sein Auto –, konnte längere Strecken aber in deutlich weniger Zeit bewältigen. Das führte der stolze Erfinder bei öffentlichen Fahrten auch gerne vor, sein Rad wurde ein echter Renner.

Reich wurde er damit allerdings nicht, denn trotz einer Art Patentes wurde das Gefährt schon bald in ganz Europa kopiert. Karl von Drais, von Natur aus schon eine eher skurrile Erscheinung, gab sich immer mehr dem Trunke hin. Und obwohl er weiter Erfindungen produzierte (unter anderem einen sparsamen Ofen), wollte ihm ein neuerlicher Geistesblitz nicht mehr kommen. Bald wurde er von einem durchaus geachteten Mann zu einer öffentlichen Witzfigur, die kaum über die Straße gehen konnte, ohne verhöhnt zu werden. Zweimal wurden Entmündigungsverfahren angestrengt, die seine Familie jedoch abwenden konnte. Seine Genialität wurde erst nachfolgenden Generationen bewusst, Karl von Drais starb als tunksüchtiger, armer und gescheiterter Mann.

Im Jahr 2017 wurde das Jahr des Fahrrades gefeiert und in diesem Zuge auch sein Urvater Karl von Drais. Mit Gedenkmünzen, Briefmarken und dem ganzen Kram. Die Söhne Mannheims schrieben dem Erfinder sogar einen eigenen Song mit dem Titel *Willst du mich begleiten*. Diese Schmach hat der arme Mann nun wirklich nicht verdient. Während Xavier und seine Burschen in ihrem furchtbaren Dialekt davon herumknödeln, dass wir ohne von Drais »verkehrstechnisch verloren wären« (das singen die ernsthaft), rotiert der Meister selbst wahrscheinlich in seinem Grab, sucht hektisch nach einer Pulle Rotwein und seinem Laufrad und möchte nur ganz schnell weit weg. Ach ja, wäre er doch bloß Forstbeamter geblieben.

94. GRUND

WEIL HITLER SO ZUM DEUTSCHEN WURDE

Man kann den Beamten und dem Beamtentum ja eine Menge vorwerfen. Aber für Hitler konnten sie doch nun wirklich nichts. Oder vielleicht doch? Ganz bestimmt sogar. Denn wären ein paar Politiker im damals passend benannten Freistaat Braunschweig nicht auf die Idee gekommen, den zu diesem Zeitpunkt staatenlosen Möchtegern-Weltherrscher in den Rang eines Regierungsrates zu erheben und damit zum deutschen Staatsbürger zu machen, wäre die Geschichte vielleicht anders verlaufen.

Beamen wir uns zurück ins Deutschland der 20er-Jahre des letzten Jahrhunderts. Hitler und seine Partei, die NSDAP, bemühten sich um politischen Einfluss in der in vielen Bereichen chaotisch organisierten Weimarer Republik. Ziel der Strategen der NSDAP war es, Hitler als »Führer aller Deutschen« aufzubauen, allerdings war Hitler 1925 die österreichische Staatsangehörigkeit entzogen worden. Er war ein Staatenloser und Deutscher schon mal gar nicht. Nach einigen erfolglosen Versuchen, über politische Freunde in Bayern oder Thüringen die deutsche Staatsangehörigkeit zu erwerben, war klar, dass der einfachste Weg, Hitler zum Deutschen zu machen, über die Verbeamtung laufen könnte. Denn wer damals zum Beamten ernannt wurde, erwarb damit automatisch die Staatszugehörigkeit. Verschiedene dilettantische Versuche gingen auch dieses Mal in die Hose. So sollte Hitler zum Beispiel in Weimar zum Kunstprofessor ernannt werden, obwohl er damals nicht mal als Student einer Kunsthochschule zugelassen wurde. In einem anderen Versuch wurde ihm der Job des Gendarmeriekommissars in einem thüringischen Kaff angetragen. Die Technische Hochschule in Braunschweig empfand den Vorschlag, Hitler als Professor für Gesellschaftslehre und Politik einzustellen, als »Zumutung«, in einem Städtchen im heutigen Südniedersachsen wollte man von einem Bürgermeister Hitler nichts wissen.

Hitler lief die Zeit davon, denn bei den Reichspräsidentenwahlen vom März 1932 wollte er endlich nach der Macht greifen. Und das ging nur als Deutscher. Also wurde im braunen Freistaat Braunschweig (die Stadt selber wurde noch von der SPD regiert) noch einmal überlegt. Politiker und Freunde Hitlers trafen sich Mitte Februar im Braunschweiger Café Lück – ironischerweise dem Ort, an dem im April 1945 die Übergabe der Stadt Braunschweig an die Alliierten vorbereitet wurde –, um Nägel mit Köpfen zu machen. Das Ergebnis des Gesprächs: Hitler wurde am 26. Februar 1932 als Regierungsrat beim Landeskultur- und Vermessungsamt mit Dienstpflicht als Sachbearbeiter bei der Braunschweigischen Gesandtschaft in Berlin vereidigt und war, bestätigt durch den Landtag am 1. März 1932, somit Deutscher.

Wie es sich für einen ordentlichen Beamten gehört, reichte der Beamte Hitler zwei Tage nach seiner Vereidigung erst mal Urlaub ein, um sich auf die Politik konzentrieren zu können. Tatsächlich sollen verschiedene »Kollegen« Hitler darum gebeten haben, wenigstens ein bisschen in seinem neuen Job zu arbeiten, um den Schein zu wahren. Aber dieser Beamte hatte andere Dinge im Kopf, die besagte Weltherrschaft und so. Nach sieben Monaten beantragte Hitler schließlich unbefristeten Urlaub von seinen »Amtsgeschäften«, der Mann hatte einfach zu viel um die Ohren. Nur wenige Tage vor der endgültigen Ernennung zum Reichskanzler wollte die Rechnungskammer Braunschweig prüfen, welche Leistungen der Beamte Hitler für seine Bezüge denn erbracht hätte. Seltsamerweise wurde diese Prüfung nie beendet. Zwei Wochen nach der Ernennung zum Kanzler bat Hitler um Entlassung in Braunschweig, was ihm anstandslos gewährt wurde.

Belegt ist noch ein Gespräch von Hitler mit Goebbels, Anfang 1945. Die beiden Schwerverbrecher saßen bei einem Pläuschchen im Berliner Führerbunker, als Hitler anmerkte, er habe mal eine Zeit lang in Braunschweig als Regierungsrat gearbeitet. Goebbels erläuterte seinem längst nicht mehr zurechnungsfähigen Chef, dass er dort aber nie etwas getan habe, worauf Hitler antwortete, er habe dem Land Braunschweig großen Nutzen erbracht. Wer Fotos von der Innenstadt Braunschweigs aus dem Jahr 1945 kennt, weiß, dass dieser Nutzen in erster Linie aus einer Menge rauchender Krater bestand.

Im Jahr 2007 erregte der Fall noch einmal das Gemüt der Öffentlichkeit, als eine Kommunalpolitikerin von der SPD vorschlug, Hitler posthum die deutsche Staatsangehörigkeit wieder abzuerkennen. Frei nach dem Motto: Braunschweig hat gegeben, Braunschweig kann auch wieder nehmen. Der Fall erhielt internationale Aufmerksamkeit, wurde vom Land Niedersachsen aber abgelehnt. Die Staatsangehörigkeit war Teil des Rechtes der Verbeamtung. Ein Toter hat aber keine Beamtenrechte mehr, also können sie ihm nachträglich auch nicht wieder entzogen werden. In diesem Punkt war Hitler also ein Beamter wie alle anderen auch.

95. GRUND

WEIL SIE SELBST GANZ OBEN NICHTS ZU SAGEN HABEN

Gladwyn Jebb, Trygve Halvdan Lie, Dag Hammarskjöld, Sithu U Thant, Kurt Waldheim, Javier Pérez de Cuéllar Guerra, Boutros Boutros-Ghali, Kofi Annan, Ban Ki-moon, António Manuel de Oliveira Guterres. Das ist nicht die Weltauswahl im Federball von 1963, sondern die Aufzählung aller UN-Generalsekretäre. Die Vereinten Nationen sind ein wundervolles Beispiel für einen aufgeblähten Verwaltungsapparat, der noch ineffizienter arbeitet als die EU. Logisch, denn hier darf die ganze Welt mitspielen. Und der Generalsekretär ist der oberste Beamte.

Die Vereinten Nationen wurden im Sommer 1945 im Angesicht der Schrecken des Zweiten Weltkriegs gegründet und verfolgen hehre Ziele. Sie wollen möglichst alle Nationen dieses Erdballs unter einen Hut bekommen und so die Einhaltung der Menschenrechte überwachen. Sie arbeiten aktiv bei der Ausrottung von Krankheiten mit, kümmern sich um den Schutz von Flüchtlingen, bekämpfen den weltweiten Drogenhandel und organisieren humanitäre Hilfe in Krisengebieten. Und in diesen Bereichen haben die UN trotz Beamtenapparat fraglos eine Menge erreicht. Ihr oberstes Ziel ist und bleibt allerdings die Herstellung und Sicherung des Weltfriedens. Da sieht die Bilanz dann nicht ganz so gut aus.

Insgesamt wird schnell deutlich, dass die UN ein von Beamten geführter Laden sind. Denn sie haben unglaublich viele Hauptorgane, Nebenorganisationen und Programme, die seltsame Namen wie UNFPA, UNHCHR oder IBRD (eine Bundesrepublik unter der Führung von Apple?) tragen, dafür aber so gut wie keine Kompetenzen. Der UN-Generalsekretär ist so etwas wie der Repräsentant des guten Willens, er kann sagen, dass er dieses oder jenes jetzt aber nicht so gut findet. Wenn die Staatschefs aus China, den USA oder Russland dazu nur mit den Schultern zucken und ihr Ding durchziehen (was sie in der Regel tun), kann der oberste Beamte aller Völker und Nationen dreimal mit dem Fuß aufstampfen und dann Mittag machen.

Eine typische Idee eines UN-Generalsekretärs war die Etablierung von Friedenssoldaten, den so genannten »Blauhelmen«. Sie gehen auf den Schweden Dag Hammarskjöld zurück, der von 1953 bis zu seinem mysteriösen Tod 1961 auf dem Chefsessel der UN Platz nahm. Die Idee, Soldaten in Kriegsgebiete zu entsenden, die sich nur selbst verteidigen dürfen, ansonsten aber nicht eingreifen und nur schauen, dass immer schön abwechselnd geschossen wird, kann nur am Tisch eines Beamten entstanden sein. Man erinnere sich an den Balkankrieg, als die »Blauhelme« von allen Seiten unter Feuer genommen wurden und sich schnell in ihre weißen Fiats mit UN-Aufschrift zurückzogen und das Weite suchten. Bilder sagen mehr als Worte.

Aktuell ist ein Portugiese namens António Manuel de Oliveira Guterres höchster UN-Beamter. Der ist eigentlich studierter Elektrotechniker, hat sich in den letzten Jahrzehnten aber als Politiker einen Namen gemacht. Wie seine Vorgänger taucht er ab und zu in der *Tagesschau* auf und sagt etwas, was sich gut anhört, bevor die Präsidenten der USA, China und Russland mit bedauernsvoller Miene den Kopf schütteln und Guterres wieder in seine Amtsstube schicken. Dort brütet er mit seinem Heer von Beamten neue Ansätze zur Verbesserung der Welt aus, die dann wiederum abgelehnt werden. Muss trotz Beamtenstatus ein anstrengender Job sein.

96. GRUND

WEIL SIE SOGAR DICHTERFÜRSTEN VEREINNAHMEN

Zu den beliebtesten Duos der Deutschen gehören neben Marianne und Michael, den Wildecker Herzbuben und Modern Talking ganz sicher auch Goethe und Schiller. Giganten des Deutschunterrichtes, unsterbliche Weltmeister des Verseschmiedens, mögen sie für immer strahlen. Diese beiden insgesamt doch eher unterschiedlichen Menschen hatten ein paar Dinge gemein: Sie begründeten die Weimarer Klassik (mit Herder und Wieland), sie tranken beide gerne mehr Wein, als ihnen guttat, sie schrieben beide Texte für die Ewigkeit. Und sie hatten beide eine enge Verbindung zum Beamtentum. Der eine freiwillig, der andere musste gezwungen werden.

Schiller wurde als Sohn eines Militärarztes geboren und entdeckte früh sein Talent zum Schreiben. Aber Papas Chef, Herzog Karl Eugen von Württemberg, hatte andere Pläne mit dem aufgeweckten Bengel. Er rekrutierte ihn ohne Einwilligung der Eltern für seine Karl-Schule, in der spätere Offiziere und Beamte für den Herrscher herangezüchtet wurden. Es herrschte ein harter Drill, der Schiller so gar nicht zusagte, er wollte lieber in Freiheit dichten. Diese beiden Gegensätze ließen sich lange nicht auflösen, Schiller promovierte schließlich in Medizin und wurde wie sein Vater Truppenarzt. Da er dem Herzog und seinen Vasallen schon mehrfach unangenehm aufgefallen war, durfte er sich, anders als manche seiner Kollegen, den kargen Sold nicht mit der Behandlung von Zivilisten aufbessern. Außerdem wurde ihm nach ersten kleineren Erfolgen ein Schreibverbot erteilt. Schiller pfiff drauf, schrieb fleißig weiter Gedichte und Theaterstücke, die außerhalb von Württemberg auf immer größere Resonanz stießen, was wiederum den Landesherrn erzürnte. Aber Festungshaft und weitere Verbote und selbst die Angst, seine eigenen Verfehlungen könnten auf den Vater zurückfallen, hielten Schiller nicht mehr auf. Er flüchtete aus Württemberg, galt offiziell als fahnenflüchtiger Soldat und konnte sich für längere Zeit nicht mehr in seinem heimatlichen Herzogtum blicken lassen.

Nach einigen Jahren der Unsicherheit wurde der mittlerweile bekannte Schiller schließlich zum Professor in Jena berufen und vom Herzog von Sachsen-Meiningen schließlich zum Hofrat ernannt. Da hatte er ihn wieder, seinen Beamtentitel, und konnte Württemberg eine lange Nase drehen.

Als Schiller sich schließlich mit dem deutlich älteren und schon damals legendären Goethe 1794 anfreundete, konnte der schon völlig entspannt auf eine lange Beamtenkarriere zurückblicken. Denn bereits 1775 hatte sich der große Dichterfürst nach einigen unsteten Jahren für diese Zweitkarriere in Weimar entschieden. Zu diesem Zeitpunkt war sein Name bereits in ganz Europa bekannt, aber da ihm der Herzog Karl August von Sachsen-Weimar-Eisenach gleich das Mitregieren anbot, konnte der Autor nicht ablehnen. Ursprünglich wollte er sich nur ein paar Jahre im Staatsdienst versuchen, aber irgendwie blieb er dafür ganz schön lange im Dienst. Immerhin gehörte er schon in jungen Jahren einem dreiköpfigen Konsortium an, das alle wichtigen Dinge im Fürstentum regelte. Und Goethe kümmerte sich offenbar gerne. Er war der Verantwortliche für den Bergbau, kümmerte sich um als Vorsitzender der Kriegskommission um die Rekrutierung von Soldaten (mit anderen Worten, er ließ Weimarer Familien einfach die Söhne wegnehmen), wurde schließlich Finanzminister, bekämpfte die Korruption, schimpfte über die starre Bürokratie und empfahl seinem Herzog die Hinrichtung der ledigen Johanna Maria Höhn, die ihr Neugeborenes aus Verzweiflung getötet hatte. Las sich im *Faust* dann irgendwie etwas anders.

Goethe und Schiller hatten noch rund zehn gemeinsame Jahre in Weimar, bevor der ewig kränkliche Friedrich 1805 ins Gras biss. Allein in dieser Dekade veröffentlichten die beiden Beamten so viele Gedichte, Stücke und Romane, dass man sich gleich zwei Dinge fragt: Hatte der Tag im 18. Jahrhundert einfach mehr Stunden?

Und warum gibt es heute eigentlich keine Beamten mehr, die als Schriftsteller Weltruhm erlangen? Mit Arbeitsüberlastung kann es jedenfalls nichts zu tun haben.

97. GRUND

WEIL SIE NICHT MIT GELD UMGEHEN KÖNNEN

Beamte verstecken sich an allen Ecken und Enden. Man vermutet sie in erster Linie in Rathäusern, Polizeistationen oder Kasernen. Aber sie lungern auch noch an ganz anderen Stellen herum. Zum Beispiel in Museen als Kuratoren. Diese ulkigen Gestalten sind grundsätzlich dafür da, die Sammlungen der öffentlichen Hand zu verwalten und Ausstellungen zu kreieren, über die im Kulturteil des lokalen Käseblattes berichtet wird, die am Ende aber niemand besucht. Marcus Frings zum Beispiel ist so ein Kurator, der für die Stadt Offenbach arbeitete und eine Ausstellung organisierte. Die ging gleich mehrfach baden, weil im Ausstellungsraum gar nicht ausgestellt werden durfte. Der Kurator ignorierte Zeitpläne und Absprachen, was Offenbachs Bürgermeister zu der Aussage verleitete, es wäre der Eindruck von Unprofessionalität am Rande zur Mutwilligkeit entstanden. Zudem überzog Herr Frings sein Budget fast um das Doppelte. Und als ob das nicht genug wäre, war er zu diesem Zeitpunkt auch noch mit Andrea Nahles von der SPD verheiratet. Sowohl den Job als auch die Frau ist er mittlerweile los, ja selbst in Offenbach ist wieder Ruhe eingekehrt. Am Ende haben also alle gewonnen.

98. GRUND

WEIL SIE BEIM ARZT VOR DIR DRANKOMMEN

Beamte, und an dieser Stelle möchte ich kein hämisches Gelächter hören, üben einen äußerst gefährlichen Beruf aus. Sie können sich an einer unsachgemäß aufgebogenen Büroklammer piksen, sich an einem Aktenblatt schneiden, sich in die Hand tackern und vieles vieles mehr. Deshalb ist es auch kein Wunder, dass man diese todesmutigen Schreibtischtäter unter der Woche häufig im Wartezimmer eines Arztes antrifft. Dort fallen sie zwischen den hüstelnden Damen in Friedhofsblond und simulierenden Studenten erst mal nicht weiter auf. Wenn die Arzthelferin den Beamten dann aber vor allen anderen ins Sprechzimmer bittet, wird schnell klar, dass Staatsbedienstete in der 2-Klassen-Gesellschaft des Gesundheitssektors in diesem Land auf der richtigen Seite stehen.

Ärzte lieben es, wenn sie Beamte behandeln können. Denn dank der besonderen Stellung dieser Spezies dürfen sie den gleichen Satz abrechnen wie bei Privatpatienten. Ein kranker Beamter bringt so viel wie 2,3 Arbeiter. Da kichert der Weißkittel, und der laufende Aktenordner freut sich über die Sonderbehandlung.

Der Dienstherr als solcher ist nämlich verpflichtet, seinen Bediensteten und (unter bestimmten Voraussetzungen) ihren Familien im Krankheits- oder Todesfall unter die müden Arme zu greifen und sie gemäß des Alimentationsprinzips zu unterstützen. In diesem Lande soll kein Beamter dahinsiechen, das würde einen schlechten Eindruck machen.

Der Beamte muss einen Teil der Gesundheitskosten aus eigener Tasche vorschießen und bekommt diese dann über die Beihilfe wieder vom Staat beziehungsweise Steuerzahler zurück. Allerdings nur für medizinisch notwendige Maßnahmen und Mittelchen, so steht es im Gesetz. Da es in Deutschland aber keine einheitliche Beihilfeverordnung gibt und jedes Bundesland sein eigenes Süppchen kocht, gehen die Meinungen, was denn nun wirklich notwendig ist, weit auseinander.

In Hessen ist man zum Beispiel der Meinung, dass eine Chefarztbehandlung für einen Beamten unumgänglich ist. Die Elite lässt sich eben nur von der Elite behandeln. Nicht, dass da so ein unerfahrener Grünschnabel von Assistenzarzt die Leber mit dem Blinddarm verwechselt und der Beamte als Stütze der Gesellschaft länger als unbedingt nötig ausfällt. Ebenfalls in Hessen, aber auch Nordrhein-Westfalen dürfen sich Beamte im Rahmen eines Krankenhausaufenthalts zudem über ein 2-Bett-Zimmer freuen. Logisch, wenn das Zimmer mit dahinsiechenden Mümmelgreisen vollgestopft ist, kann sich der passionierte Bleistiftanspitzer nicht angemessen von seinem eingewachsenen Fingernagel erholen. Und wir alle möchten doch nicht aufs Amt kommen und einen mürrischen, schlecht erholten Sachbearbeiter vorfinden. Das wäre wirklich grausam.

Da es bei den Beihilfen durchaus um ordentliche Summen gehen kann, lädt das System natürlich zum Schummeln ein. 2015 wurde ein Beamter in Berlin dazu verdonnert, 200.000 Euro an Beihilfen zurückzuzahlen. Allerdings hatte sich der arme Mann gar nichts zuschulden kommen lassen. Seine Frau, über ihren Mann mitversichert, reichte über Jahre gefälschte Zahnarztrechnungen ein und ließ sich diese »rückerstatten«. Als günstig erwies sich, dass eine Tante des Beamten an der zuständigen Stelle im Landesverwaltungsamt saß und die Beihilfen fleißig auszahlte. Jede der beiden Damen kassierte so im Laufe der Zeit rund 300.000 Euro. Der Staatsdiener selbst wusste davon nichts, bekam auch keinen Cent von der Beute ab. Aber da er seiner Frau die Erledigung all seiner Beihilfe-Angelegenheiten übertragen hatte und sie auch noch nie kontrollierte, wurde ihm eine Teilschuld eingeräumt. Seine Frau und seine Tante mussten hingegen mehrjährige Haftstrafen antreten. Manchmal können einem sogar Beamte leidtun.

99. GRUND

WEIL SICH IHR LANGWEILIGES UMFELD AB UND AN SOGAR AUSZAHLT

Er gehörte zu den größten Genies, die je auf diesem Planeten gewandelt sind. Seine Ideen revolutionierten nicht nur die Physik, sondern die gesamte Welt. Er war seinen Zeitgenossen um mindestens Jahrzehnte voraus. Und ja, auch er war ein Beamter: Albert Einstein.

Nach unsteten Jugendjahren ließ sich Einstein schließlich in der Schweiz nieder, studierte und wollte eigentlich Lehrer für Mathematik und Physik werden. Aber seine Bewerbungen wurden samt und sonders abgelehnt, weshalb sich der Mann mit der legendären Zunge (neben Gene Simmons von Kiss) als schlecht bezahlter Hauslehrer durchschlagen musste. Einsteins enger Freund Marcel Grossmann, selbst ein angesehener Mathematiker, empfahl ihm dann eine Stelle im Patentamt von Bern, auf die sich Einstein bewarb. Am 19. Juni 1902 wurde er zum technischen Experten III. Klasse ernannt und war damit ein waschechter Schweizer Beamter.

Da die Uhren im Nachbarland bekanntlich noch langsamer gehen als in Deutschland, hatte Einstein nun Zeit. Viel Zeit. Die Arbeit im Patentamt forderte das Genie nicht mal ansatzweise, also konnte er über Raum und Zeit nachgrübeln, Formeln aufstellen und wieder verwerfen. Nach drei Jahren Beamtentum folgte 1905 die Sternstunde seines Lebens. Er verfasste fünf bedeutende Arbeiten zu verschiedenen Themenkomplexen (andere sprechen von vier), die die Vorstellung vom Universum, von Raum und Zeit revolutionierten und jede für sich genommen völlig neue Wege des Denkens erschloss. Innerhalb weniger Monate wurde aus dem unbekannten Amtsschimmel einer der bedeutendsten Physiker aller Zeiten.

Es sollte ein wenig dauern, bis der Welt die Ausmaße der Veröffentlichungen des Schweizer Beamten klar wurde, deshalb blieb

Einstein noch bis 1909 in seinem sicheren Beamtenjob, bevor er schließlich an die Universität in Zürich wechselte. Aber man stelle sich mal vor, der Mann hätte zwischen 1902 und 1909 irgendeinen Job gemacht, der seine Kreativität gefordert hätte. Die Welt wäre um so viel ärmer.

100. GRUND

WEIL SIE MANCHMAL GAR NICHT ECHT SIND

Der Ärger, den echte Beamte verursachen, wird in diesem Buch ja in all seinen pittoresken Schattierungen aufgearbeitet. Manchmal ist es allerdings noch viel schlimmer, wenn vermeintliche Beamte am Werk sind. So wie bei einer Abwandlung des »Enkeltricks«, bei dem Senioren telefonisch um ihr Erspartes gebracht werden.

Die Masche funktioniert erstaunlich einfach: Die Kleinkriminellen, die für einen Bankraub oder einen Geldtransporterüberfall zu feige sind, suchen sich gezielt Telefonnummern von alleinstehenden Senioren heraus, klingeln durch und geben sich als Polizisten oder Staatsanwälte aus.

Durch Manipulation endet die Nummer, die im Display des Opfers angezeigt wird, tatsächlich auf 110, was im Fall eines Anrufs der »echten Polizei« allerdings nie der Fall wäre. Die falschen Kämpfer für Recht und Ordnung versuchen dann durch geschicktes Fragen herauszufinden, ob sich lohnenswerte Beute in der Unterkunft des älteren Mitbürgers verbirgt. Zum Beispiel indem sie erzählen, der Angerufene solle demnächst Opfer eines Einbruchs werden. Oder ein Mitarbeiter der Hausbank sei Mitglied einer kriminellen Bande. Also bitte schnell das Konto räumen und das Geld unter der Matratze verstecken. Alternativ kommt auch ein Beamter vorbei und nimmt das Geld, den Schmuck und sonstige Wertgegenstände in Verwahrung. Sicher ist sicher.

Der Trick ist nicht sonderlich elegant und hat mittlerweile einen Bart, trotzdem versuchen es diverse Ganoven (Eduard Zimmermann) immer wieder. Die meisten Senioren fallen nicht mehr darauf herein, vereinzelt haben die falschen Beamten allerdings immer noch Erfolg. In einzelnen Fällen soll es auch passiert sein, dass die Senioren Lunte gerochen haben, den Hörer auflegten, um die Polizei zu verständigen, und dann die Taste »Letzten Anrufer anwählen« drückten. Schließlich hatte die Polizei ja gerade angerufen. Im Alter wird man eben ein bisschen tüddelig.

Die Bande oder Banden waren in den Jahren 2017 und 2018 wieder verstärkt im ganzen Bundesgebiet tätig, allein die Anzahl der gemeldeten Anrufe lässt darauf schließen, dass die Dunkelziffer immens hoch sein muss. Deshalb raten echte Beamte, am Telefon oder an der Haustür niemals Auskunft über Vermögensverhältnisse zu geben. Auch und schon gar nicht, wenn die Anfrage von einem Finanzbeamten kommt. Die nehmen einem in der Regel nämlich noch mehr weg als jeder noch so fleißige Trickbetrüger.

11. KAPITEL

BEAMTENWITZE

101. GRUND

WEIL RECHTSCHREIBUNG IRGENDWIE ETWAS MIT RECHT ZU TUN HAT

Der folgende kleine Witz deutet an, dass die Kombination aus Beamten und Rechtschreibung kompliziert werden kann: »Finden zwei Polizeibeamte eine Leiche vor dem Gymnasium. Fragt der eine den anderen: ›Du, wir müssen doch nachher einen Bericht verfassen. Wie schreibt man Gymnasium?‹ Der andere überlegt und sagt: ›Schleppen wir ihn zur Post!‹«

Tatsächlich müssen sich gerade Polizeibeamte häufiger mit Rechtschreibfehlern herumschlagen, als man gemeinhin so denkt. Ende 2016 standen nicht weniger als 150 Polizeibeamte aus Nordrhein-Westfalen bereit, um eine Flüchtlingsunterkunft zu stürmen. Es ging um Terror, der Berliner Attentäter Anis Amri hatte hier eine Zeit lang gelebt, man erhoffte sich Hinweise auf den Täter selbst und mögliche Verbündete. Die 150 Beamten standen lockere sechs Stunden in der Nähe der Unterkunft herum, bis sie schließlich den Befehl bekamen, wieder nach Hause zu gehen. Die Razzia wurde dann am nächsten Tag durchgeführt. Schuld an dieser misslungenen Aktion war ein Rechtschreibfehler im Durchsuchungsbeschluss. Der eine oder andere Bürger fragte, nachdem die Aktion bekannt geworden war, ob man das nicht hätte besser und vor allem schneller lösen können. Konnte man wohl nicht, ein Beamtenrechtler wies zudem darauf hin, dass es gerade bei Polizeieinsätzen auf die richtige Rechtschreibung ankommen würde. Ein Fehler beim Namen oder der Adresse könne schließlich verheerende Wirkung haben. Deshalb schlagen Polizisten erst dann zu, wenn ganz sicher feststeht, dass sich niemand verschrieben hat. Einzige Ausnahme: Es besteht akute Gefahr für Leib und Leben. Dann ist der ranghöchste Beamte wahrscheinlich ermächtigt, den Wisch mal eben mit Tip-Ex selbst zu korrigieren.

Noch ulkiger wird das Rechtschreibproblem in der Verwaltung, vor allem, wenn es um Ernennungsurkunden für Beamte geht. Diese Urkunde, optisch erinnert sie an die »Auszeichnungen« bei Bundesjugendspielen, belegt für alle Welt, dass der Ernannte nun ein rechtmäßiger Beamter ist. Aufsätze und ganze Bücher beschäftigen sich damit, was passiert oder nicht passiert, wenn es auf der geheiligten Urkunde einen Rechtschreibfehler gibt. Kommt es zur Nichternennung? Wird der Beamte später ernannt? Wer hat den Fehler bemerkt, und was hat das für Folgen? War der Beamte mit der fehlerhaften Urkunde in der Zwischenzeit Beamter oder nicht?

Draußen fällt die Welt in Trümmer, aber im Rathaus werden solche »Probleme« gewälzt. Als ob sich irgendjemand außerhalb des Verwaltungsapparates für diesen lächerlichen Wisch interessieren würde. Beamtenprobleme müsste man haben.

102. GRUND

WEIL SIE NICHT MAL GUTE EHEPARTNER ABGEBEN

Witze sagen oft die Wahrheit, in machen Fällen lügen sie aber auch, dass sich die Paragrafen biegen. Der folgende Scherz ist so ein Fall: »Eine Umfrage hat ergeben, dass Beamte die idealen Ehepartner sind: Wenn sie abends nach Hause kommen, sind sie ausgeschlafen. Und die Zeitung haben sie auch schon gelesen.«

Ha, das klingt ja so, als ob sich die heiratswilligen Damen jedweden Alters um einen Beamten schlagen würden. Tatsächlich ist genau das Gegenteil der Fall. Die unberingte Dame sehnt sich nach einem Arzt, einem Architekten oder erfolgreichen Baulöwen. Beamte landen im unteren Drittel irgendwo zwischen Leichenwäschern und Tierkadaverbeseitigern beim Straßenbauamt (was immerhin ein Job im öffentlichen Dienst wäre).

Diverse Beamtenseiten im Netz regen sich in schöner Regelmäßigkeit über dieses ihrer Meinung nach ungerechte Ranking auf. Schließlich haben Beamte, zumindest in der Verwaltung, eine windgeschützte Arbeitsstelle, sie verdienen nicht schlecht, ihr Arbeitgeber kann nicht pleitegehen und fürs Alter reicht es auch. Von der Verschwiegenheitspflicht und der Pflicht, sich an gesetzliche Vorgaben zu halten, wollen wir gar nicht erst sprechen.

Dabei vergisst der deutsche Beamte leider, dass er oder sie wie jeder Mensch etwas von seiner Arbeit mit nach Hause bringt. Egal wie farbenfroh das eigene Heim auch ist, sobald der Beamte den Raum betritt, legt sich ein Grauschleier über alles. Unterhaltungen, die mit den Worten »Wie war dein Tag, Schatz?« beginnen, gleichen einem Selbstmordkommando. Und auf Familienfeiern, wo es zumindest im Ansatz um Eloquenz und Sympathie geht, sitzt der Beamte alleine in der Ecke und versucht aus seinen Bierdeckeln ein Kartenhaus zu bauen. Dann fällt ihm auf, dass er dafür gar keine Baugenehmigung besitzt, und reißt schnell alles wieder ein.

Ist es das, wovon junge und ältere Mädchen träumen? Einige wenige vielleicht, es gibt für alles einen Fetisch. Der größte Teil hält lieber weiter Ausschau nach Weißkitteln oder wenigstens einem Kanalarbeiter. Der sieht in seinem Arbeitsalltag wenigstens noch ab und zu etwas Interessantes vorbeitreiben.

103. GRUND

WEIL SIE SELTSAM GRÜSSEN

Vulkanier haben ihn, Absolventen besonderer Elite-Universitäten haben ihn auch. Und auch Busfahrer des ÖPNV haben ihn. Logisch, dass da die Beamten nicht hintanstehen möchten und ebenfalls einen eigenen Gruß entwickelt haben. Wie der geht? Ein Arm wird gehoben, und die Finger der Hand werden gespreizt. Das bedeutet:

Heute noch keinen Finger krumm gemacht. Ein schwacher Kalauer, für den sich selbst Karl Dall schämen würde, zugegeben. Was sich in einem Berliner Gerichtssaal Ende 2017 abspielte, schien allerdings alles andere als ulkig. Dort stand ein Polizist vor Gericht, der eindeutig der Neonazi-Szene zuzuordnen war. Erstaunlicherweise hatte er jahrelang seinen Dienst tun können, ohne dass ihn irgendwer auf seine rassistischen Tätowierungen angesprochen hat. Der Richter des Verfahrens entpuppte sich als musikalisch begabt, denn er identifizierte die Noten, die auf der Haut des Angeklagten zu sehen waren, als das *Horst-Wessel-Lied*. Man hätte es sich aber gar nicht so kompliziert zu machen brauchen, schließlich existierten genügend Fotos des Beamten, auf dem er den Hitlergruß zeigte.

Der Polizist war bereits seit 2007 suspendiert, erhielt aber weiter seine Bezüge. Erst das Bundesverwaltungsgericht machte dem bösen Zauber ein Ende. Es entschied, dass ein Mensch, der seine Verfassungsfeindlichkeit so offen zur Schau stelle, kein Beamter sein dürfe. Das hätte ein Laie wahrscheinlich innerhalb von zwei Minuten erkannt. Die Gewerkschaft der Polizei erklärte nach dem Prozess, der Neonazi hätte von dem lahmenden System profitiert, sonst wäre der 1974 geborene Mann längst aus dem Dienst entfernt worden. Schön, wenn die Gewerkschaft den eigenen Laden als lahmendes System einstuft. Aber ist ja nicht so schlimm, geht ja nur um die Polizei der Bundeshauptstadt.

104. GRUND

WEIL SIE SELBST IM TOD PROBLEME MACHEN

Der kurze Scherz »Beamte werden nicht bestattet, sie werden umgebettet« stammt eher aus der zweiten Reihe der Beamtenwitze. Ein 60-jähriger Mitarbeiter einer Finanzbehörde im finnischen Helsinki nahm den Spruch im Jahr 2014 allerdings ein bisschen zu wörtlich.

Der Steuerbeamte entschloss sich nämlich, tot an seinem Schreibtisch zusammenzusacken. So weit nicht ungewöhnlich, kann schon mal passieren. Seine Kollegen allerdings bemerkten länger als zwei Tage nichts von dieser Tatsache. Wahrscheinlich öffneten sie wie jeden Morgen seine Bürotür, grüßten und schlossen sie wieder. Finnen sind ja eh nicht die kommunikativsten Menschen der Welt. Zudem ist es im hohen Norden ziemlich frisch, was die Geruchsentwicklung verlangsamt haben könnte. Oder der gute Mann gehörte auch schon zu Lebzeiten nicht zu den reinlichsten Menschen.

Eine Sprecherin der finnischen Finanzbehörde versuchte spürbar bemüht den Vorfall zu bagatellisieren. Normalerweise sei der Kollege ja voll in den Arbeitsalltag eingebunden gewesen. Aber just zu seinem Nickerchen für die Ewigkeit seien ausgerechnet die Kollegen, die sonst am meisten mit ihm zu tun hatten, im Urlaub oder auf Konferenzen gewesen. Auch sei der Arbeitsplatz des toten Steuerbeamten so konzipiert gewesen, dass er über einen längeren Zeitraum eigenverantwortlich und ohne Kontakt zu anderen Kollegen aus der Abteilung arbeiten konnte.

Das ist natürlich dummes Zeug, um den peinlichen Vorfall ein wenig herunterzuspielen. Tatsächlich ist wahrscheinlich eine Putzfrau gegen den armen Mann gestoßen und hat dann festgestellt, dass der das Atmen längst eingestellt hat. Die lieben Kollegen wären noch Wochen um das Büro herumgeeiert, hätten einmal am Tag gegrüßt und den Todesfall wahrscheinlich nicht mal bemerkt, wenn dort nur noch ein Skelett gesessen hätte. Solange er am Schreibtisch ist, scheint ja alles in Ordnung. Eigentlich schade, dass die Sache so »schnell« bemerkt wurde. Hätten sie ihren Kollegen noch ein bisschen sitzen lassen, wäre er vielleicht sogar noch mal befördert worden.

105. GRUND

WEIL SIE IHRE INEFFIZIENZ AUCH NOCH LUSTIG FINDEN

Beamte gehören zu den ineffizientesten Arbeitnehmern der Welt. Das ist keine wissenschaftliche Tatsache, sondern ein Bauchgefühl, das durch den folgenden Witz bestätigt wird. »Der Bürgermeister eines deutschen Städtchens steht mit einer Schulklasse vor seinem Rathaus. Da meldet sich eine Schülerin: ›Wie viele Beamte arbeiten denn hier?‹ Der Bürgermeister überlegt kurz und antwortet dann: ›Vielleicht knapp die Hälfte …‹«

Und damit dürfte dieser fiktive Bürgermeister gar nicht mal so falsch liegen. Der britische Historiker und Soziologe Cyril Northcote Parkinson entwickelte bereits in den 50er-Jahren des vergangenen Jahrhunderts die nach ihm benannten Parkinsonschen Gesetze. Die haben nichts mit zitternden Gliedmaßen zu tun, sondern beschäftigen sich mit dem Arbeitsalltag in öffentlichen Verwaltungen. Unter anderem fand Parkinson heraus, dass Arbeit sich genau in dem Maße ausdehnt, wie Zeit zu ihrer Erledigung zur Verfügung steht. Auch konnte er nachweisen, dass die Anzahl der Beschäftigten einer Verwaltung in jedem Jahr steigt, völlig unabhängig von den zu erledigenden Aufgaben. Zudem legte er anschaulich dar, dass wann immer es in der Verwaltung eine Neuerung gibt, zum Beispiel ein Controlling eingeführt wird, die Anzahl der Mitarbeiter in diesem Bereich signifikant steigt, während die Kernaufgaben von immer weniger Menschen bearbeitet werden müssen.

Auch formulierte er verschiedene Merksätze, die sich jeder Beamte gerahmt in sein Büro hängen sollte. »Verzögerung ist die tödlichste Form der Verweigerung« ist so ein Beispiel. Oder wie wäre es mit »Die durch menschliches Versagen entstandene Leere wird stets durch neue Tätigkeiten ausgefüllt«? Wahrheiten für die Ewigkeiten.

Parkinson starb 1993 in hohem Alter. Seine Erkenntnisse verbreitete er in über 60 Büchern, darunter allerdings auch einige Romane. Vielleicht wäre es für die hiesigen Verwaltungen sinnvoll, mal das eine oder andere Sachbuch aus der Feder Parkinsons anzuschaffen. In diesem Fall auch gerne von Steuergeldern.

106. GRUND

WEIL SIE SCHNELLER ALS DER SCHALL SIND

Okay, Höchstgeschwindigkeit ist nicht unbedingt ein Merkmal, das man spontan mit dem deutschen Beamten in Verbindung bringt. Aber manche von ihnen kommen tatsächlich auf erstaunliche Top-Speed-Werte, wie dieser Scherz verdeutlicht: »Drei kleine Jungs streiten sich darum, wessen Vater am schnellsten ist. Meint der Erste: ›Mein Vater fährt einen Porsche und erreicht locker 280 km/h!‹ Sagt der Zweite: ›Ist doch gar nichts. Mein Vater ist Pilot bei der Lufthansa. Er fliegt eine Boeing, die locker auf 900 km/h kommt!‹ Und schließlich der Dritte: ›Das ist alles überhaupt nichts. Mein Vater ist Beamter. Um fünf Uhr abends hat er Dienstschluss, und um halb vier ist er zu Hause!‹«

Ja, die korrekte Zeiterfassung ist in fast allen Betrieben ein Thema, für den Beamten aber Ehrensache, immerhin ist er auf ganz besondere Art mit seinem Arbeitgeber verbandelt. Da geht es um Vertrauen und um Hingabe. Eigentlich würde der Beamte sowieso viel lieber 24 Stunden am Tag und sieben Tage die Woche in seinem Büro verbringen, so gerne hat er seinen Dienstherrn. In der Theorie.

Bevor das digitale Zeitalter auch in den deutschen Rathäusern Einzug hielt (also vor rund 15 Jahren), durften sich Beamte noch mittels einer Zeiterfassungskarte Dienstbeginn und -ende selber von Hand eintragen. Erst wenn es zu wirklich großen Abweichungen kam, der Sachbearbeiter von seinem Vorgesetzten also schon seit drei Wochen nicht mehr gesehen wurde, auf der Zeiterfassungskarte aber eine tägliche Anwesenheitszeit von 13 Stunden verzeichnet war, gab es ein ermahnendes Gespräch. Profis gingen natürlich geschickter vor, schummelten morgens und nachmittags jeweils eine halbe Stunde dazu, überzogen die Mittagspause ein wenig, die Frühstückspause ein wenig mehr und konnten sich so locker 90 Minuten Bürozeit sparen, ohne weiter aufzufallen. Die meisten Vorgesetzten interessieren sich sowieso kaum für solche Kleinigkeiten. Und wenn wirklich mal jemand nachfragte, dann war man halt auf dem Klo oder im dritten Stock, etwas mit Kollegen Müller abklären.

Die Einführung der automatischen Zeiterfassung machte es den gewitzten Arbeitszeitvermeidern nicht einfacher. Nun hängen in fast allen Rathäusern digitale Kästen, durch die ein Chip oder Ähnliches gezogen werden muss. Das erschwert den Betrug, macht ihn aber natürlich nicht unmöglich. Denn die meisten Beamten, vor allem in Verwaltungen, haben Gleitzeit. Das heißt, sie müssen nur in einem bestimmten Zeitkorridor, zum Beispiel von 10 bis 14 Uhr am Arbeitsplatz sein, der Rest ist quasi zur freien Verfügung. Wenn am Monatsende die Stundenzahl insgesamt stimmt.

Aber selbst diese Erleichterung ist manchem Paragrafenreiter noch nicht genug. Dem Antragsteller aus dem Volke gegenüber wird ein Gesetzestext nachteilig bis auf die letzte Kommastelle interpretiert; wenn es um das eigene Wohl geht, drücken sie schon gerne mal ein Auge zu. So wie der Ministerialdirektor, der in Mainz vor dem Verwaltungsgericht stand. Besagter Beamter hatte nämlich auch in der Kernarbeitszeit immer wieder wichtige Dinge zu erledigen oder aber schlicht seinen Chip für die Zeiterfassung vergessen. Dafür musste der Mann, der immerhin das zweithöchste Amt der Beamtenhierarchie in Deutschland überhaupt bekleidete, Korrekturbelege von Hand ausfüllen. Das kann sicherlich einmal passieren, auch ein zweites Mal, aber eben nicht am laufenden Band, wie in diesem Fall. Also verdonnerte der Dienstherr seinen schlampigen Arbeitnehmer dazu, sich fortan direkt im Sekretariat zu melden, wenn er sich nicht einstempeln könne oder während der Kernarbeitszeit dringend zum Arzt oder zum Hundefriseur müsse. Das empfand der Herr Direktor als ehrverletzend, schließlich sei er ein hohes Verwaltungstier von fast 60 Jahren. Das müsse sich nicht bei einer gerade mal 22-jährigen Schreibkraft an- und abmelden. Musste es doch, das Gericht entschied gegen den Beamten. Ob dieser seitdem einigermaßen pünktlich ist oder sich vorsorglich eine chronische Krankheit zugezogen hat, die ihn lebenslang von allen Meldevorgängen befreit, ist leider nicht bekannt.

107. GRUND

WEIL SIE LAURENCE J. PETER RECHT GEBEN

Sagt der Personalchef zum Bewerber: »So, so, Sie wollen also eine Stelle bei uns in der Verwaltung. Was können Sie denn?« – »Nichts!« – »Tut mir leid, die Führungspositionen sind schon alle besetzt.«

Okay, das ist eigentlich kein Beamtenwitz, sondern eine Zustandsbeschreibung. Allerdings dürfen sich die unfähigen Führungskräfte der öffentlichen Verwaltung auf eine wissenschaftliche These stützen, die als Peter-Prinzip bekannt ist und von dem kanadischen Autor und Lehrer Laurence J. Peter entwickelt wurde. Nach dieser These wird jeder Mitarbeiter einer Abteilung so lange befördert, bis er auf einer Stelle landet, die ihn völlig überfordert. Schließlich hat er vorher immer ordentliche Leistungen erbracht, hatte sich die Beförderung auch verdient. Wenn man dieses Prinzip auf jeden Mitarbeiter der Abteilung anwendet, erhält man irgendwann eine Abteilung, in der niemand mehr weiß, was er tut.

Bei Beamten kommt erschwerend hinzu, dass sie nicht ausschließlich nach Leistung, sondern auch nach Dienstjahren befördert werden, was den Ausschlag auf der Unfähigkeitsskala weiter nach oben treibt. Denkt man diesen Gedanken mal ganz in Ruhe zu Ende, ist es eigentlich erstaunlich, dass in der Verwaltung überhaupt noch irgendetwas funktioniert. Unter diesen Umständen sollten wir Bürger über jeden korrekt adressierten und zugeklebten Umschlag froh sein. Was in dem Bescheid dann am Ende drin steht ist gar nicht mehr so wichtig.

108. GRUND

WEIL IHR IMAGE FURCHTBAR IST

In schöner Regelmäßigkeit werden die Deutschen danach befragt, welche Berufe sie am furchtbarsten finden. Und in noch schönerer Regelmäßigkeit landen Beamte dabei in den Top Ten, irgendwo zwischen Autohändlern, Maklern, Bankern und Angestellten von Telefongesellschaften. Gut, wenigstens in einer Kategorie immer auf einem Spitzenplatz dabei, mag sich vielleicht der eine oder andere denken. Aber so viel Ironie bringt halt nicht jeder auf.

Das Image des faulen, nörgelnden und unkooperativen Beamten hat sich fest in das kollektive Gedächtnis gebrannt, auch weil wohl jeder mindestens eine Geschichte »von Amt« erzählen kann, die diese Klischees bestätigt. Wie schlimm es aber tatsächlich um den Ruf der Beamten steht, beweist dieser Witz: »Nenne die beiden Unterschiede zwischen Beamten und Terroristen. Erstens: Terroristen haben Sympathisanten. Zweitens: Mit Terroristen kann man verhandeln.«

Nun ist der Vergleiche mit wahnsinnig gewordenen Kofferbombern im Amokrausch für unsere tapferen Verwaltungshelden nicht sonderlich schmeichelhaft, zudem auch recht unpassend. Denn ein Terrorist wird schlecht bis gar nicht bezahlt, muss eine Menge Eigeninitiative aufbringen, hat viel Stress bei der Beschaffung von Waffen und/oder Sprengstoff und verbringt seinen Ruhestand nicht in der sozialen Pensionshängematte, sondern im Knast oder als Körpergulasch im ewigen Nirwana. Da helfen dann auch keine Jungfrauen oder der versprochene Platz an der Tafel von Odin etwas.

Der Verweis auf die Verhandlungsbereitschaft passt da schon besser. Denn Beamte verhandeln niemals. Aufgrund der streng hierarchischen Struktur ist ihr Handlungsspielraum eh sehr gering, außerdem steht sowieso alles im Gesetz. Und was da steht ist zu 100 Prozent richtig, selbst wenn die Lebensrealität dem vollkommen widerspricht. Ein richtiger Beamter hinterfragt nicht, sondern unterzeichnet, was ihm der Vorgesetzte vorlegt, das wird schon seine Richtigkeit haben. Deshalb, und nur deshalb, gibt es in Deutschland zum Beispiel gleich eine ganze Handvoll Brücken, die vom Nichts ins Nichts führen. So wie die Brücke im hessischen Solms, der seit Jahren exakt 25 Meter zur Vollendung fehlen. Die Landesbeamten hatten sich besagtes Bauwerk als neue Auffahrt auf eine Bundesstraße gedacht und bauen lassen. Eine Firma ganz in der Nähe klagte allerdings dagegen, da der Verkehr durch Erschütterungen ihre empfindlichen Produktionsmaschinen stören würde. Diese Klage war keine Überraschung, sondern lange vorher angekündigt. Sie hielt die verantwortlichen Beamten aber trotzdem nicht von ihrem Tun ab. Mit den üblichen Konsequenzen. Noch 2017 wurde die teure Brücke ausschließlich von Fußgängern und ihren Hunden benutzt, denn sie mündet auf einer grünen Wiese. Den Vierbeiner freut es, hat man ihm doch einen Millionen teuren betongrauen Teppich zu seinem Freiluftklo ausgelegt.

Genau solche Schildbürgerstreiche sind es, die das Image des Beamten immer wieder in den Schmutz ziehen. Und zwar vollkommen zu Recht.

109. GRUND

WEIL SIE DIE NASE ZU WEIT OBEN TRAGEN

Historisch betrachtet waren Beamte mal etwas Besseres. An Fürstenhöfen genossen sie eine gesonderte Stellung, waren zwar nicht so hip und mächtig wie die Blaublüter, kamen in der gesellschaftlichen Rangordnung aber gleich dahinter. Manch Staatsdiener kann den Standesdünkel bis heute nicht ablegen und behandelt sein Gegenüber, als wäre er von Gott gesandt und vom Kaiser auserkoren. Das mag unter anderem daran liegen, dass Beamte im Namen des Staates hoheitliche Aufgaben wahrnehmen, also Anordnungen von oben herab beschließen (müssen). Der Staat ist dem Bürger übergeordnet, was aber nicht zwangsläufig heißt, dass auch die Mitarbeiter des Staates so tun dürfen, als wären sie eine Mischung aus Caesar, Cleopatra und Zeus.

Tun sie allerdings nicht selten, die Arroganz der Macht ist eben sprichwörtlich. Das kommt bei vielen Mitmenschen nicht so gut an, was sich sogar statistisch belegen lässt. Denn in einer Umfrage des Beamtenbundes aus dem Jahr 2014 gaben mehr als ein Drittel der Teilnehmer an, deutsche Beamte seien arrogant. 2017 wurde die Umfrage wiederholt, da waren es immerhin noch 30 Prozent. Okay, der Vorwurf der Faulheit lag mit konstanten 45 Prozent noch deutlich höher, aber immerhin.

Dabei sollten die Verhaltensvorgaben für uniformierte Verkehrsforstmeister und Antragsbearbeiter eigentlich klar sei: Diene deinem Lande und deinem Volke, sei freundlich und halte ansonsten die Klappe, denn du bist auch nur ein winzig kleines Rädchen im Getriebe. Wäre das gewährleistet, würde alles in geregelten Bahnen ablaufen. Die Lebensrealität sieht aber natürlich wieder ganz anders aus, wie schon der römische Schriftsteller, Anwalt und Politiker Marcus Tullius Cicero feststellte. Der hielt lange vor der Geburt Jesu Christi fest: »Die Arroganz der Behörden muss gemäßigt und kontrolliert werden!« Ob Cicero schon damals den deutschen Beamtenapparat vorhersah?

Ein Sachbearbeiter in einem Sozialamt machte sich zum Beispiel einen Spaß daraus, kurz vor Beginn der Sprechzeiten (in diesem Fall um neun Uhr morgens) auf die Homepage der Atomuhr zu gehen, die die für Deutschland gültige exakte Uhrzeit anzeigt. Öffnete sich die Tür zu seinem Büro auch nur zwei Sekunden zu früh, wurden die Besucher mit einer wüsten Schimpfkanonade hinausgebrüllt. Manch Mütterchen, das sich sowieso überwinden musste, um überhaupt den Weg ins Amt zu finden, zog den Kopf ein und verschwand auf Nimmerwiedersehen. Vielleicht war da auch der Plan dieses Aushilfsblockwarts im schwächlichen Körper eines Verwaltungsmitarbeiters. Aber manchmal ist die Welt auch ein klein bisschen gerecht, denn eines Morgens öffnete sich die Tür drei Sekunden vor neun, der Beamte donnerte seinen üblichen Fäkalwortsalat heraus und wollte schon sein überhebliches Grinsen aufsetzen, als ihm klar wurde, dass sein Amtsleiter im Raum stand. Der Einlauf, den der Aktenwälzer daraufhin erhielt, war in Sachen Fäkalwortanteil ebenfalls nicht von schlechten Eltern.

Doch das Problem mit überheblich auftretenden Staatsdienern ist keine rein deutsche Angelegenheit. Es gibt sie wohl überall, wie der folgende Witz beweist:

»Ein Regierungsbeamter kommt zu einer Ranch in Texas und spricht den alten Farmer an: ›Ich muss Ihre Ranch nach illegalen Drogen durchsuchen.‹ Der Rancher antwortet: ›Okay, aber gehen Sie bitte nicht in das Feld dort drüben.‹ Der Beamte antwortet kaltschnäuzig: ›Mister, ich habe die Autorität der Regierung, ich darf überall hingehen!‹ Er holt seinen Ausweis heraus und zeigt ihn dem Rancher. ›Sehen Sie diesen Ausweis hier? Der sagt mir und Ihnen, dass ich überall hingehen darf – auf jedes Stück Land in Amerika! Hab ich mich klar genug ausgedrückt?‹ Der Rancher nickt höflich, entschuldigt sich und kümmerte sich dann weiter um seine Arbeit. Kurze Zeit später hört der Rancher lautes Geschrei und sieht den

Beamten um sein Leben rennen, hinter ihm der stärkste Bulle des Ranchers. Mit jedem Meter kommt der Bulle näher an den Beamten heran, es ist ein Lauf um Leben und Tod. Der Rancher lässt sein Arbeitsgerät fallen, rennt zum Zaun und schreit dem Beamten zu: ›Ihren Ausweis! Zeigen Sie ihm Ihren Ausweis!‹«

110. GRUND

WEIL SIE DIE MEISTER DER ARBEITSVERWEIGERUNG SIND

Egal, wen man fragt oder wo man in den Weiten des Internets sucht; will man den kürzesten Beamtenwitz überhaupt recherchieren, landet man immer wieder bei diesem hier: »Geht ein Beamter zur Arbeit …«

Weniger Arbeit kann man sich wirklich nicht machen, weder als Beamter noch als Witzeerfinder. Aber es soll auch andere Berufsgruppen geben, die sich mit der Vermeidung von zu viel Anstrengung auskennen. Autoren zum Beispiel, die gerade festgestellt haben, dass sie die minimale Zeichenvorgabe des Verlages erfüllt haben und gar nicht mehr weiterzuschreiben brauchen. Hehehe …

111. GRUND

WEIL SIE DEFINITIV KEINEN HUMOR HABEN

Na gut, einen haben wir noch. Zum Abschluss dieses Buches noch ein ultimativer Beweis für den mangelnden Humor deutscher Beamter: Dies ist kein Witz, sondern eine wahre Geschichte.

Wir schreiben das Jahr 2002, in einem unglaublichen Finale sichert sich der BVB die Meisterschale vor Leverkusen und den Bayern. Gerade einmal zwei Punkte trennen den Meister vom

Drittplatzierten, ganz Dortmund steht kopf. In der Innenstadt der Arbeitermetropole sieht es aus wie am letzten verkaufsoffenen Samstag vor Weihnachten, nur eben in Schwarz und Gelb.

Zwei dem Autor namentlich bekannte Damen mischen sich unter das bunte Volk, das Schlachtgesänge anstimmt, sich die T-Shirts vom Leib reißt und in den Brunnen der Stadt tanzt. Besagte Damen trinken Bier und unterhalten sich kichernd, wie Frauen das seit Anbeginn der Zeit nun mal zu tun pflegen. Plötzlich taucht aus der Menschenmenge ein Polizist auf, der den beiden weiblichen BVB-Fans mit Nachdruck einen Platzverweis erteilt. Auf die Frage, was sie sich denn haben zuschulden kommen lassen, antwortet der Uniformträger ungerührt, die beiden hätten zu laut gelacht.

Zu laut gelacht! In einem tausendköpfigen Mob aus singenden, skandierenden Fußballfans mitten im Ruhrpott. Kam der Beamte aus Schalke? War er Inhaber einer Dauerkarte beim BVB und hätte auch lieber mitgefeiert? Hatte er seine Tage? Wir wissen es nicht, die beiden Frauen mussten sich jedenfalls unter den strengen Blicken des Wachhabenden trollen und 300 Meter entfernt weiterfeiern. Beamte sind wahrlich ein gar wunderliches Volk.

111 GRÜNDE, NACHBARN ZU HASSEN

NÖRGLER, NERVENSÄGEN, NEUROTIKER –
DIE LEUTE VON NEBENAN, SO WIE SIE WIRKLICH SIND!

111 GRÜNDE, NACHBARN ZU HASSEN
DIE LEUTE VON NEBENAN, SO WIE SIE WIRKLICH SIND
Von Till Burgwächter
232 Seiten, Taschenbuch
ISBN 978-3-86265-647-9 | Preis 9,99 €

Sie sind laut, sie riechen, sie haben ungezogenen Nachwuchs, sie sind faul, sie gehen sonntags nicht in die Kirche, und sie halten sich exotische Tiere, die schrille Laute von sich geben: Nachbarn.

Schon im Neandertal kreiste die Keule, wenn in der Höhle nebenan mal wieder die Hölle los war und Papa am nächsten Tag früh zur Mammutjagd musste. Die Keulen sind mittlerweile eingemottet (gilt zumindest für die meisten Fälle), aber sonst hat sich rein gar nichts verändert.

111 GRÜNDE, NACHBARN ZU HASSEN ist ein großer Lesespaß für all die Menschen, die ganz woanders wohnen oder so schwerhörig und kurzsichtig sind, dass sie die Verrückten aus dem zweiten Stock oder auf der anderen Seite des Sichtschutzzauns nur schemenhaft wahrnehmen. Und das ist in diesem Fall ein wahrer Segen.

WWW.SCHWARZKOPF-SCHWARZKOPF.DE

TILL BURGWÄCHTER, geboren 1975, diente mehrere Jahre untertänig als Beamter einer Stadtverwaltung, bevor er sich dafür entschied, ein richtiges Leben zu führen. Es gibt Dinge, die der Autor mag (Bier, Heavy Metal, Bücher), andere findet er nicht so gut (sein Buch »111 Gründe, Nachbarn zu hassen« erschien 2016 bei Schwarzkopf & Schwarzkopf). Burgwächter lebt in Braunschweig, was sich wohl auch nicht mehr ändern wird.

Till Burgwächter
IMMER DIESE BEAMTEN
111 Gründe, warum die Staatsdiener uns in den Wahnsinn treiben

ISBN 978-3-942665-44-5

VERLAG
Schwarzkopf & Schwarzkopf Media GmbH
Kastanienallee 32, 10435 Berlin
Telefon: 030 – 44 33 63 00
Fax: 030 – 44 33 63 044

INTERNET | E-MAIL
www.schwarzkopf-schwarzkopf.de
www.facebook.com/schwarzkopfverlag
info@schwarzkopf-schwarzkopf.de